中共陕西省委党校（陕西行政学院）
提供学术专著出版资助

GUANZHONG DIQU
NONGYE TUDI LIYONG YANJIU：1644—1949

关中地区
农业土地利用研究：
1644—1949

刘立荣◎著

人民出版社

自　序

　　"食为政首",中国古代的农业,创造了世界农业土地利用的奇迹。关中地区是中国古代农业最为发达的地区,其土壤经先民数千年的春耕夏耘,秋收冬藏,至今依然持续为人类提供各种农产品。今天,我们对农业土地利用的认识,应不仅仅限于它为我们提供生存必需的粮食、蔬菜、水果等等,它其实还有更重要的生态价值。农村的空气之所以比城市新鲜,除了人口分布较分散、工厂少的因素之外,广大的农村中存在大面积未被硬化、种植着各种作物的农业用地也是一个重要原因。

　　作为土生土长的关中人,我只在小时候在老家参与过简单的农事活动,对农业不甚了了。读博士期间,为着做课题的缘故,开始研究历史时期关中的农业土地利用,从历史的纵深去考察,越来越发现这个问题的重要性,可以说,关心农业就是关心人类自己。

　　无论从历史还是地理的视角出发考察关中地区,它都有其特殊重要之处。宋代以前,它是中国的政治经济中心,中国历史上的很多大事件在这里发生;它也是中国农业发祥地之一,有悠久的农业土地利用史。它地处生态脆弱的黄土高原的南端,是黄土高原地区耕作条件优越的亚区。然而由于种种原因,学界以关中地区作为对象进行的整体研究并不多,已有研究也大多集中于政治、经济、文化等方面,对关中地区的农业土地利用研究较少。农业土地利用所仰仗的物质基础——农业用地的数量、类型、质量等的相关研究则更加缺乏。

这样的研究现状给了本研究极大的空间。本研究主要依据清代以来的地方志、文集、档案等资料,对清代至民国较长时段内关中农业土地利用的物质基础——耕地及其变动进行考察,并对导致农业土地利用变动的自然资源、人口、生产技术、习俗等驱动因子逐一进行了考察和分析,寻找其内在联系。

对长期存在又缺少系统深入研究的关中地区的农业土地利用进行研究是本研究的学术价值所在。在研究清代至民国关中地区农业土地利用的过程中,总结其利弊得失,为当今关中地区农业土地利用提供经验与启示,同时为关中地区的区域变迁保留一份记忆,又使本研究具有了较强的现实意义。

沧海桑田,世事变迁,但无论科技怎样进步,时代如何发展,农业土地利用的重要性是永恒的。农村基础设施和农民的生活空间需要进一步提升和美化,农民不应该依然是社会出身而应该成为职业,农业的基础性地位需要进一步稳固。"悠悠万事,吃饭为大",要保证饭碗牢牢端在自己手里,仍然需要守住耕地红线,绝不能将农业土地非农化利用。本研究还存在有待深入及向现代延伸的空间,限于本人的学识与能力,谨寄希望于后来者。

2020 年 8 月 20 日

于长安

目　录

导　　论

　　为了应对日益严重的环境问题,从 20 世纪 80 年代起,国际社会开展了全球变化研究项目(IGBP)①。研究认为,导致全球变化的原因可归结为人文因素和自然过程两大方面,二者交互作用,系统驱动,造成一系列陆地、海洋和大气的生物、物理变化。全球变化的人文因素主要为人类活动,土地资源则是人类活动的前提和对象,为人类活动提供基础性的生产要素。因此,历史时期人类的一切活动都可以归结为与土地利用有关的活动。从土地利用的发展看,土地利用现状来源于历史,而复原、解释历史时期的人地关系是历史地理学研究的核心问题②,如此,历史时期的土地利用与现实的土地利用就有机地结合起来,成为全球变化研究的重要内容。全球变化研究关乎生态圈,更关乎人类命运。导致全球变化的自然因素和人为因素长时段大尺度相互交织,综合作用于生态环境,才形成我们今天赖以生存的生态圈。未来二者会继续发挥作用,深度影响和改变我们的生存环境,进而改变我们的生活。

---

① 国际全球变化研究计划包括国际全球环境变化人文因素计划(IHDP)、国际地圈生物圈计划(IGBP)、世界气候研究计划(WCRP)和国际生物多样性计划(DIVERSITAS)。
② 参见上官鸿南:《中国历史农业地理研究中的人地关系问题》,《中国历史地理论丛》1993年第 2 期。原文为:"人地关系问题是历史地理学研究的核心问题。"

一、问题的提出

随着科技突飞猛进的发展,人类活动的强度和频度空前加大,深刻改变着我们赖以生存的生物圈,使得全球变化中的人文因素所占比重越来越大。在人类要面对的生态环境危机越来越严重的今天,我们不禁要追问,今天的局面是如何形成的?

要回答这一问题,就需要从体现人地关系的土地利用着手进行研究。作为全球变化研究重要内容的土地利用研究不仅需要从现实的土地利用状况出发,更需要以近三百年的时间为尺度来考察,以揭示土地利用现状的形成过程及其影响因素。同时,全球变化研究需要为数众多的长时段土地利用个案的支撑,尤其是对生态脆弱区长时段的土地利用变化进行关注,黄土高原正是人类活动影响剧烈的生态脆弱区。历史时期,影响黄土高原生态环境的人类活动,主要是农牧业土地利用。农牧业土地利用对黄土高原地区的地貌、土壤、水文、植被,甚至气候都产生了影响,历史上黄河及其支流的水量大小及清浊变迁都与黄土高原地区的环境变化息息相关。在农业活动减弱的时候,黄河得以安流,其流域河水相对清澈,反之,则河患频仍;黄土本身结构松散,遇雨水冲刷容易流失,黄河流经黄土高原后挟带泥沙缓慢奔流到下游,泥沙在下游河床和入海口淤积,形成了黄河下游"地上悬河"的景观,由于其相当可观的年输沙量——16亿吨[①],使其下游形成的冲积平原面积逐年增大,黄河中下游河防也不得不加强,从古至今,中国人民修筑黄河堤坝的行为堪比修筑长城。追根溯源,这些都和黄河流经的黄土高原地区的环境变迁密切相关。不可否认,黄土高原生态环境影响范围大,保护任务重,要实现黄土高原的环境治理和保护,就需要加大研究力度,黄土高原地区相关研究特殊的重要性与迫切性即体现于此。

在土地利用研究过程中,现代地理学发挥了重要作用。现代地理学在

---

① 参见邹逸麟:《黄河下游河道变迁及其影响概述》,《椿庐史地论稿》,天津古籍出版社2005年版,第1页。

研究土地资源时,将土地按其用途划分为农业土地和非农业土地,从而建立了经济地理学范畴中以农业土地为研究对象的农业地理学的研究范式。在农业地理学的相关研究中,农业土地资源进一步被划分为耕地、园地、林地、牧草地等。这种划分为我们提供了历史时期特定区域农业土地利用的研究框架。从时间尺度上看,农业土地利用的确有现实的土地利用和历史的土地利用之分。农业地理学是现代地理学的分支,它立足于现实对农业土地利用现状进行分析,现实的土地利用是历史时期土地利用发展而来的,要深入研究土地利用现状的形成则需要借助于历史。历史农业地理学作为历史地理学的分支遂应运而生,它侧重研究历史时期农业生产环境和农作物地域布局的变化,研究内容一直集中在复原各历史阶段农业地理环境和农作物分布状况,并揭示其演变的历程和规律上。

如果将研究目标定位于全球变化,历史农业地理学也难免有其局限性。历史农业土地利用研究则既不同于现代农业地理,也有别于历史农业地理。这种不同不仅是与前者研究时段的不同,还有与后者研究要素的不同。历史农业土地利用研究取历史农业地理与现代农业地理研究之所长,对研究对象——农业土地进行分类型研究,并把研究的重点放在农业土地类型的动态变化上。历史时期农业土地利用研究,时间尺度与空间尺度的选择非常重要。学界称其是选取数据源和研究方法中最为关键的两点。[①]

本书选取的研究对象——关中地区,是在黄土高原土地利用视角下容易被忽略的区域,它位于陕北黄土高原与秦岭山地的中间地带,以河流阶地和黄土台塬为主要地形,黄土高原典型地貌"墚""沟""峁"有分布,但不典型。相对平坦的地形和河流阶地较好的水热条件,以及四面有险可守的比较优势使这里很早就成为农耕区和政治中心。关中地区亦是中国古代文明诞生和兴盛之地。《禹贡》分天下土壤为九等,广泛分布于关中地区的黄壤因其土质疏松、适合耕种而被划为"上上等"。《史记》对关中地区就使用

---

① 参见胡宁科、李新:《历史时期土地利用变化研究方法综述》,《地球科学进展》2012 年第 7 期。

了"金城千里,天府之国"的美誉。关中地区的农业发展延续数千年,农业土地利用强度在清代至民国时达到了一个高峰。可以说,在清代至民国时期的三百余年间,无论从土地利用的广度还是烈度来看,作为黄土高原亚区的关中地区都经历了前所未有的剧烈变化。黄土高原生态环境变迁有赖于对其亚区环境变迁的考察,因而有对关中地区的农业土地利用进行专门研究之必要。基于此,本书选取1644—1949年关中地区的农业土地利用为研究对象,以期为黄土高原土地利用研究提供个案支撑。

本书对于时间段的选择,基于以下两点原因:第一,在可供研究使用的资料方面,清代文献资料保存较多,民国时期关中地区也有大量以乡土志形式出现的地方志资料,除此之外,民国时期的档案资料尤为丰富,资料比较充分是研究得以进行的前提;第二,农业土地利用有其自身发展过程及规律,不完全受政治因素的影响。中华民国成立后,并未对土地制度进行重大变革,中华人民共和国成立后,才对土地制度做出根本性变革,因此,民国时期关中地区的土地利用在很多方面可以视为前代的延续。

本书研究的空间——关中地区,这一区域名称在战国以后常见诸文献记载,但所指范围大小不尽相同。① 本书采用较为通行的说法,即以秦岭山地和陕北高原分别为其南北界,西从宝鸡峡起,东到潼关。其南北宽度不等,东西长约360千米。最宽处位于西安以东,约宽100千米。与陕西省南北跨度大的特点相异,关中地区东西宽而南北窄,通常被称为"八百里秦川"。"川",本意为河流,引申义为冲积地、平地。被称为"八百里秦川"的关中平原整体上的地形地貌与黄土高原腹地有较为明显的差异——平均海拔比黄土高原腹地小,关中地区海拔为326—600米,平均海拔500米;关中地区的地貌以河流阶地和黄土台塬为主,地势起伏相对较小;大部分地区黄土堆积厚度较黄土高原典型地带小;"墚""沟""峁"等地形地貌分布少,且多集中于北部与陕北黄土高原连接地带,不像黄土高原中心地带同类型地貌那样典型。

① 参见史念海:《古代的关中》,《河山集》,生活·读书·新知三联书店1963年版;《关中的历史军事地理》,《河山集》(四集),陕西师范大学出版社1991年版。

二、学术史回顾

人地关系自人类起源以来就客观存在。人类的生存和活动,都要受到一定的地理环境的影响。在人类社会向前发展的过程中,人类为了生存的需要,不断地扩大和加深利用、改造地理环境,增强适应地理环境的能力;人类在改变地理环境的面貌,同时地理环境也反作用于人类活动,从而产生地域特征和地域差异。人地关系是地理学研究的核心问题,历史时期的人地关系是历史人文地理学研究中的核心问题。历史时期的土地利用则是研究历史时期人地关系的一个关键环节。人地关系问题具有现实的重要性及其研究内容的复杂性,在人地关系研究中,黄土高原是学者进行研究的重点对象之一。这是因为黄土高原虽然仅占中国国土面积的 5%,但在中国历史上和中国北方环境变迁中的影响却大大超过这一范围,黄土高原是中华民族的摇篮,其开发史就是一部中华民族文明发展史。黄土高原在地理区域上具有特殊性、历史发展进程中具有重要性、在全球环境变迁研究中具有典型性、在可持续发展问题上具有迫切性,因而一直是中国研究者关注的热点。① 笔者就与黄土高原及其子区域关中地区的土地利用研究密切相关的学术动态综述如下。

(一)对黄土高原地区的土地利用引起的覆被变化及其成因的宏观研究

学术界就历史时期黄土高原的植被与环境变化问题、历史时期黄土高原的土壤侵蚀、历史时期黄河变迁与黄土高原土地利用及历史时期人类活动与沙漠化等问题进行了深入而细致的研究。谭其骧先生在《何以黄河在东汉以后会出现一个长期安流的局面》②一文中,从土地利用变化的角度进

---

① 从 20 世纪 60 年代研究黄河开始,到 90 年代后期,全球变化研究成为各国研究重点,中国学术界开始关注黄土高原地区的人地关系问题。参见韩茂莉:《历史时期黄土高原人类活动与环境关系研究的总体回顾》,《中国史研究动态》2000 年第 10 期。
② 谭其骧:《何以黄河在东汉以后会出现一个长期安流的局面——从历史上论证黄河中游的土地合理利用是消弭下游水害的决定性因素》,《学术月刊》1962 年第 2 期。

行考察和分析,认为黄河水患与黄土高原水土流失密切相关,东汉以后黄河中游地区转农为牧是黄河长期安流的主要原因。该研究促进了黄土高原与黄河研究进入新阶段。侯仁之先生通过对宁夏河东沙区及毛乌素沙地的考察,得出在沙漠形成和扩大过程中,人类活动与土地沙化之间有着极为密切的关系,不合理的土地利用是造成土地沙化的直接原因这一结论。① 史念海先生将历史文献与实地考察相结合,从 20 世纪 70 年代开始对历史时期黄河及黄土高原地区环境变化、经济开发与农牧业转化等问题进行了深入的研究,发表了《黄土高原主要河流流量的变迁》《历史时期黄土高原沟壑的演变》《历史时期黄河中游的森林》《黄土高原地区及其农牧分布地区的变迁》等一系列论文,收在《黄河流域诸河流的演变与治理》论文集中②,并与曹尔琴、朱士光合著《黄土高原森林与草原的变迁》③。以上论著认为,黄土高原环境的破坏是千百年来滥伐滥垦和农、林、牧分布失调所致。朱士光先生也在黄土高原地区做了大量工作,在文集《黄土高原地区环境变迁及其治理》④中,持有与史念海先生相近的观点。但由于上述研究缺少对土地垦殖、农林牧分布规模及水土流失的定量分析,从而影响了研究结论的严密性,学术界在对历史时期黄土高原植被类型与覆被状况的认识上存在分歧,但对黄土高原植被变化在很大程度上取决于人为活动的程度则已形成共识。20 世纪 80 年代末,中国科学院成立黄土高原综合科学考察队,开始对黄土高原问题进行全面研究,陆中臣、袁宝印等学者提出黄土高原水土流失是"自然侵蚀"与"加速侵蚀"共同作用的结果,并且对此展开了定量的分析与研究,并建立了研究模型⑤,认为黄土高原环境变迁过程中,人为因素破

① 参见侯仁之:《历史地理学在沙漠考察中的任务》,《地理》1965 年第 1 期。
② 参见史念海:《黄河流域诸河流的演变与治理》,陕西人民出版社 1999 年版。史念海著作经整理已全部收于《史念海全集》(第一卷——第七卷),人民出版社 2013 年版。
③ 参见史念海、曹尔琴、朱士光:《黄土高原森林与草原的变迁》,陕西人民出版社 1985 年版。
④ 朱士光:《黄土高原地区环境变迁及其治理》,黄河水利出版社 1999 年版。
⑤ 参见中国科学院黄土高原综合科学考察队:《黄土高原地区自然环境及其演变》,科学出版社 1991 年版;中国科学院黄土高原综合科学考察队:《黄土高原地区综合治理与开发——宏观战略与总体方案》,中国科学技术出版社 1991 年版。

坏的限量是30%,人类能够控制恢复的也仅是30%,其余70%是自然侵蚀作用的结果。

目前学术界对黄土高原地区的土地利用引起的覆被变化及其成因的研究成果丰硕,但对于黄土高原历史时期的土地资源的详细变化情况特点缺少一个全面、系统、深入、细致的复原和探讨,对位于黄土高原南缘的关中地区的研究更是如此。

(二)对与土地利用相关因素尤其是人为因素及相关历史文献的可应用程度进行的研究

历史学研究者对明清时期的土地数量、人口、土地制度、土地产出量及各要素之间的关系等问题都进行了深入的研究和探讨,如梁方仲编著的《中国历代户口、田地、田赋统计》[①]、美国学者德·希·珀金斯(D. H. Perkins)的《中国农业的发展(1368—1968年)》[②]、赵冈的《历史上的土地制度与地权分配》[③]、高王凌的《租佃关系新论:地主、农民和地租》[④]、吴慧的《中国历代粮食亩产研究》[⑤]等。以上著作以历史时期的中国为研究对象,其中都涉及黄土高原地区。韩茂莉所著《中国历史农业地理》分区域系统论述总结了中国古代农业生产的时空发展变迁,分析了引起变化的因素,探讨农业技术与种植制度等问题,研究的时空涵盖中国全境及中国古代,是历史农业地理研究的力作。[⑥]

土地与人口是两个对土地利用的强度与广度产生深刻影响的要素。在对中国历史文献记载的土地与人口等资料的考订及研究方面,美国学者何炳棣通过翻检明清时期近四千种地方志及大量的其他历史文献,在其著作

---

① 梁方仲编著:《中国历代户口、田地、田赋统计》,上海人民出版社1980年版。
② [美]德·希·珀金斯:《中国农业的发展(1368—1968年)》,宋海文等译,上海译文出版社1984年版。
③ 赵冈:《历史上的土地制度与地权分配》,中国农业出版社2003年版。
④ 高王凌:《租佃关系新论:地主、农民和地租》,上海书店出版社2005年版。
⑤ 吴慧:《中国历代粮食亩产研究》,农业出版社1985年版。
⑥ 参见韩茂莉:《中国历史农业地理》(上、中、下),北京大学出版社2012年版。

《中国古今土地数字的考释和评价》①与《明初以降人口及其相关问题:1368—1953》②中,对明清以降文献记载的土地及人口数据进行了剖析,得出明清乃至近代登记的人口与耕地数据并非实际人口与耕地数据,而仅是政府征收赋税的依据,且登记的人口、耕地数字与实际情况相比较,失之过低的结论。傅辉在其论文《明清方志的编纂特征及其在区域土地利用研究中的价值》③中,从地方志的性质、编纂特征等方面,客观地评价了地方志在土地利用中的可靠程度及其使用价值。侯杨方利用乾隆时期各地奏报民数的奏折、奏折副本、黄册、清册等档案资料,对乾隆时期的民数汇报制度进行了研究,认为乾隆四十年(1775)以前的民数汇报具有随意性和官方操作性,漏报严重。④ 这些研究成果对历史资料的甄别与运用工作具有指导性意义。

(三)历史地理学研究者和地理学研究者进行的更大空间范围的研究,其中包括陕西省或关中地区及以陕西省为空间对象的研究成果

20世纪80年代以来,史念海先生指导他的研究生开始进行历史农业地理研究,在黄土高原地区土地利用研究方面,已出版的有吕卓民的《明代西北农牧业地理》⑤、李心纯的《黄河流域与绿色文明——明代山西河北的农业生态环境》⑥、萧正洪的《环境与技术选择——清代中国西部地区农业技术地理研究》⑦。前二种著作虽然涉及对垦殖规模的定量分析,但均偏重于土地开发历程和农作物的空间分布。萧正洪结合历史地理学、农学、经

---

① [美]何炳棣:《中国古今土地数字的考释和评价》,中国社会科学出版社1988年版。

② [美]何炳棣:《明初以降人口及其相关问题:1368—1953》,葛剑雄译,生活·读书·新知三联书店2000年版。

③ 傅辉:《明清方志的编纂特征及其在区域土地利用研究中的价值》,《中国地方志》2007年第4期。

④ 参见侯杨方:《乾隆时期民数汇报及评估》,《历史研究》2008年第3期。

⑤ 吕卓民:《明代西北农牧业地理》,台湾洪业文化事业有限公司2000年版。

⑥ 李心纯:《黄河流域与绿色文明——明代山西河北的农业生态环境》,人民出版社1999年版。

⑦ 萧正洪:《环境与技术选择——清代中国西部地区农业技术地理研究》,中国社会科学出版社1998年版。

济学等多学科对清代中国西部包括黄土高原的环境特征与农业技术选择的关系进行了专门探讨,并从农业技术角度深入剖析清代关中地区的"精耕细作"与其地理环境之间的关系。吕卓民的《明代西北农牧业地理》将关中地区列为西北地区的一个地理单元,对其粮食生产、人口、水利建设等进行了论述,侧重于其农业开发历程的研究,有一些定量分析,但其分析不足以对该区域的土地利用进行复原。耿占军的《清代陕西农业地理研究》对清代陕西的人口、农业、自然灾害等做了一定的量化分析,关中地区是其研究内容之一。①

在传统的技术因素不发达的农业社会,农业生产能力的大小在很大程度上与劳动力投入的多寡有关,因而人口因素对土地利用影响巨大。薛平拴在《陕西历史人口地理》②中探讨了陕西历代的人口规模、人口变动过程及其地域差异、人口迁移,以及境内人口地区分布等,为本书对关中地区人口与土地利用之间的关系进行探讨提供了可信的研究结论。张萍在著作《区域历史商业地理学的理论与实践:明清陕西的个案考察》③中指出,明清陕西商业经济以农业为主,粮食、棉花及与之相关产业在陕西商业中居于首位,与农业相联系的农村畜养业也较他处更具特色。其中有对关中地区的人口、自然灾害、农业生产等与关中地区商业相关要素的研究,提出不少颇具价值的学术观点,为本书提供了借鉴和参考。钞晓鸿从经济史角度出发,对陕西明清历史、陕商及相关人口、农业等问题进行了细致的研究。④

地理学者在黄土高原地区也做了大量工作。早在 1956 年,王成敬就出

---

① 参见耿占军:《清代陕西农业地理研究》,西北大学出版社 1996 年版。
② 薛平拴:《陕西历史人口地理》,人民出版社 2001 年版。
③ 张萍:《区域历史商业地理学的理论与实践:明清陕西的个案考察》,三秦出版社 2014 年版。
④ 参见钞晓鸿:《本世纪前期陕西农业雇佣、租佃关系比较研究》,《中国经济史研究》1999 年第 3 期;《传统商人与区域社会的整合——以明清"陕西商人"与关中社会为例》,《厦门大学学报》(哲学社会科学版) 2001 年第 1 期;《〈续修陕西通志稿〉所辑户口资料稽误》,《中国社会经济史研究》2000 年第 2 期。

版了《陕西土地利用问题》①;后来,朱显谟又撰写了《陕西土地资源及其合理利用》②等著作和论文。1983 年,国家计划委员会向中国科学院提出了关于展开一次以国土整治为主要内容的黄土高原地区综合考察研究工作的建议,后来"黄土高原综合治理"被列为国家"七五"攻关项目,成果集中体现在中国科学院黄土高原综合科学考察队编著的《黄土高原地区综合治理开发考察系列研究》中。这些考察研究主要是从自然科学角度开展的对土地利用现状的调查,对土地资源进行分类、分级和评价,编制土地利用规划,没有涉及历史时期土地资源的变化与土地利用的关系。

(四)以关中地区为空间对象的研究成果

此类成果以关中地区为研究的空间对象,涉及关中地区历史时期的政治史、经济史、社会史等各个层面,具体而言,秦晖、金雁合著的《田园诗与狂想曲:关中模式与前近代社会的再认识》③,从社会学、经济学角度出发,通过对清代至民国关中地籍资料的分析,得出封建社会的"关中模式",其主要特征为:一是有产者(即有生产资料,主要指土地)与无产者之间的对立模糊,而有权者(身份性特权与政治权力)与无权者对立突出。主佃冲突几乎不存在,主雇冲突也并不激烈,而官(豪)与平民的冲突则异常紧张。二是建基于生产资料所有制(尤其是土地所有制)的阶级分化模糊,而建基于人身依附关系(统一——服从关系)的等级分化极为鲜明。"按资产(包括地产)分配"的两极分化很不发达,而"按权分配""按身份分配"的两极分化则异常尖锐。并称"这些地方的农村主要由自耕农构成,地主与租佃关系均很少,这一特征在入清时已然"。该书探讨的一个重要问题就是清代至土改时关中地区的地权分配,刷新了人们对于清代社会地权的认识。

---

① 王成敬:《陕西土地利用问题》,新知识出版社 1956 年版。
② 朱显谟主编:《陕西土地资源及其合理利用》,陕西科学技术出版社 1981 年版。
③ 秦晖、金雁:《田园诗与狂想曲:关中模式与前近代社会的再认识》,语文出版社 2010 年版。

　　"关中模式"的提出,引起学界的热烈讨论。围绕秦晖等提出的"关中模式",郑磊认为,民国时期"关中模式"的出现是生态环境变化的结果,即人口持续、大规模死亡导致的人口与土地的恶性宽松关系,直接造就了以自耕农为主的关中农村。关中地区之所以没有对土地的争夺,其根本原因在于关中地区的土地相对于人口是过剩的,占地数量的多少在很大程度上取决于农户耕作能力的大小和对土地的喜爱程度。[①] 胡英泽在《流动的土地与固化的地权——清代至民国关中东部地册研究》一文中对秦晖引用的地册所载之数据的完整性提出质疑,并依据自己掌握的新资料对"关中模式"进行探讨,最后指出清初至民国关中东部的地册,是沿河 13 个村庄的滩地地册,有其特殊性,不能作为农户私有制状态下自由买卖土地的代表。且清初至民国,关中东部既有特殊背景的地权平均,又有家户私有的地权不均,地权分散与集中现象并存。[②] 这一结论,是对"关中模式"继续深入研究的结果和有益补充。

　　郑磊的另外两篇论文[③]都是探讨民国时期关中地区土地利用的,其中《1928—1930 年旱灾后关中地区种植结构之变迁》一文主要讨论了关中地区在 1928—1930 年大旱之后,关中地区农民先是选择种植利润较高且收益立现的罂粟,但罂粟耗费地力,又有诸多社会弊端,因此中央政府对此积极干预,一方面推行严厉的禁烟措施;另一方面又大力推广优质棉花的种植,使得棉花很快替代了罂粟,成为关中地区种植面积最大的作物。抗战爆发以后,棉花的种植又开始减少,最后形成棉麦并重的种植结构。作者认为,这一时期关中地区农作物结构的变迁是中央政府和地方政府对农村经济理性介入的结果。

---

① 参见郑磊:《民国时期关中地区生态环境与社会经济结构变迁(1928—1949)》,《中国经济史研究》2001 年第 3 期。
② 参见胡英泽:《流动的土地与固化的地权——清代至民国关中东部地册研究》,《近代史研究》2008 年第 3 期。
③ 郑磊:《1928—1930 年旱灾后关中地区种植结构之变迁》,《中国农史》2001 年第 3 期;《20世纪中期关中地区的土地问题——以高陵县通远乡为例》,《中国农史》2003 年第 1 期。

除此之外,还有论著论及关中地区的经济开发、环境变迁、水利建设、自然灾害等问题。如水利建设也是土地利用中的一个关键因素。李令福的《关中水利开发与环境》探讨了关中地区水利自战国到清代的发展历史,认为关中地区地理环境的东西、南北差异不仅规定着关中地区农田水利事业的区域特征,而且环境的变迁还影响引水灌溉与都市水利工程的规模大小甚至兴衰。① 此外,还有孟晋的《清代陕西的农业开发与生态环境的破坏》②等,相关的论著较多,恕不一一列举。清代至民国时期,关中地区的商业与农业有着千丝万缕的联系,很大一部分商业活动是围绕农产品交易或集散进行的,从商业史、经济史、环境史等角度审视关中地区的土地利用会大有裨益。由于研究视角的不同,上述研究成果对关中地区土地利用的程度及规模缺乏定量分析。

近些年,地理工作者在这一方面也做了一些研究工作。何凡能、田砚宇、葛全胜的论文《清代关中地区土地垦殖时空特征分析》以清代文献资料为依据,探讨关中地区有清一代土地垦殖过程及时空特征。③ 分析认为,清代册载田亩数据虽不能反映本区土地垦殖的真实情况,并与实际情况有相悖之处,但在反映地域变化情况时,则又具一定合理性,并对关中地区耕地利用情况的这几个大的阶段划分,我们认为是准确的。因为研究目的不同,何凡能等学者的研究至此已经说明问题了,但还需要深入研究各个阶段土地利用的具体情况,如作物结构变动等。

农业土地利用还要受气候等诸多因素的影响。郝志新、郑景云、葛全胜的《1736年以来西安气候变化与农业收成的相关分析》一文,基于清代雨雪与农业收成等档案记载和现代气象观测记录,根据西安冬季降雪与平均气温之间的统计关系、降水入渗与水量平衡模型,分别重建了西安1736—

---

① 参见李令福:《关中水利开发与环境》,人民出版社2004年版。
② 孟晋:《清代陕西的农业开发与生态环境的破坏》,《史学月刊》2002年第10期。
③ 参见何凡能、田砚宇、葛全胜:《清代关中地区土地垦殖时空特征分析》,《地理研究》2003年第6期。

2000 年冬季平均气温与四季降水序列,并分析了该地区气候变化的特征及其对 1736—2000 年农业收成的影响。① 量化分析方面,为社会科学界进一步研究奠定了基础。地理学者也从土地利用的驱动力因素角度做了相关研究,如郝仕龙、曹连海、李壁成的论文《小尺度土地利用/覆被变化驱动力研究》,以黄土丘陵区小流域上黄试区为例,对该试区 22 年来的土地利用变化驱动力进行了分析。② 结果表明,人口增长因素及政策因素是该试区土地利用/覆被变化的主要驱动力,为我们提供了研究思路的借鉴。

综观社会科学界与自然科学界在研究土地利用方面的成果,其特点可归纳如下:

从研究视角看,多将农户层面土地利用变化的驱动力归结于人口增长所导致的生计压力及与之相关的农业扩张;研究逐步从单纯关注土地用途变更转向对用途变更和土地利用程度变化并重;在研究手段和方法上趋于多样化并趋向于综合使用多种方法;土地利用主体决策行为对土地利用变化的影响得到重视;研究内容不仅仅是土地利用形式的变化情况,土地利用方式产生变化的深层原因、变化后对环境的影响等也成为研究者关注的问题。从研究时空范围看,对于关中这一独特区域的土地利用研究而言,已有的研究成果绝大多数属于更大空间范围的研究,对清代至民国关中地区土地利用问题虽有涉及,但往往是比较零散的,其研究深度受制于研究空间的广度。

基于此,我们认为,要真正解决关中地区历史时期的土地利用及其相关问题,诸如土地利用方式、强度、变化,以及与环境之间的关系等,还需将历史文献与现代地理学、经济学等领域的研究方法相结合,还需要做更多聚焦于关中区域范围的研究。只有这样,才能得出更加接近史实,也更加能够起

---

① 参见郝志新、郑景云、葛全胜:《1736 年以来西安气候变化与农业收成的相关分析》,《地理学报》2003 年第 5 期。
② 参见郝仕龙、曹连海、李壁成:《小尺度土地利用/覆被变化驱动力研究》,《水土保持研究》2007 年第 2 期。

到以古鉴今作用的研究结果。

三、研究内容及方法

土地利用是人类通过经济活动对土地资源持续干预,进行自然再生产和经济再生产的复杂的经济和社会过程,自然资源的其他方面如气候资源、水资源、生物资源等的变化都是通过与土地资源的结合最终影响人类社会的。历史时期的土地利用与现代土地利用有明显的差异。美国学者德·希·珀金斯曾经这样评价中国古代社会:"20世纪以前,实际上整个中国经济部门全部都是农业部门,其他部门不是为农业部门服务就是从它那里取得原料。"①事实上,农业部门几乎是中国经济部门的全部这种状况在20世纪后的很长一段时间依然如此。因此,研究历史时期的土地利用,就等同于研究历史时期的农业土地利用。

(一)研究内容

本书以关中地区为研究的空间区域。关中地区是较早进入原始锄耕农业时期的区域之一,经历了秦汉隋唐的农耕文明盛世②,在本书研究的1644—1949年间,其土地利用几乎仅涉及农业,在农地类型中,耕地占绝对优势,民国时期开始进行较大规模的植树造林,因此在研究内容的选择上,本书以占农业土地绝大多数的耕地为主要研究对象,同时将民国时期的林地纳入研究视野。重在考察耕地数量及利用方式的变动过程,并考察与之相关的要素,如自然环境与资源条件、自然灾害与人口变动、农田水利建设与耕作制度。在这些要素中,自然环境与资源条件是农业土地利用开展的前提,它们既为区域农业土地利用提供必要的基础,又规定和限制着区域农业土地利用的发展形式和方向;人是进行农业土地利用的主体,其数量与思

---

① [美]德·希·珀金斯:《中国农业的发展(1368—1968年)》,宋海文等译,上海译文出版社1984年版,第1页。

② 参见樊志民:《中国古代农业区划研究》,《中国农史》1991年第1期;以及其新浪博客相关文章。

维方式往往对农业土地利用的规模及方式起决定性作用;在最基本的前提条件确定的情况下,农田水利建设与耕作制度的更新及改进,则是从技术层面对耕地质量及效益加以提升的重要举措。民国时期除耕地外,还有规模较大的政府营造林地的行为,民国时期的档案资料为广义的农业土地利用的讨论提供了资料支撑,也是本书的讨论范畴。

本书的具体研究目标:一是讨论 1644—1949 年三百余年关中地区土地数量、质量及其变化过程;二是分析关中地区作物组合的空间结构变化及其深层的自然及社会原因;三是农民对农业生产技术的选择会影响农业土地利用的强度和方向,因此分析其选择产生的原因也是本书的研究目标之一。

学界对关中地区一直高度关注,尽管关注的视角或与本书有异,已有研究仍为本书的写作提供了许多可供借鉴的成果。笔者力图在已有研究基础之上,对关中地区的土地数量与质量及其变动过程、变动之所以发生的驱动因子和影响机制等方面进行研究。要将土地利用研究做细做深,"解剖麻雀"是必由之途。关中地区农业土地利用研究属于区域性实证研究。关中地区是黄土高原的一部分,因此,研究其农业土地利用是进一步进行黄土高原地区土地利用研究的基础。

在结构的安排上,先对关中地区的农业资源条件进行介绍,包括自然资源和社会环境,这二者是关中地区农业土地利用的基础条件;人口是农业土地利用的主导因素,决定着农业土地利用的数量和效率,因此本书第二章着重讨论清代至民国时期三百余年关中地区的人口变动情况;自然灾害是传统社会制约农业土地利用的重要因素之一,第三章着重对关中地区的自然灾害进行述析;在背景构建的基础上,第四章对关中地区的耕地数量与类型及其变动过程展开讨论;第五章则主要讨论关中地区长期以来形成并在清代至民国时期有比较剧烈变动的耕作制度;关中地区处于半干旱区,民谚有云,"有收无收在于水",农田水利建设对农业土地质量的影响非常关键,第六章主要讨论了清代关中地区的农田水利建设的成就、存在问题及发展趋势;民国以来,关中地区的土地利用在因袭清代的基础上,增添了一些现代化的新因素,使民国的农业土地利用呈现出一些与清代不同的特点,第七章专门就民国关中地区土地利用的现代化因素进行讨论;最后,总结1644—1949年关中地区农业土地利用的发展阶段、影响因素及其对关中地区农业土地利用的启示。

(二)研究方法

为了完成本书的研究目标,需要以清代以来陕西省、关中地区市县的方志资料为主要依据,围绕关中地区农业土地利用这一核心。而与土地利用相关的历史文献一般不具有现代地理学文献的科学性及完整性,因此解读、分析文献是本研究运用的重要方法之一。在研究中,还需要综合运用历史地理学、农学、经济学等多学科研究方法,以历史文献资料为基础,通过判读、分析,得出清代以来关中地区土地数量及质量的初步结论,尽可能地对清代至民国关中地区土地资源及土地利用的变动过程加以复原,并在此基础上对清代至民国关中地区的人地关系进行理性分析。为了增加对研究的感性认识,笔者还进行了大量的田野调查。

四、研究意义

从宏观层面看,为了应对目前人类所面临的一系列环境问题,从20世纪80年代开始,国际社会开展了一系列大规模、跨学科、综合性的全球变化研究项目,国际全球变化人文因素计划(IHDP)是全球变化研究的主题之一。人地关系是地理学土地利用研究的核心问题,土地利用是全球变化研究重要问题之间的桥梁,历史时期的土地利用则是研究历史时期人地关系的一个关键环节。从区域层面看,区域的现状是历史形成的,尽可能复原历史时期区域农业土地利用状况是进一步研究关中地区土地利用变化过程及其影响的重要一环,是科学规划未来关中地区土地利用的基础。

(一)为全球变化研究中生态脆弱区黄土高原的土地利用研究提供支撑

在人地关系系统中,土地利用的主体——人类,与环境的关系是相互作用、相互改变的。这种相互作用是一个连续不断的反馈关系。人类身处其中，通过土地利用对全球变化产生影响，而区域性的土地利用变化因为其研究的可操作性，成为研究全球变化的自然与人文过程的理想切入点，已成为全球变化研究的热点领域。[①]

中国土地资源绝对数量大，国土总面积居世界第三位，耕地总面积居世界第四位，但由于中国人口众多，人均土地和耕地面积仅及世界平均水平的三分之一左右，实际上由于众所周知的自然地理原因，中国总土地面积中有60%左右的面积是较难或不能被农业利用的。同时由于中国农业开发历史悠久，绝大部分可开垦的土地早已被耕种，耕地及其后备资源严重不足，土地利用现状不容乐观。

其中41.07万平方千米的黄土高原属于西北半干旱区，自明代中叶以后，黄土高原生态环境的破坏加剧，水土流失现象日益严重。目前该区水土流失及土地荒漠化问题非常突出，这不仅导致当地社会经济贫困，对黄河下游地区华北平原的环境也产生了严重影响。黄土高原地区的自然环境变迁既是全球气候等自然资源变化的结果，也与历史时期人类经济社会活动的逐渐加剧密不可分。在人类活动的历史过程中，土地利用作为人类经济社会活动的最基本方式，毫无疑问地对区域环境乃至全球气候产生了巨大的影响。"冰冻三尺，非一日之寒"，历史上的黄土高原地区曾经是中华民族的发祥地，远古时期其生态环境要优越于现在。因此，无论是从经济发展角度，抑或是环境保护角度，对黄土高原地区的土地利用进行深入研究，都具有非同寻常的现实意义与必要性。

（二）以农业土地利用视角切入考察传统农业区的人地关系有助于总结经济发展过程中的经验和教训

从经济学角度考察，关中地区历来以农业经济为主。农业发展经历了开发初期自西向东推进，直至覆盖整个关中地区的历史。现在西安市所在

---

① 参见史培军、王静爱、陈婧等：《当代地理学之人地相互作用研究的趋向——全球变化人类行为计划（IHDP）第六届开放会议透视》，《地理学报》2006年第2期。

的渭河南部,汉唐时期由于其都城地位,是全国政治经济文化中心,非生产人口众多,是最大的消费区,这种状况自唐以后发生变化,都城的迁移使这里再次变为以农业为主的生产区;而渭河北边的东部地区即三原、泾阳、高陵等县,在秦汉乃至隋唐时期是西安最大的粮仓。① 隋唐之后,关中地区的政治地位下降,但其经济发展并非停滞不前,或者一落千丈。隋唐以后的关中地区,农业仍然是重要的经济部门。到了明清时期,即使在以关中商贾为中心,形成在全国有较大影响的陕商的情况下,关中地区仍然是以农业经济为主,商品经济是建立在农业经济发展基础之上的。而且,关中地区的农业生产具有因战争灾荒疾疫等因素影响,在短期内会遭受严重破坏,但只要新的生产秩序一建立,就能迅速恢复和发展的特点。汉唐之初如此,元明之初亦然,清代至民国也不例外,其根本原因在于关中地区有优越的地理条件和良好的农业生产基础。古代农业经济发展的过程主要就是土地利用的过程,以土地利用视角切入考察传统农业区的人地关系有助于总结经济发展过程中的经验和教训。

(三)关注关中地区内部差异,填补民国时期相关研究的严重不足

从人类发展历史看,关中地区是中华文明的起源地之一。其间,石器时代遗址分布多且具有连续性,人类进入历史时期以后,关中地区曾经作为十三朝古都所在地,在中国乃至世界历史上占据重要地位,隋唐时期发展到极致。此后,随着王朝都城的迁移,关中的显赫政治及经济地位不复存在。但得益于关中曾经有过的显赫的政治及经济地位,关中地区文献资料及实物资料留存较多,为多角度研究关中提供了资料支撑。然而从以往学界对关中地区的研究来看,关中地区的研究以隋唐及之前居多,研究内容多以政治、经济、环境为主,土地利用相关的研究则不多见。对明清以来关中地区土地利用更是缺少细致深入的研究,水利建设是土地利用的一个重要方面,而以往学界对清代关中地区的水利研究有偏差之处。鉴于此种情况,明清以

---

① 参见[日]妹尾达彦:《长安的都市规划》,高兵兵译,三秦出版社2012年版,第85页。

来关中地区土地利用研究还有待深入。民国时期是关中地区农业土地利用从传统走向现代的重要时期,政府在推动农业发展方面做了许多工作,应该在关中地区农业土地利用研究中占有重要地位,而学界对此着力远远不够。

从自然地理角度看,第一,关中地区具有自然地理的差异,但其差异并未被学界深入研究。关中盆地南倚秦岭山地,北界黄龙山、子午岭等北山山系,西起陇山山脉所夹的宝鸡峡,东至潼关港口,西窄东宽,西高东低,是一个自西向东逐渐敞开的河谷盆地。渭河自西向东横贯关中盆地,河岸南、北两侧不对称,自渭河两岸向南、向北地势逐渐趋高,形成了中部渭河谷冲积阶地、台塬、丘陵和山地等地貌类型,阶地在北岸连续分布,南岸则残缺不全,支离破碎。渭北台塬宽广平坦,北接陕北黄土高原南缘的山地,渭南则坡陡塬窄,黄土台塬断续分布。秦岭北坡为山前洪积倾斜平原,与渭河阶地平原相连。其不同的自然地理状况所形成的农业生产条件各有差异,这就决定了关中地区各亚区在土地利用发展过程中不可能同步而具有明显的空间差异性。早在秦汉时期,关中地区土地利用的差异就由于其国都位置的变化而有所表现。[①] 然而,综观学界相关的研究成果,因为研究目的的不同,多将关中地区作为一个地理单元来研究,对关中地区内部地理差异造成的土地利用的不同着力不多。此外,其研究重在对作物历史时期的空间分布进行复原,反映的是静态的土地利用状况。

第二,长期以来,以农业为主的单一经济发展方式对关中地区的生态环境产生了巨大的负面影响,环境的恶化又直接影响了农业生产效益,为了提高农业生产效益,又使得人们对土地进一步索取,导致环境的继续恶化,循环往复,生产方式与环境相互作用始终存在,直到现代。2012 年,位于关中地区的国家级贫困县(区)仍然有 15 个[②](印台区、耀州区、宜君县、陇县、麟

---

① 参见王社教:《论西汉定都长安与关中经济发展的新格局》,《中国历史地理论丛》1999 年第 3 期。

② 这 15 个国家级贫困县(区)直到 2018 年年底才全部脱贫,但依然有贫困户在关中部分区县分布。

游县、太白县、永寿县、长武县、旬邑县、淳化县、合阳县、澄城县、蒲城县、白水县、富平县）。从贫困县的地理分布看,主要集中在关中西部和北部的山地及关中东北部。结合历史文献可知,清代这些地方均有外省客民聚居,并以农业土地利用为主要谋生方式,直至今日,这些地区水土流失现象仍然比较严重。这就说明,关中地区现时之土地资源状况和土地利用与历史上的土地利用有不可割裂的承继关系。关中地区未来土地利用的科学规划,需要建立在对关中地区土地利用与生态环境变化长期考察的基础之上。尽管从大的方面说,关中地区的土地利用方式在传统社会一直是以农业为主的,但细化研究传统社会关中地区农业土地利用的变迁,是进一步研究关中地区土地利用变化及科学规划未来关中地区土地利用的基础。

总之,关中地区是黄土高原的构成部分,关中地区的农业土地利用研究是黄土高原土地利用研究不可或缺的部分。无论从关中地区自身考量还是从黄土高原宏观研究出发,关中地区的土地利用研究都具有重大的学术价值和现实意义。

第一章　何以为生:关中地区的
农业资源条件

农业是利用土地资源生产农产品及畜产品的产业,是继采集、渔猎之后使人类摆脱完全依赖自然界的第一个生产部门。土地利用是人类对土地自然属性进行开发和利用来满足人类基本物质需要的活动,是一个动态的过程。本书研究的农业土地利用是土地利用的一个门类,研究对象是以农业生产为用途的土地、作为农业土地利用主体的人和附着或影响土地的作物及自然资源。

第一节　关中地区农业土地利用的自然资源

影响农业土地利用的环境因素包括自然因素与社会因素两方面。本节讨论自然因素。在诸多的自然因素中,自然资源是农业土地利用的基本条件,这里的自然资源主要指农业生产要素中以土地和水为代表的资源。作为一种长期延续的结构,自然资源规定和制约着农业生产。人类的土地利用活动首先受到自然的制约,其中最大的自然资源限制是气候、水分、地势和土壤的肥力。

一、气候资源

气候条件直接影响生物的生长发育及人类的生产和生活活动。气候资源主要包括光资源、热量资源和降水资源。

（一）光资源

地球上所有能量的最终来源都是来自太阳辐射的光资源。光资源是地球上所有生命的活动之源，更是植物进行光合作用的唯一能源。它不仅以其热效应给动植物提供了一个适宜的环境温度条件，更重要的是在光的作用下，绿色植物表现出光合效应、光形态效应和光周期效应。农作物的干物质量90%—95%都是靠光合作用形成的。因此，农业生产就是通过绿色植物的光合作用把太阳能转化成生物潜能的过程。

关中地区年太阳总辐射的地理分布呈纬向型，由西南向东北逐渐减少。西南部的宝鸡一带，年降水和云量较多，太阳辐射比较少。而处于关中地区东北角的郃阳、韩城一带，位于渭河北侧高原上，气候干燥，碧空少云，全年光辐射量明显比西南部的宝鸡一带多很多。关中地区光照的地理分布与太阳辐射总量的地理分布是一致的，具有北多南少、东多西少的特点。冬季与全年分布形势亦呈纬向型，北多南少，夏季日照则经向型分布明显，呈东多西少状态，说明夏季受局地天气现象影响明显。夏季的光照明显多于冬季，与昼长变化一致。

（二）热量资源

热量是影响作物生长、发育和产量形成的主要因子之一，直接影响作物的生物化学反应、种类分布、品种类型、种植制度、栽培方式。在其他条件都满足的条件下，热量是主要决定植物发育速度的因子。温度是热量的重要表征属性之一，它标志着一地气候的冷热状况。关中平原年均气温在9—13℃之间，东西差异很小，沿渭河河谷地区气温接近，只有北部塬区由于海拔高度和纬度的影响年均气温较低。平均海拔在950—1300千米，年平均气温在10℃以下。

温度的季节变化直接影响作物的生长规律。关中地区由于受季风影响,四季分明、春秋时间短、温度升降快,造成春播、秋种有很强的时间性。

由于不同种类的作物生长发育所需的适宜温度范围各不相同、不同界限温度的初终日及累积温度,即积温,在农业上各有不同的意义。气象学将 0℃ 的持续天数称为农耕期或可能生长期。这个时期的积温称为可利用积温。可利用积温代表一个地区可供农业生产利用的热量资源。关中地区始于 2 月上中旬,终于 12 月上中旬,可利用积温期为 290—310 天。日均气温大于或等于 10℃ 是评定喜温作物生长期长短和热量多寡的指标。关中地区大部自 4 月上旬开始,10 月中下旬结束,时长 180—260 天。关中地区 0℃ 初日,由南向北推迟,终日则与初日相反。从持续时间上看,西北部旱塬农耕期最短,约 260 天。西部的宝鸡和东部的韩城农耕期差不多,约 290 天,积温均大于 4500℃;渭南和华县一带大于等于 0℃ 积温值超过 5000℃,而北部旱塬上的宜君到彬县、麟游一线均小于 4000℃,南北差别 1500℃。实际上关中地区的热量资源受地形垂直变化影响远比纬度变化的影响明显。

(三)降水资源

由于缺乏历史时期的相关统计数据,而降水资源具有相对比较恒定不变的特点,因而,可以借用现代数据对历史时期的情况进行说明。现代研究资料表明,关中地区年平均降水量西多东少。现代关中地区的降水规律一般为:西部的宝鸡等市县为 680—700 毫米,东部韩城及中部西安、咸阳等市县为 480—500 毫米,西部与东部相差 180—200 毫米。降水年际规律表现为,关中地区在 1 月份的降水分布较均匀,渭河河谷地带略微偏少,渭北高原偏多一些,但相差仅 3 毫米左右。7 月的降水分布由以西安为中心的低值区向四周逐渐增加,其最高与最低相差约 60 毫米。总体来看,关中西部是降水高值区,关中东部到中部的西安一带为降水相对低值区。

关中地区年际降水分布极不均衡,通常 5 月、7 月、9 月是降水集中的月份,其中又以 9 月最多。3 月以后,降水逐渐增多,4—5 月达到相对高峰,总降水量可达 100—160 毫米。7 月是汛雨季节,易发生雷暴天气现象,8 月盛夏来临,关中地区处于夏季风盛行期,在伏旱影响之下,降水量明显减少。从 9 月开始,冬季风开始南下,冬季风与热空气交替,使关中地区进入第三次降水高峰,此期多阴雨天气。总之,从年际表现看,关中地区年内降水呈现出明显的多峰型形态。

总之,关中地区东西部之间在光照、热量、降水分布上有差异,表现为热量及光照东部稍多于西部,降水西部多于东部,差异在 50—100 毫米左右。南北由于地势高低不同,降雨多少亦有差异。陕西的降水主要集中在夏季和秋季两个季节,4—10 月份降水量占全年的 85% 以上。

明清时期陕西的气候与现代相比小有差异,据竺可桢先生考证,明清时期我国的气温比现在低 1—2℃。① 陕西的情况应该与全国相类,清代至民国时期的气候较现在略显冷湿。

二、水资源

水资源包括地表水和地下水资源两部分,地表水资源通常用一个地区的河川径流量来表示其数量,地下水资源是指在一定期限内,能提供给人类使用的,且能逐年得到恢复的地下淡水量。

(一)地表水

由于地形南北西高,关中地区的地表水多为"南来北往",只有渭河自西向东贯穿其中。渭河是黄河最大的支流,发源于甘肃省渭源县鸟鼠山,在陕西省境内总长度 502 千米,流经关中地区的流域面积近 7 万平方千米。其他"南来北往"的河流最终流入渭河,再东流至潼关注入黄河。历史时期,关中地区的河流水量充沛,河流阶地多有人类文明遗迹分布。西汉司马相如在《上林赋》中描写皇家苑囿上林苑时云"荡荡乎八川分流,相背而异态"。此后就有了"八水绕长安"之说。一般认为"八水"指的是渭、泾、沣、

---

① 参见竺可桢:《中国近五千年来气候变迁的初步研究》,《考古学报》1972 年第 1 期。

涝、潏、滈、浐、灞八条河流。受环境因素影响,关中地区的河流流量发生变化,荡荡乎分流的盛水之象自唐以后几乎不见。

除河流外,降水也是地表水的影响因素。历史时期关中地区年降水无具体数值记载,现代数据告诉我们,关中地区的年平均降水量为550—700毫米,秦岭北麓可达800毫米,处于中等水平,但由于关中地处半干旱地区,全年蒸发量大于降水量,仍然属于水资源缺乏型地区。历史上关中地区经历过湿润与干旱的波动,唐晚期帝都长安已经出现受制于水资源紧缺状况的发展困境,此后的中央王朝东迁南移无不与此有关。到了清代,关中地区的发展更加受到水资源的约束和限制。清代以来,关中地区河川径流量较之前明显减少。渭河自宝鸡峡进入关中地区以后,从南岸注入渭河的支流自西向东主要有黑河、田峪河、涝河、沣河、灞河、沈河、赤水河等,这些支流发源于秦岭北坡,短小流急;渭河北岸的河流自西向东主要有汧河、漳河、漆水河、泾河、浊峪河、清峪河、石川河、洛河等。其中汧河、洛河、泾河源远流长,是渭北最大的三条支流。据史念海①、李令福②等学者研究,清代关中地区的河流水量大大减少,与汉唐时期不可同日而语。渭河支流流量的变化影响到了渭河流量。史载战国时渭河可通舟楫,到宋代由于水量减少,行船变得颇为困难③,宋以降并未有所改善。故而在汉、隋、唐时期渭河还可以运输粮食,而后由于其水少沙多,无法再做水运之利用。④ 昔日环绕长安的八水,清时水量已经大大减少,渭河漕运早已是明日黄花。王桐龄在其游记中记载:"现在(1924年8月)陕西天旱……滈河水甚少甚清……浐灞二水皆涸,沣滈洛三水,亦仅细流涓涓矣。"⑤但在韦曲樊川一带,王桐龄看到了稻田

① 史念海:《论西安周围诸河流量的变化》,《陕西师范大学学报》(哲学社会科学版)1992年第3期。
② 李令福:《关中水利开发与环境》,人民出版社2004年版。
③ 参见史念海:《史念海全集》第三卷,人民出版社2013年版,第684—695页。
④ 参见黄盛璋:《历史上的渭河水运》,《西北大学学报》(哲学社会科学版)1958年第2期。
⑤ 王桐龄:《陕西旅行记》,文化学社1928年刊行,第48页。

荷塘等关中地区少见的水乡风光,以至于让他认为此处颇有日本田园之胜。[1]

水是生命之源。水资源之于农业土地利用,犹如石油之于工业,其丰富程度决定着农业土地利用方式和成效。清代关中地区的地表水资源总体比较匮乏,泾阳、三原、高陵三县由于地处泾渭流域,可利用的水资源相对充沛,是关中地区的"白菜心"。水资源利用情况后文还会论及。

(二)地下水

关中地区地下水资源的深度随地势的高低起伏而形成差异,因此地下水可利用情况也不尽一致。分布在渭河两岸,高出渭河水位 10—20 米的阶地区,地下水埋深一般在 10 米左右,水位浅且蕴藏量丰富,加之引河水灌溉比较方便,是传统的农耕区;黄土塬为分布在渭河二级阶地外侧的黄土高阶地,面积约占关中盆地的五分之二。渭河北岸的黄土台塬比较宽广平坦,分布连续成片,地下水埋藏深,一般深度为 40—70 米,最深可达 100 米左右,加之水量有限,往往人畜用水都十分困难,水利开发更无从谈起。乾隆初年,时任陕西巡抚的崔纪试图通过在关中地区大量凿井灌溉的方式来解决关中地区的干旱问题,以增加粮食产量。但他主观愿望良好,效果却差强人意。缘于他罔顾关中地区各县地下水蕴藏状况差异万千的客观实际,"一刀切"地勒令各地民众限期完成凿井工作。但实际情况是,在渭河以北广大黄土塬地区,民众下挖"十余丈或数十丈"而不得水,劳民伤财,最终导致民怨沸腾,崔纪受弹劾调任他处。这一历史事件为我们呈现了清代关中地下水的分布及利用情况。[2]

三、地形和土壤

关中盆地夹于陕北高原与秦岭山脉之间,是喜马拉雅运动时期形成的

---

① 参见王桐龄:《陕西旅行记》,文化学社 1928 年刊行,第 48 页。
② 参见刘立荣:《再评崔纪在关中兴井灌之实效》,《西北大学学报》(哲学社会科学版)2014年第 3 期。

巨型断陷带,是在地堑式构造盆地基础上经黄土沉积和渭河干支流冲击形成的平原。

(一)地形

关中平原区域范围西起宝鸡峡,东到潼关,北靠北山,南依秦岭。西窄东宽,东西跨度长约 360 千米,号称"八百里秦川"。盆地南、北、西三面闭合,东临黄河打开,一般海拔在 320—900 米之间,平均海拔约 520 米。关中平原堆积有深厚的上新世红土、第四纪三门系河湖相沉积物,这些沉积物的厚度,西部薄而东部厚。由于受新构造运动和近代堆积、切割的影响,形成三种明显的地形,即河成阶地、黄土台塬和山前洪积扇。[①]

1. 河成阶地

分布于渭河两岸的河成阶地是关中平原的主要地貌形态。可以划分为二级,受地质条件影响,一般分布于渭河北岸的阶地发育比较完整,南岸则多残缺不全。

一级阶地是在近代渭河冲击作用下形成的,阶地自西向东由窄变宽,宽窄从数十米至 15 千米不等。组成物质多为沙壤土和粉尘土,地下水位埋深多在 10 米以内,潜水蕴藏量相当丰富。

渭河(及其支流)的二级阶地上分布着众多早期人类的活动遗迹。[②] 流域内二级阶地的高度与宽度均不等,我们以河床为参照物,就可明显看出这一点:渭河在宝鸡附近的二级阶地一般高出河床 10—20 米,而西安以东为 20—30 米;在鳌屋、兴平县境内,渭河二级阶地宽约 5—6 千米,到西安附近其宽度达到 10 千米左右,在泾、渭汇流以东的渭南地区更宽,达 20—30 千米。其组成物质主要是黄土。

2. 黄土台塬

沿渭河二级阶地分别向南北方,广泛地分布着高出二级阶地的黄土台

---

① 参见陕西省农业勘察设计院主编:《陕西农业土壤》,陕西科学技术出版社 1982 年版。
② 如宝鸡关桃园新石器遗址,临潼姜寨遗址、白家遗址,半坡遗址,以及蓝田县蓝田猿人遗址,等等。

塬。渭河二级阶地以北分布着由十数米至百余米厚的黄土层构成的台塬,多连续成片,宽广平坦,一般海拔在 460—850 米之间,因长期受渭河支流切割,其间不乏深谷巨壑。主要有宝鸡市的北塬,岐山的五丈原,富平、三原和临潼县境的荆山塬等;渭河阶地以南的台塬则断续分布,地势起伏较北部台塬变化大,向南与秦岭北坡洪积扇及山前丘陵区衔接。主要有西安、咸阳以北的咸阳塬,潼关城南到华县、华阴的麟趾塬、凤翼塬、瑞村塬、金盆塬、孟村塬、高塘塬,渭南的高阳塬,西安以南长安县一带的神禾塬、少陵塬、白鹿原等。这些黄土塬塬面及塬边长期受到侵蚀切割,比较破碎。黄土台塬区是关中地区主要的粮棉基地。但地下水位很深,灌溉水源缺乏。

3. 山前洪积扇

秦岭北麓有一系列山前洪积扇,是由山间河溪向平原倾泻带出的洪积物堆积形成的扇状地形,彼此相连,呈带状的洪积扇裙。东西狭长,一般宽 5—12 千米,中部最宽处为 25 千米(最宽处为白鹿原)。大致包括宝鸡、郿县、岐山、盩厔、户县、长安、蓝田、临潼、临渭、华阴、华县、潼关等县市区的秦岭山脉。其组成物质多为洪积、湖积扇的砂砾和红色粘土层,砂砾距山口愈远颗粒愈细。秦岭各峪口自然形成的山前洪积倾斜平原,与渭河阶地以南的黄土台塬相连。洪积扇前缘往往是地下水富集出露地带,潜水丰富,埋藏较浅,相对容易开发利用,具备种植水稻的条件。

(二)土壤

土地是财富之母,是人类赖以生存和发展的根本。我国古代以农立国,人们对土地的尊崇和信仰与农业文明相生相伴。人们很早就认识到土的作用,并象形地用一横表示土壤表层,再一横表示土壤深层,一竖表示植物扎根于土壤。"食为政首"是我国数千年来重农思想及施政方针的准确概括,食从何而来?古人认为"有土斯有财""万物土中生",土地是人类赖以存续的基础。土地又是人类进行物质资料生产的主要对象,是社会最基本的生产资料。农业活动离不开土地,不论社会制度如何变迁,科学技术水平如何发展,这一基本原理永远不会改变。

农业土地利用是利用附着于陆地表层的土壤来进行农业生产的活动。土壤是比土地更宝贵的自然资源,它的形成非一朝一夕,它是由岩石经过亿万年的风化和腐蚀作用而形成的。土壤是植物、动物和大量微生物的家园,按其发育过程中有无人类劳动投入,土壤可分为自然土壤和垦殖土壤。自然土壤是指没有人工参与,在纯自然力如风吹、日晒、雨淋、生物等作用下形成的土壤。垦殖土壤是指经过人类开垦耕种,在人工参与条件下形成的土壤。垦殖土壤经过人类的耕耘改造,更适宜农作物生长,有较高的生产能力,可供农业活动直接利用。

关中地区的土壤附着在以河成阶地、黄土台塬和山前洪积扇为主要类型的地形之上。关中地区的土壤母质,即自然土壤,基本上都是黄土母质,质地中壤。《汉书·地理志》即曰:"黑水、西河惟雍州。……厥土黄壤。田上上,赋中下。"在河流两岸有淤积母质,多为砂壤土和砂土。在沟谷坡地是由洪积作用形成的黄土性母质。黄土在关中地区的沉积很厚,西部河谷处黄土层厚50—100米,有些地方则更厚,东部主要是沈河河谷和洛河河谷,黄土层厚100—150米或更厚。在黄土母质基础上,关中地区的土壤包括草甸土、冲积土、盐土、褐色土、古耕深厚灰褐土、古耕典型灰褐土、古耕薄层灰褐土、古耕淡灰褐土、原始灰褐土,在大荔南部还有沙漠。[1]

关中地区农业开发历史悠久,在长期耕种熟化作用下,陆地表层的土壤已经明显区别于原来的自然土壤。其土壤类型,以壤土、肝泥土、盐碱土最多。其中壤土分布最为广泛,关中地区各处都有,适合深耕细作;肝泥土主要分布于关中地区南北基岩山丘,蓄水抗旱能力较差;盐碱土主要分布于富平、蒲城、澄城、大荔等地。壤土还可以分为油土(广泛分布于泾河以西的高阶地上)、垆土(关中东部、泾阳、三原、高陵、蒲城、渭南、大荔及临潼县分布较多)、立茬土(主要分布在秦岭北麓台地和接近陇山的黄土塬等处,长安、盩厔、宝鸡、蓝田等县分布最多)。由于自然条件的差异,关中地区各地

---

[1]　参见陕西省革命委员会民政局、测绘局编制:《陕西省地图集》(秘密),1976年,第27—28页。

土壤在营养状况、通透性及酸碱度等方面均有差异。除此而外,从关中区域整体看,土壤附着的陆地层有海拔高低之别,从具体地块看,还有地块大小、平整度的差异、耕作层的厚薄不一等差别。但明清以来,因为人口剧增,迫于生存需要,即使一些并不适宜耕作的土地,也被垦辟耕种。史念海先生在论及黄河流域黄土高原地区水文变迁时总结道:"明清时代的农业在旧有的基础上继续发展,农田开垦也相应不断增加,不仅平原各处没有弃地,就是丘陵沟壑,凡可以种植的地方都陆续加以利用,甚至山区的坡地也都在开垦之列。"[1]明清以来人类土地利用活动以空前的强度改变着关中地区土壤与其上的覆被物。

第二节　关中地区农业土地利用的社会环境

要考察清代至民国时期关中地区农业土地利用,需要考察研究时段内这一特定地理空间的行政区划、施行的相关政策及作为土地利用主体的人口的相关状况。1644年清军入关至1949年中华人民共和国成立,其间政府组织形式发生巨变,但土地所有制度并未发生根本性变革。直到1953年春开始,中共中央推进农业合作化,把汪洋大海般的小农经济改造为集体经济[2],我国的农业土地所有制度才发生了数千年来的根本性变革。清代至民国期间,关中地区仍然延续着以小农生产为最主要方式的农业土地利用模式。

一、行政区划

行政区划是国家治理的基础,中国自春秋初期置县,到清代已有两千三百余年的行政区划史。清朝建立后,在历代行政区划基础之上,将全国划分

---

① 史念海:《黄河流域诸河流的演变与治理》,陕西人民出版社1999年版,第248页。
② 其后土地政策又经过调整。

为十八个行省,省下设府、州、县,在新开发地区或地理位置险要的地区,还增设了厅。① 清代在地方设置的州有直隶州和散州两种。所谓的直隶州,行政级别相当于府,散州的行政级别则相当于县;清代的厅有直隶厅和散厅之别,直隶厅与府、直隶州行政层级相同,直隶于省一级行政区划单位,绝大多数不领县;散厅隶属于府,与散州、县行政层级相同,是最基层的行政区划单位。直隶厅多是因为其地位特殊而设,一般不领县。行政区划以一定的地理空间为依托,作为社会人,其行为要受相应行政区划内各种社会条件的影响,因此,有必要对本研究涉及的地理空间的行政区划进行梳理。

清初设陕甘行省,康熙二年(1663),陕甘分治,今日陕西省的行政区划基本定型。在本书研究的关中地区这一自然区域内,清政府亦按照府、州、县的地方层级进行地方行政区划设置。清朝建立之初,沿袭明代旧制,在关中地区设西安府及凤翔府两个府一级行政建制,下辖州县。雍正三年(1725),随着关中地区东部和西部地区人口的恢复与增加,先是将位于关中地区东部的同州调整为直隶州,十年以后,即雍正十三年(1735),调整华州、耀州为散州,改同州直隶州为府,并对原属此二州的县的归属也重新做了安排。至此,关中地区相对固定的行政建制形成:府一级有西安府、凤翔府、同州府三府,乾州、邠州二直隶州。府及直隶州下辖县和散州。② 至此,清代关中地区的行政区划基本固定。

西安府:辖长安县、咸宁县、咸阳县、兴平县、临潼县、高陵县、鄠县、蓝田县、泾阳县、三原县、盩厔县、渭南县、富平县、醴泉县、同官县、耀州,共15县1州。

凤翔府:辖凤翔县、岐山县、扶风县、郿县、宝鸡县、汧阳县、麟游县、陇

---

① 潼关设厅是因其地理位置险要。潼关北临黄河,历来为兵家必争之要地,是关中的东大门,故设。

② 关中地区政区设置的变化应该与人口的变化有关。雍正朝后期,人口较清前期增加较多,关中地区东部的政区有增加之必要,因而调整同州为直隶州,再升为府,对其所辖的县也做了相应调整。

州,共 7 县 1 州。

同州府:辖大荔县、朝邑县、郃阳县、澄城县、韩城县、华阴县、蒲城县、白水县、华州、潼关厅,共 8 县 1 州 1 厅。

乾州直隶州:辖乾州、武功县、永寿县,共 1 州 2 县。

邠州直隶州:辖邠州、三水县、淳化县、长武县,共 1 州 3 县。①

凤翔府所辖 7 县 1 州位于关中西部,有"西府"之称,同州府所辖 8 县 1 州 1 厅位于关中东部,有"东府"之称。

清宣统三年九月(1911 年 10 月)新军占领西安后,并没有恢复清代西安府的建制,而将原西安府所辖地由陕西省民政府(后改为民政部)直辖。民国二年(1913)元月,北洋政府颁布《划一现行中央直辖特别行政官厅和地方各级行政官厅组织令》,规定在全国范围内"废府设道"。1913 年 11月,陕西省共设置中道、南道、北道、东道和西道 5 道,这 5 道为省级派出机构,中道管辖西安地区,驻地为西安。民国三年(1914)五月将中道、东道、西道 3 道合并为关中道,使其成为一级行政建制。关中道管辖范围如下:东至潼关县、西至陇县、北到今铜川市、南到柞水县,统道官员称道尹,其办公驻地在今西安城西大街东段北侧。民国十三年(1924)元月,北洋政府又通令全国撤销道级建制,各地陆续执行北洋政府政令,关中道保留到民国十五年(1926)十一月。撤道后,各县均归省直辖。至此,位于关中这一自然区域内的县有:长安县、咸阳县、兴平县、高陵县、临潼县、鄠县、蓝田县、泾阳县、三原县、盩厔县、渭南县、富平县、醴泉县、同官县、耀县、大荔县、朝邑县、郃阳县、澄城县、白水县、韩城县、华阴县、潼关县、华县、蒲城县、凤翔县、岐山县、宝鸡县、扶风县、郿县、麟游县、汧阳县、陇县、邠县、旬邑县、淳化县、长武县、乾县、武功县、永寿县,以及设立于 1929 年的平民县,共计 41 县。②

---

① 参见《清史稿》卷 63《地理志十·陕西》,中华书局 1977 年重印本。
② 参见张在普编著:《中国近现代政区沿革表》,福建省地图出版社 1987 年版,第 211—216 页。

二、政治环境

清至民国时期,关中地区的政治环境安定与否,往往取决于是否发生战争与灾害。

朝代更替往往伴随着战争。明末清初,自 1627 年发端于陕北的农民战争起,直到 1644 年以李自成为首的起义军在西安建立短暂的"大顺"政权为止,大顺军与清军战端不息,关中地区也频受战争影响,人口损失惨重,农业处于极其不稳定状态。康熙年间的严重旱灾雪上加霜,加剧了关中地区的人口流离,大片耕地荒芜。战乱平息之后,关中地区的各项生产逐渐恢复,大致到康熙末年,关中地区地势平坦的村落人口与耕地之比已渐趋于饱和。随着"盛世滋丁,永不加赋"及"摊丁入亩"政策的实施,以及社会秩序的稳定,关中地区人多地少的矛盾逐渐出现。乾隆时期,耕垦的范围已经扩大到不适宜耕种的山地及一些坡沟、滩涂地。清后期的灾害与动荡又使土地利用范围缩小。

1796—1804 年爆发于湖北、四川、陕西的白莲教起义[1];1862—1873 年陕甘回民起义。陕甘回民起义之后,关中地区人口大幅减少,"陕省殷实之户,惟西、同、凤较多,而受回逆之害,亦惟西、同、凤最烈。盖因事起仓猝,几于靡有孑遗"[2]。政府的徕民政策很快吸引来了自湖北、河南、四川等省份的移民[3],生产恢复较快。

1898—1901 年,大旱灾引起灾荒,史称"丁戊奇荒",对关中地区农业生产的打击非常严重。连年大旱的直接后果是关中地区人口大大减少,田地

---

[1] 据《中国大百科全书·中国历史 1》"白莲教起义"条记载,白莲教起义中义军与清军相互屠杀,人口损失惨重。虽交战战场主要在川、陕、楚三省交界处等地,不在关中地区,但应当对关中地区影响很大。

[2] 《续修陕西省通志稿》卷 28《旧赋三》,民国二十三年(1934)铅印本。以下提及该书,版本同此。

[3] 《续修陕西省通志稿》卷 195《风俗一》载:"土著编户孑遗无几,而招徕新集之众来自远方,大都河南之陕、汝;湖北之陨、襄阳;四川之巴、南、通等处为多。"

多数荒芜。咸丰年间,关中地区的人口达到 800 万左右,而这次大灾过后,"各州县民人饿死过半,存者亦皆流亡,有三四十家村落,仅余一二人者"。到清末宣统时,关中地区人口不过 500 多万。

此外还有 1906 年旱灾及 1928—1930 年被称作"民国十八年年馑"的大旱灾等。民国十八年年馑"造成七百万居民受灾,三百多万人死亡,七八十万人逃亡,关中、陕北赤地千里"①。

民国时期除了几乎年年都会发生的各种灾害,从辛亥革命到中华人民共和国中央人民政府成立之间的 38 年间,社会动荡,革命战争、军阀混战、剿匪战斗、正规军队之间的战争、人民群众的反抗武装斗争等,几乎年年、月月、天天都会发生。② 大概从 1927 年起,因为旱灾造成饥荒,各地民众纷纷发动起义或暴动。自然灾害加上兵患匪祸、武装斗争,人民几无宁日。加之关中地区水资源状况趋向恶化,旧有水利工程难以为继,关中农业处在崩溃的边缘。

1937 年卢沟桥事变后,抗日战争全面爆发。日军迅速侵占了我国东北、东南地区的大片领土,自唐以后僻处西北的陕西省成为抗日大后方第一线的省份,其战略地位日益突出。随着战时沦陷区学校、机关、工厂连同数以万计的避战难民逐步内迁进入陕西后,陕西省社会经济日益面临着巨大的压力与负担。鉴于此,国民政府不得不在政策、技术及资金等方面加大对陕西农业经济的扶持。陕西地方政府也及时对农业政策进行调整,在战前陕西农田水利发展的基础之上,积极改良和发展农业生产技术,使陕西农业经济保持了较快的发展速度。对陕西政策、技术及资金等方面的加大投入主要投到了以西安为经济中心的关中地区。如此一来,不仅为保证陕西本省,而且为保证广大后方及前线之民食军需作出了巨大贡献。

---

① 唐海彬主编:《陕西省经济地理》,新华出版社 1988 年版,第 44 页。
② 参见郭润宇:《陕西民国战争史(上册)·国民党在陕西夺取政权和维护政权的战争》,三秦出版社 1992 年版,"前言"第 1 页。

三、文化环境

中国古代以农耕为社会生产的最主要方式,因而无论政治制度、经济结构、文化形态等无不与农耕文化息息相关。关中地区是中国农业文化发祥地之一,关中地区的居民在长期的土地利用实践中,形成了浓厚的农耕文化。如"养牛为耕田,种粮为吃饭"的生产动机;日出而作、日落而息的生活模式;"小富即安,小进即满"的发展意识;重农轻商的传统思维;等等。积累了丰富的农作经验。如深耕细耨、耕耱保墒、施肥增产和"人勤地不懒"等。经过两千余年耕耘和养护的土壤,为农业土地利用提供了基础,相对较好的水热条件使关中地区的民众无须像陕北地区的民众那样艰辛地广种而薄收,自给自足的农业经济给关中地区民众带来相对稳定的生活,因此关中地区民众历来安土重迁,"少不出潼关""姑娘不对外"等流传已久的俗语就是其安土重迁观念的反映。翻检关中地区府州县地方志资料,处处可见对关中地区居民质朴、勤于耕作、重视农业的描述。

总之,清代至民国时期,关中地区虽屡被灾害打击,数蒙战争不幸,但因其相对较好的自然条件,加之统治者施行的徕民垦荒、降低赋税等政策,尤其在民国时期,南京国民政府实施复兴农村的计划,一度加大对关中地区的建设投入,使关中地区的农业土地利用得以持续发展,并在民国时期开始从传统向现代迈进。

第二章　赋出于民:清代至民国时期
关中地区的人口

马克思、恩格斯认为,人口变动与其他一切重要历史事件的发生一样,其"终极原因和伟大动力是社会的经济发展"。"有民斯有财",人口的多寡被视为国力盛衰与社会治乱的标志,因此中国历代统治者对人口的生产和管理都极为重视,中国是世界上最早进行人口数字统计的国家之一。在户口制度建立过程中,历代王朝逐步建立了从中央到州、县乃至乡一级的完备户籍管理体系,将人口纳入国家治理体系中,从而为征收赋税、派遣劳役提供依据,进而维护建立在小农经济基础上的政权。但中国历史时期的人口统计,尤其是明清以来的统计资料留存不少,因统计口径等原因,接近实际情况的并不多。

第一节　关中地区的人口数量

人口是构成社会的基本因素,是社会财富的创造者和消费者。社会要正常运转,就需要一定的人口规模来支撑。在人口的几个要素中,无论数量、结构,还是其空间分布,都不是静止的,而是处于无时不刻的变动中。人口统计是国家治理的基础性工作之一。

一、清代以来的人口统计情况

在我国传统社会中,政府对人口进行统计都是为征收赋税或派遣劳役服务的,因此只有承担赋税和服役的人口,即"丁"①数才会被记载在册。地方政府对人丁数的查考常常依赖于之前核定的原额,换而言之,中国古代大多数情况下进行的是"人口登记"而非"人口普查",如此一来,虽然册载人口数字的资料多,但接近实际情况的资料却很少。同时人口受战争、灾荒等因素的影响很大,几乎每一次战争或灾荒出现后,人口就会出现大的变动,但由于当时并不具备及时进行人口信息统计和登记的条件,因此,想获知历史时期较为准确的人口数字,的确是一件难度颇大的事情。尽管如此,学者在中国古代人口相关问题的研究上依然取得较大成果。何炳棣、葛剑雄、曹树基、姜涛、王跃生等学者对清代人口问题研究贡献颇多。②

清代以来的人口统计情况大致如下:在乾隆六年(1741)以前,登记户口时只登记承担赋税的男丁数——16—60岁的男性人口数,即丁数,是远远低于实际人口数的,甚至登记在册的男丁也并非实有丁数,而仅是由地方官吏为完成赋税征收任务而"造"册在案。相对而言,清中叶自乾隆六年(1741)到咸丰元年(1851)的110年间,是清代比较完整意义上的人口统计时期,同时也是中国历史上的人口空前发展的时期。③ 主要是因为人口政策与人口登记的变化。乾隆六年(1741)以后,清政府开始采用"保甲"编审人口,人口统计对象不再只限于"丁",而是扩大到全部人口,在文献中记载

---

① 丁,指能够承担赋税和劳役的男性,历史上各朝代对丁的年龄区间规定并不统一。清代的"丁"理论上是指年龄在16—60岁的男性。

② 侯杨方:《乾隆时期民数汇报及评估》,《历史研究》2008年第3期;葛剑雄:《中国人口发展史》,福建人民出版社1991年版;曹树基、刘仁团:《清代前期"丁"的实质》,《中国史研究》2000年第4期;等等。

③ 参见姜涛:《清代人口统计制度与1741—1851年间的中国人口》,《近代史研究》1990年第5期。

为"大小男妇"。乾隆四十年(1775),乾隆皇帝曾经因为各地上报的户口数不实而对户口统计做出更严格和更具体的要求:"所有本年各省应进民册,均著展至明年年底缮进,俾得从容确核,以期得实。嗣后每年奏报人民,各该督抚务率属员实力奉行,勿再如前,约略开造。倘仍因循疏漏,查出定当予以处分。"①所以学界一般认为,在乾隆四十年(1775)之后的一段时期,各地方的册载人口数比较接近真实。

中华民国时期,政府试图加大人口统计工作的力度,但并未完全实现。全面抗战以来,西北地区的战略地位提高,国民政府曾有迁都西京的计划,因此,对陕西省,尤其是对陪都西京所在的关中地区的各项工作高度重视,人口调查是当时进行的各项工作之一。由于当局对相关部门的人口调查工作不甚满意,在关中地区的部分县份,甚至短时间内就做过4—5次人口调查,其结果有较高的利用价值。

二、对农业劳动人口的估算

清代的人口问题非常复杂。在推行"摊丁入亩"政策之前,中央要求政府统计人口时,将16—60岁的男性人口登记在册,即所谓"丁"数,因为他们是赋税和劳役的承担者。但实际上,我们今天能看到的当时的人口统计数据,大多只是经过复杂折算后能够完成政府征收赋税的"丁"数②,和实际16—60岁男子的数量是何种关系已经很难考证,因此,要依据雍正之前的册载人口数据来推算实际人口数非常困难。摊丁入亩之后,人口数字和赋税征收的关系脱离,官民皆无隐瞒人口数之需要与必要。从理论上讲,人口统计数据应该比较接近实际情况,但依然不能认为这些数据就是人口情况真实的反映,因为数据是否准确还与统计实施中的诸多因素相关。民国时期,关中地区曾经做过数次人口调查,调查的内容较之清代更加科学完备。除区分性别要素外,还做了职业、年龄等的分别统计。

---

① 《清朝文献通考》卷19《户口考一》,图书集成局,清光绪二十七年(1901)本。
② 曹树基、刘仁团:《清代前期"丁"的实质》,《中国史研究》2000年第4期。

清代关中地区的人口数,耿占军采用文献记载"丁"数与实际人口数1:2.3的比率进行了折算,分府州计算出雍正十三年(1735)陕西省的实际人口数,[1]据此,关中地区设立的三府两州在雍正十三年时人口数应为4676172口。到嘉庆二十五年(1820),关中地区人口数为6716555口。[2] 这个数值应当还不是关中人口的最高数。上述《蒲城县志》记载的蒲城县人口数,在咸丰十年(1860)时最高。与"西、同、凤、乾各属,古三辅地,百余年来,休养生息,鸡犬相闻,至道、咸时,户口称极盛焉"[3]的记载相吻合。关中地区其他县份,至少同州府所属东部县份的人口变化情况应与蒲城县相类似。因此,清代关中地区的人口峰值应当出现在道光和咸丰年间。我们采用学界比较认同的、"相当谨慎的"3‰的增长率估值计算[4],可得出关中地区在道光三十年(1850)时的人口大约为730万。同样可以估计出咸丰十年(1860)关中地区人口约为750万。清代至民国时期,陕西的人口峰值出现在道光三十年(1850),其峰值人口数大约为1330万,是1949年中华人民共和国成立前陕西省人口的最高值。关中地区人口的波动和陕西省基本一致,中华人民共和国成立前人口峰值约为750万。

众多人口中,能够从事农业生产的劳动力人口是农业土地利用得以开展的基础。关中地区是传统的农作区,长期以来,关中地区一些县的农业人口占到关中地区总人口的99%左右。[5] 蒲城县在民国三十六年(1947)的人口统计中,12岁以上从事农业的人口占71.33%。[6] 事实上,清代至民国时期,关中地区的农业劳动大多对技能要求不高,大致只要身体能够承受,耕作于田亩的劳动者并无太多性别、年龄的区分。在有的地区,女性承担的劳动负担甚至重于男性。《大荔县新志存稿》记载:"妇女尤苦,日则入

---

① 耿占军:《清代陕西农业地理研究》,西北大学出版社1996年版,第14页。
② 据《嘉庆重修一统志》卷226—250,分府州数据计算得出。
③ 《续修陕西通志稿》卷31《户口志》。
④ 薛平拴:《陕西历史人口地理》,人民出版社2001年版,第210页。
⑤ 长安县地方志编纂委员会编:《长安县志》,陕西人民教育出版社1999年版,第85页。
⑥ 蒲城县志编纂委员会编:《蒲城县志》,中国人事出版社1993年版,第138页。

操中馈,出服田园;夜则纺织,常逾子丑;或助夫治蔬,任夜分造,食遭入市,门户防维,每不寐达旦。"① 乾县妇女"平时操井臼,农忙助稼穑","妇女实为中坚"。② 咸阳县"妇女多天足,勤纺织,亦助男子作穑事"③。此外,各县地方志中节妇、旌表、烈女等类似内容中,都记载有寡居妇女依靠自己的力量养家糊口的事例。如朝邑县,寡居妇女靠"为人佐爨、纺织"养家糊口④;邠县"女子炊爨,内外兼助芒稷,幼童则樵收耕读,弱女则绩麻纺织,土瘠民劳"⑤。这些记载都部分说明女性直接或间接参加农业劳动的情况。孩童参加力所能及的劳动更是普遍现象,大荔县就有明确之记载:"南之耕地狭扁,农植繁杂,虽力苦田野,而麦谷维艰,子弟以辅助农功误读,故朴陋。"⑥

在生产力落后的传统社会,一般而言,人丁兴旺就代表能投入农业土地利用中的劳动力多,这是传统社会提高农业产出的最直接的方式,但并不是劳动力投入越多,产出就会因此而成比例地增多。在史料中,我们经常看到的是力农质朴的劳动者辛勤耕作,却并未因此带来多少生活方面的改善的情景。黄宗智提出的"过密化理论"对这种现象做出了非常合理的解释:由于种种原因,特别在人口压力之下,生产产出的增长可以通过劳动力或劳动时间的超量投入来实现。整个过程是在劳动的超密度投入的情况下实现的,所伴随的情况是单位工作日边际报酬的递减。这种过密型增长可以称作"没有发展的增长"。⑦ 我们也可以将这一理论用于解释文献中反映的清代至民国时期,在渭北等地区普遍存在的这种现象,即农民并不愿意在耕地

---

① (民国)聂雨润修,李泰纂:《大荔县新志存稿》卷4《土地志·风俗二》,陕西省印刷局,民国二十六年(1937)本。
② 《乾县新志》(民国)卷5《产业志·职业》。
③ 《咸阳县志》(民国)卷1《地理志·职业》。
④ 《朝邑县志》(咸丰)中卷《人物志》。
⑤ (民国)赵晋源:《邠州新志稿》卷14《风俗》,民国十八年(1929)钞本。
⑥ (民国)聂雨润修,李泰纂:《大荔县新志存稿》卷4《土地志·风俗二》,陕西省印刷局,民国二十六年(1937)本。
⑦ 参见[美]黄宗智:《华北的小农经济与社会变迁》,中华书局2000年版;黄宗智:《中国经济史中的悖论现象与当前的规范认识危机》,《史学理论研究》1993年第1期。

上投入太多劳动和资本，而是采用比较粗放的耕作方式。在自然气候条件、土地质量、耕作技术等条件的局限下，过多投入劳动并不能带来相应的产出增加，农民自然会放弃一些"无用功"，放弃"精耕细作"而采用粗放的土地利用模式，但在黄宗智的"过密化理论"提出之前，我们更习惯用"勤快"或是"懒惰"去简单看待农民这种发乎天然的理智的选择。上述《大荔县新志存稿》记载的"虽力苦田野，而麦谷维艰"现象背后，就是"过密化理论"在起作用。

三、蒲城县人口变动的个案分析

人口数量的统计受到相关政策和统计方法及实施的影响是不争的事实，要获取清代至民国时期接近于实际的人口数量困难重重，具体到关中地区的人口变动，笔者选取统计数据比较完整的蒲城县做个案分析，以达到管中窥豹的目的。个案的选择要考虑文献记载数据的完整性及所选个案的代表性。鉴于蒲城县现有文献中人口资料比较完备，加之蒲城县的规模及经济发展等状况至少可以代表关中东部县份，因此将蒲城县作为个案来考察在某种程度上可以做到管中窥豹。[1]

据史料记载，康熙五年（1666）蒲城县有户5552，口115458；乾隆四十八年（1783）户52378，口282673，道光三十年（1850）户65040，口302976，咸丰十年（1860）户65566，口309368，光绪八年（1882）户26685，口114387，现册户29870，口141387。[2]《民国三十七年蒲城县志稿》也记录了民国时期几次户口调查数据，[3]详见表2-1。

---

[1] 民国二十五年（1936），蒋杰等对关中地区灾后人口变化情况进行抽样调查时，就选择蒲城县作为关中东部县份的样本。调查结束后，于1938年出版《关中农村人口问题》（国立西北农林专科学校印行），说明蒲城县的确具有代表性。

[2] 参见《蒲城县新志》卷3《经政志·户口》。按：此志修成于光绪三十一年（1905），此处应是光绪三十一年（1905）前的数据。

[3] 李约祉主纂，陕西省蒲城县地方志办公室整理：《民国三十七年蒲城县志稿》，中国文史出版社2015年版，第88—90页。

表 2-1　清代至民国时期蒲城县户口表

时　　间	户数（户）	口数（口）
康熙五年（1666）	5552	115458
乾隆四十八年（1783）	52378	282673
道光三十年（1850）	65040	302976
咸丰十年（1860）	65566	309368
光绪八年（1882）	26685	114387
光绪三十年（1904）	29870	141387
民国二十八年（1939）	33011	171297
民国三十年（1941）	—	180025
民国三十三年（1944）	36620	168596
民国三十五年（1946）	35706	165575
民国三十六年（1947）	—	198357
1949 年*	55546	259958

注：* 数据来源于蒲城县志编纂委员会编：《蒲城县志》，中国人事出版社 1993 年版，第 126—128 页。

依据表 2-1 可知，蒲城县在清代最早的一组户口数据是康熙五年（1666），这组数据存在问题较多。首先，户数似乎不合常理，平均每户口数 20 口以上。而分析其后的数据，户均人口数则在 5 口左右。其次，无论户数还是口数，康熙五年（1666）的数据都明显低于此后的数字，一方面，缘于清初战乱影响；另一方面，恐怕更多的是和当时数据统计口径及具体统计工作不周有关，从数据的真实程度判断，康熙五年（1666）蒲城县的户数与口数可信度很低。

乾隆四十八年（1783），距离乾隆皇帝发布谕令为时尚近，地方官员还应该着力奉行，因此我们认为蒲城县乾隆四十八年（1783）的户口统计数据是可信的，且按记载的户口数计算，每户平均约 5 口，符合传统社会"五口之家"的常例。

然而，经过一百余年，道光三十年（1850）与乾隆四十八年（1783）相比，户数增加了近 12700 户，人口则仅增加 20303 口，抛开一百余年间人口增长缓慢不谈，仅以传统社会"五口之家"的家庭规模来看，道光三十年（1850）

蒲城县人口的册载数据明显偏低。从道光至光绪初年，其间经过同治初年的回民起义和光绪初年的连年大旱，蒲城县人口损失惨重。从记载的数据看，光绪年间的人口数较道光三十年(1850)及咸丰十年(1860)减少一半还多。因为人口大规模减少，光绪年间在统计人口时，应该不会再有隐匿或大量缺漏。丁戊奇荒以后，政府招徕民众开荒，湖北、河南等省移民入籍颇多①，蒲城县人口开始慢慢回升。民国二十八年(1939)以后，全县人口数在16万—20万之间②，到1949年蒲城县人口数上升为近26万③，与历史记载的人口稠密的道咸年间的30余万还有差距。清代至民国时期蒲城县人口的变动情况基本反映了关中地区的情况。

第二节　关中地区人口变动及其影响

自然因素与人文因素共同作用，驱动着关中地区的人口变动。这种变动既有数量的变动，也有结构的变动，还有分布区域的变动。

一、人口变动情况

人口数量的变动包括自然消长和非自然消长两个方面。其中，自然消长是人口变动的常态，关中地区人口的异常增减，即非自然消长对农业土地利用的影响更大，这种非常态的变动表现为明显的人口数量的变化——以鼓励人口增殖或移民迁入的宽松的赋税政策往往会导致人口的快速增加；战争、灾害等社会不安定因素影响下，人口则严重减损。在非常时期，人口

---

① 《新修蒲城县志》(光绪)卷1《地理》："自光绪三年奇荒后，户口零落，土地半属荒芜，及十年招客开垦，湖北、河南之民占籍者甚多，十五年开始编立八图，一体升科，与土著等名附后。"
② 李约祉主纂，陕西省蒲城县地方志办公室整理：《民国三十七年蒲城县志稿》，中国文史出版社2015年版，第88—90页。
③ 蒲城县志编纂委员会编：《蒲城县志》，中国人事出版社1993年版。

过快减少和迅速增加往往前后相继,与之密切相关的农业土地利用面积也多会随之骤减骤增。

关于人口结构的变动,很难从民国之前的统计数据中看出端倪。民国时期,研究者做的社会调查则对人口结构的变动做了记录:"民国十八年年馑"之后,关中地区人口显著变动,死亡与外逃人口大量涌现,灾前与灾后对比,关中地区人口发生以下变化:第一,年龄结构变化。在饥饿、瘟疫及极端气候环境下丧生的以老幼居多,男性居多。灾后壮年人口所占比例比平常年份要多。第二,灾后男女性别比例提高。灾荒后关中地区的性别比例多在 120 上下,比正常的 105 高,形成男性人口远远多于女性的状况。但这并非灾荒中女性比男性的生存能力强,而是因为灾荒中女性人口流出较多。灾荒发生中,一方面,更多女性被赈务会和各团体举办的粥厂收容;另一方面,女性尤其是作为一个家庭家长的女儿、妹妹或侄女的年轻女性被出卖的现象比较普遍。当时河南、山西各省的人贩,广集西安、盩厔、武功、醴泉、郿县、蒲城等县。在求生无门、万般无奈的情况下,将这些年轻女性出卖,甚至分文不取让人贩带走也算是给了这些女性以生机。[①] 因为这样的性别比例,造成了灾后人口的另一个问题,即当婚男性成婚年龄普遍延迟,以及丧偶者中男性居多的情况,而其中再婚者仅占大约 13.1%。变化的还有生育率和死亡率,大灾之后,人口损失严重,会出现高生育率来代偿人口非自然损失;因为幸存人口多为青壮年,死亡率则会降低。

人口分布的区域变化是人口变动的又一表现。关中地区的人口分布变化表现为既有区际的进出变化,又有区域内的人口流动。关中地区土著居民有安土重迁的传统,一般只有战乱灾荒等非人力所能左右的因素才会导致人口向外流出,而人口由外而内的流入则多因政府招垦安置等行为引起。有意思的是,政府之所以采取徕民政策,就是为了补偿在战乱或灾荒中人口损失严重地区的劳动力,这样一来,就会形成特定地区人口的减少(死亡或

---

① 参见蒋杰:《关中农村人口问题》,国立西北农林专科学校 1938 年印行,第 197 页。

迁出)与增加(迁入)前后相继。关中地区就是如此。在我们关注的三百多年时段内,当关中地区人口数量过少、劳动力严重不足的时候,优厚的招垦措施,甚至官方移民措施就会被推出。

以下是人口流出的情况:清初战乱之后,陕西土地荒芜,人口离散现象非常严重。位于关中地区北部偏西的三水县"惨遭寇掠,逃亡过半,仅存四里,一无全家全户"①,位于关中地区北部的耀州"自明末兵灾,百姓逃亡。顺治七年,报出荒地三千七百顷"②。乾隆年间,"兹惟顺治十三年捏报垦荒,派在见粮赔纳,百姓逃亡甚众,遂并熟地成荒地……今经五年多方招徕,逃者仍未复业,细询具故有逃窜日久,死亡无踪者,亦有思其地荒粮悬一归而通粮为累者,因而裹足不前,致使见在之民赔纳困苦,势必转徙堪虞,窃恐逃者未回而见在者复逃,荒者未垦而熟者复荒,官民受累,将何底止"③。位于关中地区东北部的澄城县,清顺治初,"除节年兵荒,逃亡过半,实在户共一千八百二十有四",不足万历时期户数的20%。④ 明末清初,关中地区各县饱受兵灾,户口损失情况大致类同。同治初年战乱及光绪初年的灾荒之后,关中地区人口也大量向外流出。"同治寇乱,肆行屠戮,户口锐减。光绪季年虽稍生聚,而视前则相差尚巨。"⑤在战争爆发的非常时期,人口的流动规模亦非常可观。关中地区的大县之一长安县的人口变化就体现了这一点。据陕西省邮局调查,民国十二年(1923),长安县有人口701573。民国十八年(1929),关中地区大旱,长安县夏秋无收,当年饿死52512人,外逃47357人,全县人口降至33万余,与大灾前比,人口减少一半还多。抗日战争爆发后,晋、豫等沦陷区难民大量涌入长安县,到民国二十六年(1937),长安县人口又骤增至52万余人。民国三十三年(1944),人口达57万余人,同年由于政

---

① (清)林逢泰:《请停缓续派粮草》,《三水县志》(康熙)卷4《艺文志》。
② 《续耀州志》(乾隆)卷4《田赋志·厂租》。
③ 《三水县志》(乾隆)卷6《地丁钱粮九》。
④ 《澄城县志》(顺治)卷1《田赋志·户口》。
⑤ 《咸宁长安两县续志》(民国)卷5《地理考下》。

区的调整,将长安县所辖城区划归西安市后,长安县实有近50万人。①

二、人口变动的影响

清初全国统一大业基本完成后,为了尽快恢复生产,政府采取了给地耕种、放宽税收,甚至数年免税的政策吸引民众附籍从事农业生产。关中地区成为人口流入区,在明末清初战乱中被摞荒的耕地渐次完成复垦。此后,关中地区还承接了部分"湖广填四川"的溢出移民。四川省因为明末清初的战乱人口严重损失,战乱平息后,四川省官员大力招徕移民,到乾隆初年,四川省人多地少的矛盾逐渐表现出来,众多原本从湖广等地"填四川"的移民纷纷转入西北,寻求生存空间,其中大部分移民栖居于陕西。② 而这一时期关中地区耕作条件较好的平衍土地上附着的耕种人口已基本趋于饱和,新移民不得不另觅可能耕作的土地,以维持基本的生活。文献资料也证明,乾隆以降关中地区的农业土地利用在向河谷、山地等原本不适合农业耕作、土著居民也不用来耕作的部位扩展。如位于同州府东北隅的韩城县,其境内有梁山及其支脉,山地丘陵分布广泛,本地人只在原有田地耕作,随着人口的增加,不免有"山多田少"之憾。③ 到道光年间,本县的一些高原山地,被客民纷纷开垦,"本地百姓不谙开垦,以前未免抛荒。近来川楚客民陆续来此开种,可无荒芜之虞"④。

为了广大民众的生计,政府对开垦高原山地的行为持鼓励和支持的态度。韩城县土地利用活动向本不被利用的高原山地拓展的现象自乾隆后期开始成为遍及关中地区的现象。华州:"南山崇岗叠嶂,以往居民尚少。近数十年,川广游民沓至纷来,渐成五方杂处之区"⑤;盩厔县:"过去老林丛杂,人迹罕至",自从招募川楚客民之后,"虽深山密菁,有土之处,皆开垦无

---

① 参见长安县地方志编纂委员会编:《长安县志》,陕西人民教育出版社1999年版,第121—122页。
② 参见侯春燕:《近代西北地区回民起义前后的人口变迁》,《中国地方志》2005年第2期。
③ 参见《韩城县续志》(民国)卷1《田赋·物产》。
④ (清)卢坤:《秦疆治略·韩城县》,道光七年(1827)刻本。
⑤ (清)卢坤:《秦疆治略·华州》,道光七年(1827)刻本。

余"；同官县：山头地角，"多为客民所佃，近来已无余地矣"；澄城县也有类似情况，光绪年间，县内长宁河沿岸"自光绪二十一年，沿河客民修筑水堰，开成稻地，故每年广树稻类，此外，蔬菜沿河各处多有之"①。

　　人口剧烈变动会引起政府层面经济政策的调整，减免赋税、新垦土地视为永业田等政策会吸引人口大量流入，进而对本地土地利用的广度带来影响。一般而言，人口流入会使本地土地利用经历从部分复垦抛荒地、抛荒地尽垦到扩大开垦荒地的土地垦辟过程。在这一过程中，大量土地会被重新认领和分配，土地所有关系会随之发生变更。耕作者的变动会进一步使土地利用的方式发生变化，当然这些变化一般只是在农业土地利用门类下的种植制度或种植技术的差别。迁入人口除扩大农业土地利用的范围外，还会不自觉地将自己的生活习俗、生产方式带入本地，给本地的土地利用注入新因素。比如带来本地没有的作物品种或者耕作技术，给本地耕作制度带来或多或少的变化。最典型的事例如，同治初年兵燹灾荒之后，左宗棠任陕甘总督，为了禁绝鸦片之祸，他大力倡导棉花种植，大荔县沙苑地区开始种植棉花。另有落花生，"其(落花生)种法则自豫省滨河之地传来。二物皆非邑境专产，然以向所无而今幸有焉"。棉花与落花生在沙苑地区的种植，可以视为人口流动带来的作物品种输入的典型范例。② 至于在不适宜进行农业土地利用活动的地区开展农业活动会给生态环境带来怎样的影响，在当时的条件下，是无法顾及也不可能做出预判并进行合理的土地利用规划的。这为清代后期关中地区农业土地利用条件恶化埋下了隐患。

第三节　关中地区人口变动的驱动力分析

一、政策因素

　　在人口流动十分有限的传统社会，导致人口变动的主要因素之一是政

---

① 《澄城县附志》(民国)卷3《经政·水利》。
② 参见《大荔县志》(光绪)卷4《土地志·物产》。

策。中国是世界上最早由官方运用政策手段干预人口生育的国家之一。首先,历代皇朝为了增加赋税、扩大兵源,几乎无一例外地采取鼓励人口增殖的政策。清代通过减免赋税的政策鼓励人口增殖,更是力度空前。其次,面对战争、灾荒、疾疫等引起人口大量死亡的剧烈变动,统治者也会运用政策手段对人口的分布进行调控。关中地区原住民有安土重迁的传统,但面对大的战争、灾荒、疾疫等,幸存者不得不暂时或永久背井离乡,以求活路,灾荒稍稍平复,政府就会积极徕民招垦。最后,为纾缓民困,解决人口分布不均衡的问题,官方也会采取招徕垦荒、减免赋税等政策,将人口集中、人地关系紧张的"狭乡"之民迁出至相对地广人稀的"宽乡"进行安置。在政策影响下,无论是人口生育数量的增加还是人口的区域间流动,都会引起农业土地利用中作为劳动力的人口的变动。

清代以降,随着社会秩序的变化及社会经济的发展,政府依据对劳动力和赋役的需求,以及社会生产资料、生活资料和人口之间供需关系的变化,多次调整人口与经济政策,以期恢复经济,让社会尽快正常运转起来。

清初密集出台了一系列招徕人口与开垦荒地的奖励政策。

顺治五年(1648)冬,战乱刚刚平息,为纾缓民困,提出"派征钱粮,俱照万历年间则例"[①],蠲免天启、崇祯年间的加增,并对各处无主荒地免征钱粮并招民开垦。清代的蠲免政策有五种类型,其中蠲免钱粮逋欠和蠲免缓征、代征钱粮对老百姓而言,虽强过不蠲免,但意义不大,而蠲免有关加征、蠲免本年钱粮和来年钱粮,才是真正减轻老百姓负担的蠲免。

顺治六年(1649),为了加快对撂荒地的复垦,清政府又制定了地方官员的劝垦考成办法,将各地的土地开垦实效与地方官员的年终考核挂起钩来。顺治十二年(1655)颁布"招徕流民奖叙条例"。顺治十四年(1657),又制定了更详细的"垦荒劝惩则例",将督抚、道府、州县、卫所各级地方官员的政绩进一步与土地开垦的实绩结合起来,并分别按照一定的垦辟田亩额

---

① 《清世祖实录》卷112。

给予记录或升级的奖励。同时结合户口编审工作,规定了相应的人丁增加的奖励办法。

康熙年间,战事结束,社会逐渐安定,为促进经济发展,开始实施全国田税赋役普免和各省轮流蠲免的政策,并且有区域性的蠲免政策,重要者达30次之多。其中影响最大的则是康熙五十一年(1712)颁布的"盛世滋丁,永不加赋",下令将各省的丁银税额固定,不再根据人口增减而变动,这项政策的推行,促进了人口增加。但按"勿增勿减,永为定额"施行后,存在虽然人口增加不加征赋税,但人口减少亦不减少赋税的问题,因此至雍正十二年(1734),又颁布"摊丁入亩",将税额并入耕地中征收,原本按人头收税的丁银不再以人口多寡计。这两项政策虽然是农业赋税政策,但对人口增长的贡献颇大。"摊丁入亩"实施后,全国人口出现了迅速增长。乾隆中期以后,人口膨胀的后果初步显现。

上述这些政策无疑对人口增殖起到了促进作用,但在带来社会经济发展的同时,也带来了一些问题。

民国时期出现的人口问题引起学者们的广泛关注,涌现大量的理论文章和调查报告。总体而言,理论界多主张节制生育控制人口增长。[1] 在民国三十四年(1945)五月通过的《民族保育政策纲领案》中,提出增进国民教育和健康,以期人口数量合理增加,并提出重视人口质量、男女平等等等精神。[2] 民国时期也进行过几次较大规模的人口调查,但由于种种原因,调查数据质量不高。此外,由于日军的入侵,国民政府进行了大规模的人口内迁或移民实边。这些政策对其后中国人口的分布都产生了影响。关中地区地处内陆,在国民政府大举内迁时,承担了一部分内迁人口。民国二十一年(1932),上海事件爆发后,国民政府迁往洛阳,改西安为陪都,设立西京筹备委员会,开始对

---

① 参见顾鉴塘:《民国时期人口研究探微》,《北京大学学报》(哲学社会科学版)2000年第6期。

② 参见台湾中国国民党中央委员会党史委员会编:《革命文献(第76辑)·中国国民党历次全国代表大会重要决议案汇编(一)》,1978年,第422—423页。

关中地区投资建设,民国二十二年(1933)到抗日战争全面爆发前,国民政府为挽救农村危机,成立"行政院"农村复兴委员会总领全国农村建设,关中地区尤其得到重视,新技术开始引入,人民稍得生息。

事实上,在广大的农村,每一次社会动荡之后,政府就会开出优厚条件,招民定居垦种。这些政策又会影响到一个地区的人口多寡。关中地区与陕南陕北相比,自然条件具有一定的优势,成为陕西省本省和外来移民的首选落脚之地,其农业生产的恢复也因此快于本省其他自然区。国家的大政方针对关中地区人口的影响是显而易见的,而人口的增减意味着劳动力的变动和生产资料的变动,下文再叙。

二、政治因素

战争也是影响人口的重要因素。传统社会战争的爆发一般都是由于政治腐败导致的。除矛头直指统治者的反抗外,也不乏因不堪经济压迫或追求平等起而反抗的斗争,但这些最终也要归因于政策或吏治等政治因素。

清初,在朝代更替的战争影响之下,关中地区户口损失惨重。

试举数例:在渭河以北,北山一带的耀州"自明末兵燹,百姓逃亡。顺治七年,报出荒地三千七百顷"①,劳动力丧失导致土地荒置;位于关中地区东北部的澄城县,明万历年间共有 10303 户,70685 口,清顺治初,"除节年兵荒,逃亡过半,实在户共一千八百二十有四"②;关中地区中部偏西的岐山县,兵乱之后,全境"无完里,无完族,无完民……而荒者几与常田埒"。战乱平息后,关中地区人口逐渐开始恢复,但重创之下,人口的自然增殖需要时间,关中地区在康熙初年人口约 1929721 人。③

同治元年(1862)的陕甘回民起义对关中地区人口的影响不逊于明末

---

① 《续耀州志》(乾隆)卷 4《田赋志·厂租》。
② 《澄城县志》(顺治)卷 1《田赋志·户口》。
③ 参见田培栋:《陕西通史·经济卷》,陕西师范大学出版社 1997 年版,第 223 页。

清初的战乱。在同治元年春,太平军入陕,之后回民起义爆发,与捻军在陕活动交织,使关中地区处于战乱之中。回民起义爆发前,关中地区回族人口众多,陕西巡抚毕沅奏称:"(乾隆年间)陕省各属地方,回民居住较他省为多。而西安府城本属之长安、渭南、临潼、高陵、咸阳及同州府属之大荔、华州……回民多聚堡而居,人口更为稠密。"① 至咸丰年间,陕西省回民主要分布在"三府二州沃壤之地……蒲、富、临、渭,陕省著名四大县……东北连同府廓首邑大荔县。五县犬牙相错,回庄居其大半"②。据马长寿等人的调查,关中地区回民与汉族人口几乎以"汉七回三"的比例分布在各处,回民居住集中的 10 个州县被时人简称作"二华关大水,三城朝郃阳"的东府十大县,即华州、华阴、潼关、大荔、白水、澄城、蒲城、韩城、朝邑、郃阳十州县。③ 其时"原在陕西省西安、同州、凤翔三府和乾、邠、鄜三州共二十多个州县里,住有回民七八十万到一百万"④。起义被镇压之后,关中地区回民人口大大减少,清政府处理回民"叛产"与"绝产",清查出的土地超过 2 万顷,平定回民起义的左宗棠称,陕西回民只剩西安城中的两三万人。⑤ 至少占到关中地区人口 30%的回民人口损失惨重。在回汉冲突中,汉族人口损耗也很严重。据复旦大学《中国人口史(第五卷)·清时期》数据分析,1861年陕西总人口大约为 1366 万,到 1880 年只剩下了 707 万。这其中有一部分是死于 1875—1877 年的三年大饥荒。而可以归因于回乱的死亡人数大约是 466 万。比如西安府 7 个县 1861 年人口为 335.7 万,回乱基本结束的1867 年人口为 144.4 万,人口损失高达 57%。

1901 年《辛丑条约》签订后,陕西一省承担 1900 年庚子赔款总数的近

---

① 萧一山:《清代通史》,台湾商务印书馆 1963 年版,第 624 页。
② (清)余澍畴:《秦陇回务纪略》卷 1《回民起义》,神州国光社 1953 年版,第 218 页。
③ 参见马长寿主编:《同治年间陕西回民起义历史调查记录》,陕西人民出版社 1993 年版,第 164 页。
④ 马长寿主编:《同治年间陕西回民起义历史调查记录》,陕西人民出版社 1993 年版,第 7 页。
⑤ 参见路伟东:《清代陕西回族的人口变动》,《回族研究》2003 年第 4 期。

30%①,陕西当局加重了对人民的掠夺和盘剥,离乡逃荒者众。之后数年关中地区哥老会、交农斗争此起彼伏,辛亥革命军与清军争战连年,陕西"城头变幻大王旗",局势混乱,人口增长缓慢,关中地区亦然。可以说自 20 世纪初以来,关中地区战争灾害连年不息,人口统计数据也不准确。②

民国建立后,虽对人口问题予以高度重视,但政策落地不多。抗战的全面爆发导致日军攻陷区人口大量内迁,陕西省尤其是关中地区成为人口迁入地。总之,晚清至民国时期关中地区人口的变动异常频繁和复杂,战争因素在其中起了很大作用。

三、灾害因素

所谓灾害,是指某一地区由自然因素或人为作用造成的,对人的生命安全、生存环境和社会财富构成严重危害的自然—社会现象。③ 灾害是人类与自然界系统关系失调的结果。农业土地利用中大气、光照和水资源等决定因素的异常波动都会导致灾害的发生。灾害是导致人口变动的重要因素之一,且不由人类主导。

粮食产量在很大程度上受自然因素的影响。气候变化对于粮食产量产生影响,并且对高纬度地区的影响相对更大,也就是说气候变化对我国北方地区的农作物产量的影响更为直接。在其他条件不变的情况下,年气温每下降 1℃,粮食单位产量就会比常年下降 10%;同样,年降水量对干旱半干旱地区单位面积粮食产量的影响也很大。④ 关中地区多发的自然灾害与其地处暖温带半干旱大陆性季风区的地理位置关系密切。清代至民国时期其

---

① 参见孙志亮等主编:《陕西近代史稿》,西北大学出版社 1992 年版,第 202 页。
② 《续修陕西通志稿》卷 31《户口志》序记载,陕西各州县保甲登记户口"多视为具文,欲求确实细数,戛戛其难"。
③ 学术界关于灾害的定义有十余种之多,笔者倾向于曾维华、程声通在《环境灾害学引论》中对灾害的定义。无论怎样定义灾害,学者对灾害的成因的认识趋向一致,即自然因素和人为因素共同导致灾害发生。
④ 参见张家诚:《气候变化对中国农业生产的影响初探》,《地理研究》1982 年第 2 期。

自然灾害发生频度高、类型多，主要类型有旱灾、水涝灾害、冻灾、虫灾等。一般而言，旱灾的覆盖面广，而水涝、冻灾等灾害常常是局部发生，只影响其特定范围。这些灾害有时候会接连发生，如虫灾就常常紧随旱灾之后。严重的灾害常常威胁人民的生命安全，并给农业生产带来沉重打击。本书下面有专门章节讨论自然灾害，在此不再赘言，仅举被称作"民国十八年年馑"的大旱灾为例，来说明灾害，尤其是严重灾害对人口的影响之烈。

　　民国年间频繁发生的旱灾使本区人口损失严重，在"民国十八年年馑"的大旱灾中，位于关中地区的长安、武功、凤翔、扶风、乾县、岐山、郿县、兴平、咸阳、临潼、渭南、盩厔、蒲城、郃阳、宝鸡、陇县、澄城、淳化、长武、礼泉等县为重灾区。全省940余万人口，饿死者达250万人，逃亡者约40万人，有20多万妇女被卖往河南、山西、北平、天津、山东等地。① 关中地区西部灾情更严重，凤翔县在旱灾中人口几乎减半。民国"行政院"农村复兴委员会在民国二十二年（1933）到陕西省关中地区进行农业抽样调查，选取关中地区西部凤翔县5个村子作为样本。民国十七年（1928），这5个村子共有633户人家，旱灾之后5年，只剩268户，其余365户或死绝，或离村。不但户数减少，而且现存户的人数也大大减少了。1933年276户有1474人，在1928年则是2378人，减少了903人，占1928年的37.97%。② 饥饿致死和疫病传播是人口减少的主要原因。1933年，来陕西的另一支考察团也记录了当年大灾之后关中地区农村的惨象："本县（宝鸡县）农民生活情况，较之上述各县（陕南），尤为惨苦，盖近年来灾旱频仍，五谷不登，农民无法生存，皆折售房木家具，及鬻卖儿女，以作纳捐及糊口之资。在此状况之下，逃亡日众，即县城内人民，亦已较前减少若干倍，城市如是，则乡村之农民更可知矣。"③同样反映了严重灾害对人口巨大的负面影响。

① 参见宗鸣安：《一场饿死二百万人的大灾荒——陕西"民国十八年年馑"史实汇录》，《中国减灾》2009年第1期。
② 参见"行政院"农村复兴委员会：《陕西省农村调查》，商务印书馆1934年版，第42—43页。
③ 陕西实业考察团编纂：《陕西实业考察》，陇海铁路管理局1933年印行，第39页。

在卫生条件十分有限的情况下,主灾害过后的次生灾害——疾疫的流行往往如影随形。因饥饿导致人群普遍免疫力下降,加上大量人员死亡后尸体处置不当等因素,会引发疾疫的流行。清代至民国时期关中地区疾疫很常见,影响大者如康熙三十年(1691)至三十一年(1692)的瘟疫。此次瘟疫流行就是因为干旱成灾后引起的。盩厔、醴泉、韩城、渭南、富平、大荔、同官、凤翔、汧阳、永寿等县均有"大饥""疫""大疫""瘟疫盛行""疫病大作"等关于疫病流行的记载。① 疫病与灾害相继,叠加作用放大了灾害的后果,造成人口大量减少。光绪年间的丁戊奇荒之后,关中地区亦疾疫流行。"民国十八年年馑"之后,瘟疫流行,当时音译称之为"虎烈拉",就是我们今天所说的霍乱,病死者众,蒲城县记载"全县死万余人"②。此疫加重了关中地区人口的大损耗。

从中国历史看,天灾往往伴随着人祸。关中地区自不例外。上述三种是导致清代至民国时期关中地区人口变动的主要因素,政策因素与政治因素归结为人为因素,灾害因素则是自然因素。在导致人口变动的事件过程中,人为因素与自然因素时常纠结在一起,通常很难清楚区分人为因素和自然因素在人口变动中的占比孰轻孰重。被称作"民国十八年年馑"的大旱灾之后,专家组前往陕西关中地区调查,对关中地区人民在接踵而至的天灾人祸中的困苦之状进行了描述:

> 谁料到兵匪乱后,于民国十七、八年紧连旱了二年,且在十八年冬,更逢大雪奇寒,赤土千里,哀鸿遍野,农民卖田无主,拆屋当薪,甚且贩卖妇女,投孩于井。那时关中人民的生活,真是百孔千疮!……旱潦而至于成灾,歉收使形成饥馑,人民的痛苦与日俱增,过着非人类的生活,在这种生死关头,在这几乎非人力所能抗拒的灾荒中,人民将用何策,以谋苟延残生呢? 更不幸,到十九年春,疫病随着盛行,死亡载道。当

① 散见乾隆年间所修诸县县志。
② 蒲城县志编纂委员会编:《蒲城县志》,中国人事出版社1993年版,第19页。

年三月间，虽得了甘霖下种，但秋收将届，又遭遇到意外的蝗害。……民国二十年及二十一年间，又重演旱灾，灾情较之民国十七、八年更惨重，不仅用树皮草根充饥，抑且演成人吃人的残酷惨局；同时虎烈拉病较之十九年蔓延尤广，人死如麻。这样的人间地狱，实在过去未久，更说不定是来日方长。①

自然灾害的发生过程及其不利影响的方式与程度总是与其所在地区的自然、社会经济系统的响应方式有密切关系。当时的关中地区匪祸兵燹不断，人民赋税负担沉重，毫无抗灾能力，加之交通闭塞，这些因素与自然灾害叠加，使得关中地区人口大幅减少，给关中地区的农业土地利用带来沉重打击。

① 蒋杰：《关中农村人口问题》，国立西北农林专科学校 1938 年印行，第 2—3 页。

第三章 天有凶年:关中地区的
自然灾害

    中国有辽阔的地域和复杂的地理环境,一方面给我们提供了物产丰富的条件;另一方面,也具备了各种灾害发生的生态条件。与世界其他国家相比,中国历史上自然灾害的发生频率和强度居世界首位。向来有"三岁一饥,六岁一衰,十二岁一荒"之说。

    正因为中国自然灾害频发,也使中国成为世界上最早对自然灾害进行记述的国家之一。至迟从《春秋》算起,中国对灾害的记述至今已有两千多年的历史。但古代没有今天的科技手段,囿于技术与认知的局限,不具备对自然灾害进行定量评估的条件,因此古代典籍对自然灾害的记载几乎全是描述式的,"最初的研究,由于受各种主客观条件限制,对灾害的发生次数仅得出粗略的统计结果,既没有把灾害分等定级,也没有做定量分析"[①]。即便如此,中国研究灾害史的基础和条件都显著优于国外。美国著名环境史专家约翰·麦克尼尔(John R.Mc Neill)认为,中国拥有世界上大部分地区都无法与之相提并论的有关人口、农业、水利、森林、渔业、牧场及其他方面的"丰富信息"。[②]

[①]　卜风贤:《中国农业灾害史料灾度等级量化方法研究》,《中国农史》1996 年第 4 期。

[②]　参见[美]约翰·麦克尼尔:《由世界透视中国环境史》,载刘翠溶、伊懋可主编:《积渐所至:中国环境史论文集》(上),"中央研究院"经济研究所 1995 年版,第 53—54 页。

这里的其他方面，包括了自然灾害。鉴于这种研究状况，卜风贤提出中国农业灾害史料灾度等级量化的方法，并倡议建立历史灾害地理研究。①

事实上，要把史籍中的自然灾害信息提取出来并进行定量分析是个难题，但又有此必要。袁林的《西北灾荒史》②就努力对中国古代灾害进行定量分析，并取得很大成绩，其后有更多研究者在这一领域进行了努力。对于关中地区的自然灾害，就有研究者制定出一定的标准对其程度或等级做出界定。③ 耿占军在研究陕西历史农业地理时，对陕西的自然灾害进行了分区域研究，关中地区是其研究对象的一部分。④ 进入 2000 年以来，地理学界在量化分析关中地区自然灾害方面的成果颇多。⑤ 晚清至民国是漫长自然气候变迁中的一个小冰期，异常气象多，自然灾害发生频繁，且影响巨大。

第一节　主要灾害及其发生情况

自然灾害并不仅仅是自然界的事情。它是自然力量的异常变化给人类社会带来危害的事件或过程。如果只有自然力量的变化（成灾体）而没有人类和人类社会（承灾体），也就无法形成一个完整的灾害过程。⑥ 清代至民国时期，正处在全球气候变化中的一个小冰期，极端气候现象频繁发生，对关中地区农业土地利用造成极大的消极影响。关中地区地处半干旱区，自然灾害的发生以旱灾为主，水涝灾害、雹灾、霜灾、虫害也是危害关中地区

① 参见卜风贤：《政区调整与灾害应对：历史灾害地理的初步尝试》，第六届中国灾害史国际学术研讨会论文集，2009 年；郝平、高建国主编：《多学科视野下的华北灾荒与社会变迁研究》，北岳文艺出版社 2010 年版，第 78—87 页。
② 袁林：《西北灾荒史》，甘肃人民出版社 1994 年版。
③ 参见高升荣：《水环境与农业水资源利用——明清时期太湖与关中地区的比较研究》，陕西师范大学博士学位论文，2006 年。
④ 参见耿占军：《清代陕西农业地理研究》，西北大学出版社 1996 年版。
⑤ 参见殷淑燕等：《关中地区历史时期蝗灾统计及其影响浅析》，《干旱区资源与环境》2006 年第 5 期；殷淑燕等：《历史时期关中平原水旱灾害与城市发展》，《干旱区研究》2007 年第 1 期。
⑥ 参见夏明方：《中国灾害史研究的非人文化倾向》，《史学月刊》2004 年第 3 期。

农业生产比较常见的自然灾害。其中以干旱灾害影响面最大。干旱一旦发生,一般整个自然区域都受影响,而水涝、冻灾类灾害一般呈点状或带状分布,灾害影响范围相对较小。虫害往往是干旱的伴随灾害,使干旱之后的灾情雪上加霜。

一、旱灾

干旱是一种因长期无雨或少雨造成空气干燥、土壤缺水的气候现象,是干旱、半干旱地区气候的基本特征。依照大气及土壤的含水量情况又可将干旱分为大气干旱和土壤干旱两种。无论是大气还是土壤,长期大范围的干旱就会导致干旱灾害,对农业生产危害极大。

受地形及政策等因素综合影响,关中地区水利事业发展极不平衡,防御干旱天气的措施极其有限,旱灾是关中地区农业土地利用自古以来面临的最大灾害。据耿占军研究,从 1644—1911 年的 267 年中,陕西地区干旱灾害发生共 155 年次,平均 1.73 年即有一个干旱灾害年份,基本上是三年两旱。① 关中地区在清代的 267 年间,干旱灾害发生年份为 112 年,平均 2.39 年即有一次干旱灾害发生。耿占军还对清代关中地区旱灾发生的月份进行了统计,得出结论认为:(1)在清代关中地区,旱灾的发生基本上呈递增趋势。(2)旱灾的发生大致存在一个 30 年或 40 年的变化周期。(3)就旱灾发生的季节性而言,清代关中地区旱灾以夏旱的发生率最高,达 132 次之多,占已知月份(含季节)旱灾总数的 35.2%;其次是秋旱,共 121 次,占 32.3%;发生率列第三的旱灾为春旱,共 89 次,占 23.7%;冬旱最少,共 33 次,占 8.8%。② 从干旱持续时间看,夏秋季连旱发生最少,冬春季连旱持续发生的次数最多,春夏季连旱居中。

另据相关研究,在 1900—1949 年的 50 年间,关中地区一级偏旱有 20 年次,占旱灾总年次的 60%,发生概率 40%,平均每 2.5 年出现一次;二级

---

① 参见耿占军:《清代陕西农业地理研究》,西北大学出版社 1996 年版,第 126、129—130 页。
② 参见耿占军:《清代陕西农业地理研究》,西北大学出版社 1996 年版,第 130 页。

大旱9年次,占旱灾总年次的28%,发生概率18%,平均每5.6年出现一次;三级特大旱4年次,占旱灾总年次的12%,发生概率8%,平均12.5年出现一次。① 在研究中,研究者将单季、单月受旱,成灾较轻,历史文献中一般用"旱""春旱""夏不雨""秋旱""某月旱"等词语记述的旱灾称作一级偏旱;连季旱或跨年度旱,成灾严重,甚至导致单季绝收,历史文献多用"大旱""岁饥""流亡载道"等描述性词语记录,将其定性为二级干旱;三级特大旱则指跨季度、跨年度的连续干旱,灾情特别严重,全年歉收80%以上,文献记载多用"野绝青草""草根树皮剥食殆尽""赤野千里""人相食""死者枕藉""饿殍盈野"等描述性的词语来记述。

一般情况下旱情发生后长时间无法缓解,会造成旱灾。从旱情出现到旱灾形成中间有一个时间过程。因此,导致旱灾的旱情的发生一定是早于文献记载的旱灾发生的时间的。现代气象资料表明,现代陕西省的干旱情况与古代基本一致:夏季干旱次数最多,约占全年干旱次数的38%,其次为春季干旱,约占全年干旱次数的32%,冬季干旱占17%,秋季干旱占13%。②

干旱灾害发生后,在水利事业发达的地区,会有一定的抵御灾害的能力,而水利不发达或者没有水利而仰仗雨泽的县份,一遇干旱,受灾会更严重。民国《乾县新志》卷5《产业志》中记载:"盖本境无水利,农事收获,悉仰于雨水。以过去之年例验之,五年内,恒有一小旱,二十五六年,必遇一大旱。每遇大旱,即成奇灾。"③关中地区频发的旱灾中,影响最大、后果最严重的有两次,一次是起于1876年,持续到1879年,以1877年和1878年两年最甚的旱灾,1877年为丁丑年,1878年为戊寅年,这次发生在光绪初年的灾荒被学界称为"丁戊奇荒";另一次是民国年间被百姓称为"民国十八年年馑"的大旱灾。

① 参见周亚、张俊锋:《1900—1949年关中地区旱涝灾害时空特征初探》,《干旱区资源与环境》2007年第1期。
② 参见周亚、张俊锋:《1900—1949年关中地区旱涝灾害时空特征初探》,《干旱区资源与环境》2007年第1期。
③ 《乾县新志》(民国)卷5《产业志》。

光绪三年(1877)八月初六，御史刘锡金上奏:"陕省亢旱情形,不止蒲城一处。近闻同州府属之大荔、朝邑、郃阳、澄城、韩城、白水各县因旱歉收,麦田不过十之一二。"①现存陕西碑林博物馆的一通《岁荒歌》石碑记载着韩城县当年大旱的惨状:"光绪三年,亢旱甚宽,山陕河南,惟韩尤艰。天降甘霖雨,先年八月间,直旱得泉枯河瘦井底干。……诸物甚是贱,粮食大值钱。……直至七月间,土匪聚西川,十而百百而千。……榆树皮蔺根面,一斤还卖数十钱。大雁粪难下咽,无奈只得蒙眼餐。山白土,称神面,人民吃死有万千。……饥饿甚,实在难,头重足轻,跌倒便为人所餐。别人餐还犹可,父子相餐甚不堪。"这首民歌中所说的现象,"丁戊奇荒"时在关中地区普遍存在。

旱灾导致的"丁戊奇荒"惨象还未从人们记忆中抹去,再一次震惊全国乃至西方的"民国十八年年馑"又笼罩关中大地。旱魃的魅影从1927年起就出现在关中地区。民国时留下的气象资料告诉我们,坐落在泾河北部的泾阳县的降水量从1927年开始就异于常年,7—9月本是降水集中的月份,泾阳县的降水量与历年相比却仅有一半。1928—1930年,泾阳县的降水量依次为239毫米、304毫米、377毫米,"实为记录以来最少"②。根据现代气象观测,关中地区正常年份的年均降水量为550—700毫米,泾阳县的降雨量连续三年大大低于正常年份,可见旱情之严重,关中地区其他县份大致如此。比较而言,当时的干旱情况西部甚于东部。据载,1928年3—11月,陕西滴雨未下,"井泉涸竭,泾、渭、褒诸水断流,车马可由河道通过。多年老树大半枯萎,夏秋收成统计不足二成,秋季颗粒未登,春耕又届莳期"。从1928年年底到1932年3月,陕西灾民人数达410万,其中有47万余人被饿死,仅岐山一地死者就达4万。③ 灾害期间"闾阎匮乏,十室九空"④。

由于降水分布、光照等自然因素的影响,关中地区旱灾大面积发生时,

① 中国第一历史档案馆藏:《清代灾赈档案专题史料》,第65盘。
② 陕西省地方志编纂委员会编:《陕西省志·第十二卷·林业志》,中国林业出版社1996年版,第436页。
③ 参见文芳主编:《天祸》,中国文史出版社2004年版,第245页。
④ 《申报》1933年2月3日。

呈现出这样的空间分布规律:渭北黄土台塬北山区的旱灾程度要重于关中其他自然区,东部更重于西部。

二、水涝灾害

在干旱灾害频繁发生,对人民生产生活产生负面影响的同时,洪涝也威胁着农业生产及人民安全。水涝灾害,亦称"洪涝灾害",它是自然界的一种异常现象,目前文献中并无对此种灾害的严格定义,我们一般将气象学上所说的年(或一定时段)内降雨量超过多年同期平均值的现象称为"涝"。一般是由于本地降水过多,或受洪水的侵袭、河道排水量降低等因素影响,造成地表积水而形成的灾害。涝灾一般指水涝现象影响农作物,导致农作物歉收的事件过程。

有清一代,关中地区有水涝灾害发生年份有 165 年,平均 1.62 年即有一个水涝灾害年。在关中地区的水涝灾害中,因渭河、洛河及黄河河道变迁及泄洪不利而造成沿黄、洛、渭及其支流沿线地区水涝灾害占相当高的比例,其他地区水涝灾害的发生则非常少,说明关中地区水涝灾害发生与降水有一定关系,但降水并不是最主要的影响因素。短时大量降水会造成河道水流的激增,但在河道通畅、泄洪能力正常的情况下,水涝灾害发生的可能性仍然较小。但在我们研究的时段,河道的疏浚维护工作常常是被忽视的,防灾意识淡漠,加之对土地耕垦过度等因素,致使地面自然植被大量被人工植被代替,水土流失加剧,河流含泥沙量增加,行洪能力下降,导致水涝灾害频繁发生,且破坏程度加大。

根据对清代关中地区水涝灾害发生年份的观察和分析,在清代关中地区,水涝灾害与旱灾的发生一样,时间越往后,发生越频繁;与此相对应的是,研究者认为,在 1820 年以前,水涝灾害的发生存在一个变化周期,这个周期约为 30 年或 60 年,其中 30 年的变化周期更为常见;而 1820 年以后,水涝灾害的发生更加频繁,其变化周期缩小为 20 年或 50 年。关中地区的水涝灾害同降水分布密切相关,其发生呈现出明显的季节性,主要集中在夏、秋二季,且以秋季为多。夏、秋二季,尤其秋季就是关中地区降水集中季节。清代关中地区共发生秋季水涝灾害 158 次,占已知发生月份(或季节)水涝灾害总数的 57.2%;夏季次之,共 99 次,占 35.9%;在夏季和秋季中,又以农历六、七、八月份水涝灾害的发生最为集中,分别占 17.0%、23.6%、19.0%;再次为春季,共 19 次,仅占 6.9%;而冬季则没有。①

　　1900—1949 年的 50 年间,关中地区有 44 个年份发生了不同程度的涝灾,出现频率 88%②,几乎每年都有涝灾发生。20 世纪 30 年代关中地区发生了三次大涝和一次特大涝灾,是涝灾发生的重灾区。民国初年,自然气候恶劣,在被称为"民国十八年年馑"的旱灾之后,导致大面积粮食减产甚至绝收,当时粮食贸易、道路交通等并不发达,造成数百万人民受灾,数十万人民被饿死的人间惨象。农业生产还未摆脱旱灾的困境,水涝灾害就接踵而来。1933 年,黄河流域发生严重水灾,陕、冀、苏、鲁、豫受害严重。陕西旱荒刚刚有所缓解,境内大小河流又涨溢泛滥。此次水涝中陕西省约 44 县被灾。西安城南终南山一带及渭北地区最为严重。据载,西安城南洪水"溺毙居民不下万人,自峪口至高桥,路长七十里,所有沿河禾苗,冲没千余顷。居民被水冲死者,均为冲至浐、灞水相汇处,终至浮露于沿河滩地上,情形之惨,目不忍见。城南碌碡堰,为历史著名之河堤,俗有'冲破碌碡堰,长安不见面'之说,可见其重要性,而此次也被冲坏"③。堰建于皂河上,因建堰坝材料多用石碌碡而得名,碌碡是一种圆柱形石质农具,用来碾压小麦和稻谷等需要去壳的作物,或用来平整打麦(谷)场,也被冲毁,可见此次泛滥的洪水之大。

　　总体而言,与干旱灾害相比较,水涝灾害发生的范围有限,一般沿河流地区受影响大,因而其危害程度较干旱灾害要小。关中地区的河流是季节性河流,丰水期枯水期十分明显,因此水涝灾害的时空分布具有鲜明的区域特征:从水涝灾害时间分布看,关中地区涝灾主要集中在夏秋季的 7—9 月

①　参见耿占军:《清代陕西农业地理研究》,西北大学出版社 1996 年版,第 126—135 页。
②　参见周亚、张俊锋:《1900—1949 年关中地区旱涝灾害时空特征初探》,《干旱区资源与环境》2007 年第 1 期。
③　《申报》1933 年 8 月 18 日。

份。从水涝灾害的空间分布看,主要是沿渭河、洛河、黄河岸边各县,以及沿其支流下游各县。

三、其他灾害

除旱涝灾害外,蝗灾、霜雪雹等冻灾、风灾等对农业生产影响也很大。民国十八年(1929),大旱之后铺天盖地的蝗虫数日间将禾苗吃净尽后,还与灾民争食,其状惨不忍睹。

蝗灾是指由蝗虫引发的灾变。明代农学家徐光启对农业灾害分析道:"凶饥之因有三:曰水,曰旱,曰蝗。"①蝗灾对农业生产的打击往往是致命的。清代关中地区共有 35 个蝗灾发生年②,蝗灾往往与旱灾相连成灾,因此危害巨大。顺治四年(1647)七月,陕西蓝田等 19 州县"蝗食苗殆尽,人有拥死者"③;嘉庆十六年(1811),大荔县遭受过一次蝗虫的袭击,"秋苗初长两三寸许,即有虫食其心叶,农民惊畏,持竿捕打,愈捕愈多,未几蝗大起,群飞蔽天,所集之田顷刻辄尽。府县官处祭驱蝗之神,然后飞去。然秋谷已十损八九矣"④;咸丰六年(1856)七月,渭南县最先出现自东部飞来的蝗群,飞行蔽日,阵势浩大;1857 年,陕西巡抚曾望颜两次奏报飞蝗入境,并组织州县督导农民昼夜不息地捕捉蝗虫,这场蝗灾,直到冬天才结束。⑤ 咸丰六年(1856)到咸丰八年(1858)、民国十九年(1930)到民国二十年(1931)关中地区多个县份均遭受蝗害,史载"蝗虫从东来,飞天蔽日""夏秋之际,蝗蝻遍野,至冬乃息""蝗虫铺天盖地,是年粮食减产三分之二"。⑥ 关中地区蝗灾的发生,具有与水旱灾害相伴发生的特点,"久旱必蝗""先淹后旱,蚂

---

① (明)徐光启:《农政全书》卷 44《荒政·备荒考中》,万有文库本。
② 参见耿占军:《清代陕西农业地理研究》,西北大学出版社 1996 年版,第 151 页。
③ 《清世祖实录》卷 33。
④ 《大荔县志》(道光)卷 1《事征》。
⑤ 参见《续修陕西通志稿》卷 199《祥异》;刘仰东、夏明方:《中国史话·近代经济生活系列:灾荒史话》,社会科学文献出版社 2010 年版,第 39 页。
⑥ 见于长安、蒲城、岐山、大荔等县新修县志。

蚱连片""大水之后,必闹蝗虫"等民谚,都是老百姓在长期的生产实践中总结出来的。在发生频率上,关中地区的蝗灾呈现出明末清初、清末至民国出现高峰的特点。①

雹灾。俗话说"雹打一条线",雹灾发生的范围一般也不大。仍据耿占军研究,在清代的 268 年间,关中地区共有 113 个年份发生过雹灾。就季节性而言,清代关中地区的雹灾集中发生于夏季,共 72 次,占已知发生雹灾总次数的 61.0%;秋季雹灾共 24 次,占总灾数的 20.3%,春季共发生雹灾 20次,占总发生雹灾次数的 16.9%。②

霜灾的发生率在关中地区并不高,据耿占军研究,有清一代关中地区有28 年的霜灾发生年,霜灾发生次数少并且分散。但其季节性很鲜明,主要集中在农历三、四月份或农历二、七、八、九月份,但三、四月份相对较多,即人常说的"倒春寒"。③

笔者在此以民国时期大荔等县的文献记载为例,只选取其中记载的极端气象情况来说明民国时期灾害之频繁与剧烈。据民国《大荔县新志存稿》记载,民国十七年(1928)夏,天气炎热,酷暑难耐,很多老弱病疾中暑身亡。当时的实测温度超过 100 华氏度,即超过 37.8 摄氏度。

经过了民国十七年(1928)极热的夏天,次年气候更加可怕。民国十八年(1929)闰二月二十二日,大荔县狂风大作,沙尘蔽日,咫尺莫辨,天色昏黄,暴风过后,街巷村落沙土厚达一二尺。冬月自十八日起下雪,降雪厚约二三尺深,埋没小腿,同时雾凇遍布,地面被白雪覆盖,两个多月之后才开始看见土地。乡民家中水缸被冻裂,骡马牛驴等家畜被冻死的不计其数,各种树木无一存活。民国《华阴县续志》对这次强沙尘天气及百年不遇的奇寒均有描述,"大风数日,飞沙拔木",沿河地带浮土都被吹走。雪灾情况:"十

---

① 参见殷淑燕等:《关中地区历史时期蝗灾统计及其影响浅析》,《干旱区资源与环境》2006年第 5 期。
② 参见耿占军:《清代陕西农业地理研究》,西北大学出版社 1996 年版,第 139—140 页。
③ 参见耿占军:《清代陕西农业地理研究》,西北大学出版社 1996 年版,第 139—140 页。

八年十一月十七日晚,骤降大雪三四尺","树上浓霜竟日不消,天地皆白,积六十余日。冻死人民、牛马、果树无数"。直到第二年正月下旬冰雪才开始消融。此次被灾地区除陕西外,甘肃、山西两省也未能幸免。①

五年后的民国二十三年(1934)夏天,酷暑无昼无夜,《大荔县新志存稿》记载"门窗箱柜热可炙手,有置锡碗于桌面者,烙痕宛然,人人如赴汤蹈火,无可避匿,感而薨者日有所闻,幸得雨,乃稍凉"②。

1931 年,国民政府政要曾养甫在《建设西北为本党今后重要问题》一文中记述:"三年七料,颗粒无收,陕西人民共为九百余万,现在灾民达七百万,已死者几三百万,两年大旱之后,继以大冷,大冷之后,又继以旱灾、冰灾、震灾、兵灾,各灾相乘,遂生大疫,村镇人口数万者,乃至不余一人。"③

现代气象资料表明,陕西省的自然灾害中,以旱灾最多,各种灾害占比约为旱灾占 50%,涝灾占 25%,冻灾占 10%,雹、风灾占 15%。④ 历史时期与今日之灾害情况类似,但处于气候变化剧烈期的 19 世纪末 20 世纪初,灾害及异常天气的出现更加频繁。综上所述,清代至民国年间,关中地区旱涝、霜冻、虫害等灾害均有发生,其中以旱灾最为常见,其次为水涝灾害。

历史时期以来,根据文献记载,关中地区干旱灾害与水涝灾害的同步性非常明显,具体表现为旱灾发生的频繁期,也往往是水涝灾害发生的频繁期。长时段的水涝与干旱灾害的发生有显著的波动变化,其总趋势是随着时间的推移,水旱灾害的发生呈越来越频繁的状态。明后期至民国(1580—1949),关中地区水旱灾害达到 99.18 次/百年。与历史时期相比,水旱灾害发生频率加快数倍⑤,时间越晚近,灾害发生的频次越高。这一方

①　参见《华阴县续志》(民国)卷 8《杂事记·祥异》。

②　(民国)聂雨润修,李泰纂:《大荔县新志存稿·足征录》卷 1《事征》,陕西省印刷局民国二十六年(1937)铅印本。

③　西安市档案馆编:《西安档案资料丛编:民国开发西北》,陕内资图批字(2003)年 095 号,2003 年,第 46 页。

④　参见何爱平:《灾害经济学》,西北大学出版社 2000 年版,第 79 页。

⑤　参见殷淑燕等:《历史时期关中平原水旱灾害与城市发展》,《干旱区研究》2007 年第1 期。

面与 20 世纪前后,中国进入灾害多发期的自然趋势有关;另一方面,也和我们获得的资料本身有关。在历史资料保存方面,时间越晚近,保存下来的资料就越多。

第二节　自然灾害对农业土地利用的影响

中国是世界上自然灾害种类最多的国家之一,也是农业开发历史最悠久的国家之一。农业是弱势产业,深受自然环境条件约束,在生产技术不发达的情况下更是如此。地处半干旱地带的陕西关中地区,其农业土地利用在很大程度上受到自然灾害的制约和威胁。中国自然灾害的群发期可分为夏禹群发期、西汉群发期、明清群发期和清末群发期。在此期间,各种灾害的强度和频度高于其他时期,相应的灾情也重于其他时期。中国历史上自然灾害的一个重要特征,是自然灾害造成的人员伤亡大于财产损失,大灾之后必有大疫和饥荒,次生灾害灾情不亚于原生灾害灾情,而且灾情蔓延造成的间接后果往往比直接的灾害损失更为严重。这是造成历史上灾区人口大量减少的重要原因。根据对中国自然灾害死亡人数的统计,从公元前 180 年至 1949 年,因旱灾造成的死亡人数占全部因灾死亡人数的 74.62%。每次疫灾造成的人员死亡数甚至高于洪涝灾害直接死亡数。[①]

一、旱灾对农业土地利用的影响

陕西以面食著称,汉唐时期文献中就已经出现小麦粗加工之后制成的"饼""汤饼"等的饭食名称。陕西省的小麦产区主要在关中地区。关中地区以冬小麦为最重要农作物的种植结构从汉代就开始形成,经过农民长期的技术选择,逐渐成为固定的农俗。

---

① 参见胡鞍钢等:《中国自然灾害与经济发展》,湖北科学技术出版社 1997 年版,第 4 页。

按照冬小麦的生长规律,要获得小麦丰产,每年至少需要三场好雨,这三场好雨的时间节点分别是农历八月小麦播种前、农历十月小麦出土后及农历三月小麦扬花前,民谚谓之"八十三场雨"。① 然而,关中地区的年际降水时间分布主要集中在公历的 5 月、7 月和 9 月,约当农历的四月、六月和八月,与冬小麦的生长规律并不完全吻合。春季正当越冬小麦返青、起身、拔节期,需要水分较多,但关中地区春季雨水却比较稀少,甚至有"春雨贵如油"之说。因此,春旱对关中地区主要作物冬小麦的影响最大。

乾隆五年(1740),川陕总督鄂弥达在奏折中说道:"秦地农民全以夏麦为主,而夏麦之丰歉专视春雨之迟速。其年逾八九十之老农,每言清明前十日得雨,便是十二分丰年,清明得雨便是十分丰年,清明后十日得雨,尚有八九分可望,惟至十日后竟无雨泽,乃为歉岁。"② 与小麦基本同期收获的油菜、豌豆、扁豆等作物的需水情况大致与小麦相同,在灌溉条件不利的情况下,春旱对关中地区主要农作物小麦的影响很大。当然,前一年冬季若有充足的雨雪,土壤墒情好的话,情况能略好一些。

夏旱是指发生在农历四月、五月和六月的干旱,秋旱是指发生在农历七月、八月和九月的干旱。秋旱在关中地区的发生率仅次于夏旱。夏旱影响秋季作物的播种或生长,秋旱影响秋季作物的收获和冬小麦的播种。翻检史料,我们会发现,旱情持续形成旱灾通常是因为发生了一年内干旱相连或者跨年的连续干旱,接连的干旱对农业土地利用的打击就十分严重。

清代光绪年间的大旱灾就是跨年干旱造成的,历史上称为"丁戊奇荒"。此次干旱自光绪三年(1877)冬起,历冬经第二年春季,持续到夏季,形成三季连旱,导致农作物绝收,关中地区各县志书对此次旱灾造成的拆屋杀牲、卖儿鬻女、饿殍者尸体成堆等惨象多有记述,此处不再引证。在当时农业技术落后、水利设施极其有限、交通运输不便、商品经济不发达的条件

---

① 参见王成敬:《陕西土地利用问题》,新知识出版社 1956 年版,第 8 页。

② 中国科学院地理科学与资源研究所、中国第一历史档案馆:《清代奏折汇编——农业·环境》,商务印书馆 2005 年版,第 45 页。

下,严重的自然灾害往往引发一系列的次生灾害,对人口及社会生产的打击非常明显。"丁戊奇荒"发生后,关中地区东部韩城、蒲城、邰阳、长安等县还一度出现罕见的狼群大聚集,韩城县史料明确记载"灾后余劫,狼、鼠为害甚异"①。光绪五年(1879)蒲城县鼠害、狼害严重,有民众挖开鼠穴,掏出六斗多粮食。② 其他县份因为狼出没,致使人们出门要结伴而行,直到光绪七年(1881),狼群才逐渐在关中地区消失。③ 狼群出现就是大旱灾的次生结果,是人民生命安全的又一威胁。

旱灾的形成需要时间的积累,初起时往往不易被觉察,直到后果开始显现,在耕作技术、水利条件有限的时代,补救几乎无方。严重旱灾常常导致农作物歉收或绝收,进而造成大量人口因饥饿死亡。在粮食奇缺的情况下,粮食会因稀缺而价格畸形上涨,为了换取活命的粮食,灾荒之年土地常常被低价出售,形成新的土地产权格局。主政者往往会因为严重干旱灾害的发生而主动加强水利建设,这大概是灾害带来的唯一正面影响。民国时期"关中八惠"灌溉工程就是大旱灾之后陆续开始修建的,水利的修建促使农业土地利用的相关要素随之发生变化。

二、涝灾对农业土地利用的影响

水涝灾害主要发生在渭河、洛河、黄河及其支流沿岸部分地区,其影响范围相对于旱灾要小得多,但对于灾害发生地而言,打击却是百分之百的。以下文献可引以为证。

长安、蓝田两县在道光元年(1821)"连日大雨,山水陡发,沿河秋禾地亩被冲淹","内有沙压较轻,尚可修复地十一顷九亩。其余地二十九顷五十四亩,水冲成河,难以修复"。④ 长安县在道光二十七年(1847),"浐河西

---

① 程仲昭:《民国韩城县续志》卷 4《纪事》,成文出版社 1976 年版,第 364 页。
② 参见蒲城县志编纂委员会编:《蒲城县志》,中国人事出版社 1993 年版。
③ 参见温震军、赵景波:《"丁戊奇荒"背景下的陕晋地区狼群大聚集与社会影响》,《学术研究》2017 年第 6 期。
④ 清代黄河流域洪涝档案史料,1847—4,陕西巡抚杨以增奏。

岸上水，冲伤护桥堤堰一道"①。光绪十三年（1887），"潏河暴涨，冲毁碌碡堰，水势弥漫数十里，尽成泽国"②。光绪十五年（1889），由于连日大雨，"浐灞两河水涨"，咸宁县"冲淹地三十七顷四十四亩"，"潏、皂、苍龙等同时并涨"，长安县47村"浸湮地二百二十顷三十二亩"。③

　　在韩城县，因其邻近黄河，河水摆动造成河道变迁，加之水力长期冲刷，经常导致滨河处田地坍塌，当地农民常常在失地后还要承担原来土地的赋税。有悯农的地方官在为民请免滨河地块钱粮的奏疏中写道：

> 　　秦豫滨河冲坍田地宜行核额。查黄河在秦者，由龙门出山，南至潼关，将三百里。高原田地常无水患，独崖下滨河滩地东西相望，远者三十里，近者将二十里，除河水流经之地原无钱粮，其去河稍远之处，俱照中地起科……河性激怒，常好弯曲而行，一经帚刷，动则数里坍入水中，是地既去而粮仍存也。有司各官以分数计之，不及十分之一。又渐次冲坍，与冲决不同，不敢具文报灾，督抚坐镇省会，何由周知？④

三、其他自然灾害对农业土地利用的影响

　　霜冻灾害更多的是气候因素导致，人力基本不能左右。被列为农业三大自然灾害的蝗灾，往往与旱灾并生，古代有"旱极而蝗"的说法。清代以来，关中地区的自然灾害不但发生频率高，而且常常是多种类型的灾害叠加发生，危害更加严重。如宝鸡县在乾隆三十年（1765）遭大量蝗虫侵袭，乾隆三十一年（1766）、乾隆三十二年（1767）又两年连旱，"菽麦俱枯"，连年灾害，民生艰难。⑤

---

① 　《续修陕西通志稿》卷57《水利一》。
② 　清代黄河流域洪涝档案史料，1889—1.6，陕西巡抚张煦片。
③ 　清代黄河流域洪涝档案史料，1889—1.2，陕西巡抚张煦片。
④ 　《韩城县志》（乾隆）卷9《奏疏·请豁滨河地粮永禁现役马头疏》。
⑤ 　参见《宝鸡县志》（乾隆）卷10《祥异》。

再以清代"丁戊奇荒"为例。据《申报》1877 年 10 月 3 日发自陕西的报道:"秦中自去年立夏节后,数月不雨,秋苗颗粒无收。至今岁五月,为收割夏粮之期,又仅十成之一。至六七月又旱,赤地千里,几不知禾稼为何物矣。……饥民相率抢粮,甚而至于拦路纠抢,私立大纛,上书'王法难犯,饥饿难当'八字。……粮价又陡至十倍以上。"①光绪五年(1879),东起直鲁、西迄陕甘的广阔土地上,毕竟已降下甘霖,干涸的河床里重新荡漾起清波,龟裂的土地开始滋润,并重新泛起了绿意,旱灾进入尾声。可是,正当死里逃生的人们准备重建家园之时,7 月 1 日,在甘肃武都发生震级达 8 级、烈度为 11 度的大地震。在地震中受到破坏或受到影响的地区,大部分在旱灾发生范围之内。据 8 月 9 日的《申报》报道,这次地震波及范围"东至西安以东,南过成都以南,纵横二千里"。接连的自然灾害,造成人口大量消减,人民生活苦苦煎熬。

再如民国二十年(1931)初,陕西大雪,接着春荒夏旱,夏秋又遭虫灾、雹灾、风灾,关中及陕南一些地区又连降暴雨。1932 年,春旱,又遭冻灾,有风雹黑霜,夏秋季节,多处发大水。② 多种灾害接连发生,人民生命受到威胁,正常的生产秩序被迫中断,无论是土地所有关系,还是劳动力,农业土地利用的影响因素在灾害过后通常会出现大的调整。

我国的自然灾害尤其是农业自然灾害具有种类多、范围广、频率高的特点,并常群发和引发其他灾害。清代以来,关中地区的自然灾害从种类看,主要有干旱、水涝、雹灾、霜冻、虫灾等,各种自然灾害中,干旱发生次数最多,按严重程度依次为夏旱、秋旱及春旱;雹灾及雨涝灾害影响范围相对较小。从发生频次看,明显有自然灾害的发生随时间推移越来越频繁的趋势。当然,我们不能忽视相关研究结论的得出,是建立在对关中地区历史文献本

---

① 参见李文治编:《中国近代农业史资料(1840—1911)》第一辑,生活·读书·新知三联出版社 1957 年版,第 746 页。

② 参见李文海等:《近代中国灾荒纪年续编(1919—1949)》,湖南教育出版社 1993 年版,第 338—350 页。

身的统计与解读基础之上的。一般而言,时间越靠后,相关资料保存下来的可能性会越大,而且由于历史文献作者的认识及对史料的甄选等原因,均会导致文献不能完全反映现实的情况,后继的研究者在根据文献进行研究时,往往还要按照一定的标准对已经不全面的史料进一步筛选。所以事实上,清代至民国关中地区的自然灾害发生情况要远比我们今天了解的更为复杂。自然灾害导致地权的变更、劳动力要素的变动,这些变动又会引起种植技术等的相应变化,自然灾害对农业土地利用的影响同样也远比我们了解的错综复杂得多。

第四章 万物土中生:关中地区农业用地的数量与质量

农业是人们利用生物有机的生长机能,把自然界的物质和能量转化为人类最基本的生活资料和原材料的社会生产部门。农业生产活动的进行,有赖于耕地。具体而言,耕地是指种植农作物的土地,包括熟地、新开发地、复垦地、整理地和休闲地(含轮歇地和轮作地)。耕地是人类赖以生存的基本资源和条件。耕地保护是关系中国经济和社会可持续发展的全局性战略问题。"十分珍惜和合理利用土地,切实保护耕地"是必须长期坚持的一项基本国策。耕地利用现状源于历史,历史的经验和教训值得我们借鉴。

第一节 史籍所见关中地区的农业土地

一、清代的土地登记制度

土地是一切生产和一切存在的源泉,是人类不能出让的生存条件和再生产条件。明清时期,由于"一条鞭法"的创立和深入开展,田地数字成为政府征收赋税的最主要依据。清代的官修政书、史书及类书中,有关田地数字的资料十分丰富。田地数字及其变化,不仅是历史农业地理和经济史研究的重要内容之一,也是人类活动与环境变迁关系史研究中不可缺少的层面。① 研究土地数量对考察当时农业的发展、人类活动方式和强度的变化,以及探讨人地关系有重大意义。

在汗牛充栋的古籍中,有耕地数量记载的册籍比较多。明清以来,为了加强赋税管理,政府采取了很多办法。明初开始,推行编制鱼鳞图册及与之配套使用的黄册。② 清代以来,又编撰了《赋役全书》。由于前朝相关资料的损毁,清代的《赋役全书》主要是由中央政府根据明代万历年间的赋役额数编撰的。具体做法是先由中央编撰全国的《赋役全书》,然后由各直省依据中央总的编撰精神再来编撰各直省的《赋役全书》。直省的《赋役全书》在其隶属各州县的赋税征收中起指导作用,是各州县征收赋税的直接依据。③ 各级政府以《赋役全书》为依据,为了方便赋税的征收,又先后编撰过黄册、红簿、鱼鳞图册、易知由单、串票等,这些资料记载了更多有关耕地的详细信息,但保留下来的不多,此外还有大量关于田地的统计数据存于部分全国性的档册及地方志、实录和会典中。

现存的明清及民国地方志书等为研究清代的耕地情况提供了线索。但这些土地数据却不能完全反映实际的耕地情况。清人对这一问题已有发现并记录下来。王庆云在《石渠余记》中这样记载丈量田地的工作情况:

> 田有欺隐而后有丈量,而丈量实不足以察欺隐,徒自扰焉。顺治十一年定丈量规制,颁布弓尺,广一步纵二百四十步为亩(方广十五步纵十六步)。地籍不清者丈之,荒熟相杂者丈之。十五年定田亩与万历《赋役全书》同者免丈。行之数年,未有成效,后改为令民自首。乾隆十五年申弓尺盈缩之禁,时各省之公尺自三尺二三寸至七尺五寸,其亩自二百六十弓至六百九十弓不等。部议以经年久远,骤难更张,令报部

---

① 参见王社教:《清代山西的田地数字及其变动》,《中国农史》2007年第1期。
② 参见栾成显:《明代黄册研究》,中国社会科学出版社1998年版,第14—105页。
③ 参见何平:《清代赋税政策研究(1644—1840年)》,故宫出版社2012年版,第87页。

存案而已。①

何炳棣先生对中国的人口、土地制度等问题颇有研究,在翻检四千余种地方志之后,得出这样的结论:"明清两代的土地数字并不代表实际的耕地面积","只能是纳税单位"。对于民国时期的土地数据,何炳棣先生这样评价:"虽然国民政府时期的土地数字原则上是耕地面积统计,但一般而言,本世纪三十年代的耕地统计仍不能摆脱传统田赋亩额的影响,以致当时政府和私人的耕地估计都失之过低。"②

另据珀金斯估算,从1400—1957年的五百余年间,中国人口数量增长了十倍。在传统农业社会,人口的增长必须有农产品数量的相应增长作为支撑,否则无以满足巨量人口的基本生存需求。在耕地数量方面,1400—1957年的五百余年中,中国的耕地面积增加了四倍以上。也就是说,在增加的粮食产量中,只有大约一半来自耕地面积的增加,其余增量部分则应归功于单位土地粮食产量的大幅增长。③ 吴慧的研究也证明了这一点:清代前期,北方的麦粟产量在数字上与明代相近,但自清中叶以来,玉米及薯类高产作物的推广使得粮食亩产量大大提高,按照保守的计算方法,清中叶以来,北方地区粮食的亩产量可达到每亩每年生产净粮食225斤。④ 而人们满足生存需要的平均口粮为按粗加工粮食约为每月42.2斤。⑤ 清代大量增加的人口能够存活,是建立在耕地面积扩大和粮食亩产量提高两大基础之上的。但我们关注的关中地区,因为农业经营历史悠久,适宜耕种的土地早已开垦殆尽,清代至民国时期耕地变动最主要的是体现在撂荒—复垦—

---

① (清)王庆云:《石渠余记》卷4《附丈量》。
② [美]何炳棣:《中国古今土地数字的考释和评价》,中国社会科学出版社1988年版,第1页。
③ 参见[美]王业键:《清代田赋刍论(1750—1911)》,高风等译,人民出版社2008年版,第8页。
④ 参见吴慧:《中国历代粮食亩产研究》,农业出版社1985年版,第177—183页。
⑤ 参见吴慧:《中国历代粮食亩产研究》,农业出版社1985年版,第80—81页。

再撂荒—再复垦的循环上,新垦辟的耕地在关中地区总耕地面积中占比较少,加上新垦地常被豁免升科,新垦地登记在册的就更少了。

从理论上讲,摊丁入亩政策实施之后,耕地成为征收赋税的依据。因此,耕地面积核查和登记就成为政府进行田赋管理的首要的、基础性的工作。但在各地耕地情况繁复相异、财政花费巨大、官吏人数不足、调查手段落后等条件的限制下,统治者要进行一次彻底的土地调查绝非易事。中国古代的土地调查,以明洪武年间进行的两次土地调查规模为最大(也有不少学者认为,这两次土地调查仅在局部开展,效果不大)。土地调查之后,编制了一部包括大部分省份的地籍册,称为"鱼鳞图册"。鱼鳞图册载明了调查过的每块土地的面积、四至、等级及所有者。同时,朱元璋还下令进行全国范围的人口登记,并下令编制另一部与土地管理关系密切的"黄册",内容包括每户人家的人口、年龄、性别、职业,以及每家拥有的土地、承担的田赋及劳役等信息。明代万历年间,明朝政府又进行过一次全国范围的地籍调查,并编制了新的簿册——《赋役全书》,作为对之前编制的"鱼鳞图册"和"黄册"的补充。这三种簿册和图集合起来,构成明朝及后来清朝田赋管理的基础。

清朝建立后,统治者希望能够掌握自己所掌管的土地的数量。便立即将万历年间调查后得到的各省土地面积和田赋资料作为新政权的"原额",每个省和每个州县当时的土地面积和田赋额是从"原额"中除去当时荒废土地的面积和未征收的税额确定的。顺治三年(1646),为了防止地方官吏以地方黄册等赋税征收依据被毁为由,而利用权力随意增减土地数量,或征收赋税时中饱私囊、盘剥百姓,曾经命令各相关机构做钱粮数额统计工作,钱粮数额统计最终要与土地登记直接挂钩,朝廷"特遣大学士冯铨与公英俄而岱往尔部彻底察核,在内责成各该管衙门,在外责成抚按将钱粮数目原额严核详稽,彙造《赋役全书》,封进御览,是时总计"[1]。但清政府并未设想

---

① 《清朝文献通考》卷1《田赋考一》,万有文库十通本。

通过全国性的地籍调查来核查或清丈土地,而是要求各地官员尽快整理出之前的地方赋役册,也就是基本依赖明末的记录。在这种情况下,只要依据地方土地原额上报田亩资料就可以完成任务,因此,在地方官员呈报的田亩数量记载中,就出现田亩面积不变,或者变更极小的情况。极小的变更,也是在原来基础上略作增减,将首次开垦上报的作为增加量,豁免、减免或田地因灾被毁是为减量。这样的统计实际上很难反映真实的土地利用变化情况。即便如此,在清王朝统治的第一个一百年中,登记面积呈稳步增长的趋势,至18世纪中叶,已接近1600年的水平,即已接近土地面积的原额。[1]

史籍中描写垦田范围扩大的文字也比比皆是,比如康熙五十二年(1713)时,京畿附近的永定河两岸,本是栽种柳树以坚固堤岸备河工的河道,尽被辟为耕地,就连原来永定河冲决的地方,也有百姓"筑舍居住"。[2]这种现象是可以理解的,因为随着和平与秩序的恢复,清朝政府不仅希望对荒废土地复耕,而且还积极采取政策扩大耕地面积:老百姓若使一块荒地重新生产粮食等作物,就能够无偿得到这块土地;还对促进土地开垦得力的官员予以奖赏,对不力者予以惩罚。但新垦的土地并不都载入赋役册。

对于耕地情况,统治者都有彻查的愿望,但在实际中却很难做到。在清朝统治的初期,由于很多省和州县当时的耕地数额与"原额"存在很大差距,又因为几朝皇帝都命令他们缩小或者弥补这个差距,他们不得不将耕地增长面积上报。而一旦达到了"原额",自上而下要求更新耕地资料的压力便消失了,而自下而上要求维持现状的压力则显得加强了。无论官方还是民间,双方均无查实、更改土地资料的愿望。两相权衡,其结果是全国官员在上报其治理地区的耕地和田赋数字时,总在想办法使其与"原额"尽可能接近一致。[3] 在顺治十一年(1654)时,有田亩数与万历《赋役全书》(即"原

---

[1] 参见[美]王业键:《清代田赋刍论(1750—1911)》,高风等译,人民出版社2008年版,第35—36页。

[2] 参见《清朝文献通考》卷2《田赋考二》,万有文库十通本。

[3] 参见[美]王业键:《清代田赋刍论(1750—1911)》,高风等译,人民出版社2008年版,第35—38页。

额")相同就免于清丈的规定,地方官吏在申报田地数字时,就更加有使其与"原额"尽可能一致的动力。这样就造成了清代长期以来,各地方田亩数字与"原额"相近,数值变化很小的情况。这种情况显然与实际是不吻合的。但要考察实际变化情况,文献依然是最重要的资料。

二、关中地区的耕地数量

关中地区是中国农业起源早、发达早且持续时间久的传统农区。清代以来,因为人口的变化,其土地利用也有相应的调整和变化。要研究清代至民国关中地区的土地利用,首先应该对关中地区的耕地面积进行考察。

尽管笔者比较认同何炳棣先生对于中国古代土地数字脱离真实,仅是赋税征收依据的评价,但通过对数据的收集整理,其反映清代至民国关中地区耕地动态变化的参考价值还是存在的。鉴于此,笔者拟对文献所载关中地区的田地数字进行初步考察,以说明清代关中地区册载田地数字的意义,以及其体现出的关中地区作为研究的整体其土地垦殖的变化情况。

记载清代至民国时期陕西田亩数字的文献大致可分为以下几类:政书类史料、地方志史料及今人之调查资料等。笔者将收集到的关中地区的田亩数据按照时间顺序排列(见表4-1),因为耕地有前承和后继关系,所以表中所列数据不限于1644—1949年。

表4-1　关中地区田亩统计数据

(单位:清亩)

年　份	与上一数据间隔年数	田亩数	出　处	备　注
万历二十八年(1600)	—	3582410	—	—
康熙二年(1663)	63	28490204	据康熙《陕西通志》卷9《贡赋》、卷10《屯田》	—

续表

年 份	与上一数据间隔年数	田亩数	出 处	备 注
康熙二十四年(1685)	22	29114960	《清朝文献通考》卷2《田赋考二》	—
雍正二年(1724)	39	25844280	《清朝文献通考》卷3《田赋考三》	—
雍正五年(1727)	3	25252345	雍正《陕西通志》卷24—26《贡赋》、卷37—38《屯运》	—
雍正十二年(1734)	7	27740966	同上	—
乾隆六年(1741)	7	25797024	光绪《续修会典》	民国《续修陕西通志稿》卷26、卷27
嘉庆二十五年(1820)	79	27653175	嘉庆《重修一统志》	据梁方仲计算结果
道光十一年(1831)	11	25840212	《续修陕西通志稿》卷26、卷27	疑仅为关中田亩数
光绪三十四年(1908)	77	27646369	《续修陕西通志稿》卷26、卷27,注明数字来源为光绪《续修会典》	疑仅为关中田亩数
1951	43	27966666	马明方:《关中地区土地改革的总结》	马明方在1951年9月16日在陕西省人民政府委员会第二届第二次会议上的报告
1976	25	29113000	《陕西省地图集》	—

表4-1中给出的12个数据中,万历年间与中华人民共和国成立后的数据用来作参照。分析数据可以得出:

(1)除万历旧额外,清代关中地区田亩数字最高年是康熙二十四年(1685)。

(2)其后关中地区田亩数保持在2500万—2800万亩之间,未突破2800万亩。

雍正年间的数据采自雍正《陕西通志》,该志修成于雍正十三年(1735),正好是在雍正五年(1727)陕西开始实行"摊丁入亩"之后一段时间。"摊丁入亩"政策实施后,田亩数成为征收赋税的重要依据,加之经济史学界亦认为雍正时期"比较能循名核实"①，因此学界多认为雍正《陕西通志》的田亩数与之前的记载相比较，应该较为准确。②

雍正《陕西通志》卷24—26《贡赋一·民丁民地》及卷37—38《屯运》记载了雍正五年（1727）和十二年（1734）的民地民丁。雍正五年（1727），关中地区41县额纳税田亩数为33815247亩，其中实熟地为25042743亩，加上清查出额外田亩共计25252345亩，雍正十二年（1734）关中地区田亩数为27740966亩。这两个数据均包括了位于秦岭之中的孝义厅和宁陕厅。③ 田亩登记范围要大于关中自然区域。与万历原额相比，雍正时期的田亩数仍然偏低。一方面，说明万历年间的田亩数并不反映实际土地利用情况，而仅是征收赋税之需要；另一方面，也在一定程度上反映出关中地区在清初被抛荒的耕地没有完全复垦。

此外，在清代文献中，常出现"陕西西安""陕省""西安省"等称谓，其具体所指需要进行判断。现将《清朝文献通考》④中记载田亩数据的文献摘录如下：

> 顺治十六年（1659），陕西省计373285顷88亩有奇，田赋银1436033两，粮61851石各有奇。
>
> ——卷1《田赋考一》
>
> 康熙二十四年（1685），陕西西安计291149顷6亩有奇，田赋银1315012两，粮170922石，草5983束各有奇。
>
> ——卷2《田赋考二》

---

① 何炳棣：《南宋至今土地数字的考释和评价（上）》，《中国社会科学》1985年第2期。
② 参见侯甬坚：《雍正末年陕境黄土高原民、屯土地数字试解》，载中国地理学会自然地理专业委员会编：《土地覆被变化及其环境效应》，星球地图出版社2002年版，第537—538页。原文为："书中讲述以前的事情，必引出已传世的诸多书籍，讲述清朝以来诸事，则多康熙、雍正年间档案资料，这些材料的行程距离纂修时间较近，比之于'各省、府、直隶州纂编志书，往往县（州）志中撷取资料'那么一种修志情况，资料的可利用程度较高。"
③ 随着康乾之后人口的增加，遂于乾隆四十七年（1782）从西安府分置设立孝义厅，嘉庆五年（1800）从西安府分置设立宁陕厅。
④ 《清朝文献通考》，万有文库十通本。

雍正二年(1724),陕西西安计 258442 顷 80 亩,田赋银 1355245 两,本色粮 869144 石,各自有奇,草 15542 束。

——卷3《田赋考三》

清代既有以西安府指代陕西省的用语习惯,也有以"陕西"或"陕省"代指西安府或关中地区的用语习惯。侯杨方曾根据档案资料撰文指出,清朝官方文书档案中的"西安省"代表了两种不同的地域,一是指陕西的省会——西安府城,二是指清代的西安布政使司和陕西巡抚的辖区,即通称的陕西省。① 笔者赞同侯杨方的观点。需要注意的是,在以府名指代省名的同时,历史上也存在用"西安省"或"西安""陕西省""陕西"的名称,而实际指代关中地区的不规范的用法。这种名称的混乱,应该早已有之。明人吕柟即曰:"即今西安之地,北有郑白诸渠,故其地称陆海,税额独重于他郡省也。"②这里的西安,显然是指关中地区。明清之际方孝标在谈到全国赋税负担沉重的几个地区时说:"江南、陕西、湖广……三省者,财赋之重区也。"所谓陕西,主要指西、同、凤"关中三府"而言。③《清实录》(乾隆二、六、丙戌)中署理陕西巡抚崔纪条奏称"陕属地方,平原八百余里",很明确语句中的"陕属地方"指的是关中平原。《清朝文献通考》卷 1 给出的是陕西省的田亩数,经过康熙二十余年的经营,政局趋稳,政府鼓励荒地复垦的各项政策业已推行,到康熙二十四年(1685),陕西省地亩数没有增加,反而缩小 8 万余亩,是不符合实际的。因此,我们有理由认为,清代文献中出现的"陕属""陕西"或"西安"等,指代的地理范围有三种:第一,指代西安府城;第二,指代陕西省;第三,指代关中地区。《清朝文献通考》卷 2 和卷 3 中的"陕西西安"指代的地域范围并非陕西省,而仅是关中地区。相应地,其中

① 参见侯杨方:《"西安省"考——兼论"大陕西"与"小陕西"》,《中国历史地理论丛》2009年第 1 期。
② 《陕西通志》(万历)卷 11《水利志》。
③ 参见秦晖、金雁:《田园诗与狂想曲:关中模式与前近代社会的再认识》,语文出版社 2010年版,第 96 页。

记载的田亩数也应该是关中地区的田亩数,而非陕西省全省。

雍正五年(1727)陕西省开始落实"摊丁入亩"政策,到雍正十二年(1734),土地清查基本完成,与雍正五年(1727)比较,关中地区的田亩数增加 240 余万亩。这个增加量既是"摊丁入亩"工作成绩的体现,也是耕地复垦成效在统计数据上较为真实的反映。

表 4-1 中列出的嘉庆二十五年(1820)的田亩数依据梁方仲《中国历代户口、田地、田赋统计》中,分别为:西安府田地 12878075 亩,凤翔府 4352710 亩,同州府 7413554 亩,乾州 2080631 亩,邠州 928205 亩。据此总计关中地区的田地数为 27653175 亩。[①]

1950 年关中地区的田亩数是根据马明方于 1951 年 9 月 16 日在陕西省人民政府委员会第二届第二次会议上的报告[②]计算得来的。据报告第 1 页"在土地改革中,约有四十六万余户,二百零二万余人口,分到了三百三十五万六千余亩土地(约占总耕地面积的百分之二十)"推算,关中地区的耕地面积约为 27966666 亩。"土改"后,又经历了土地从农民私有到国家公有的改革,大搞农田水利建设,对农村劳动力的动员规模空前。1972 年为绘制地图进行了土地普查,核查关中地区的田亩数为 2900 余万亩,这应该是关中地区农业土地利用的上限。

三、对史籍记载关中地区田亩数的评价

应该如何看待史籍记载的关中地区各州县的田亩数呢?笔者以修成于不同时期的《蓝田县志》为例,对其册载田亩数据的情况进行分析。

修成于雍正八年(1730)的《蓝田县志》卷 1《田赋》中,记载了蓝田县的土地等级及其分等依据。蓝田县土地共分为六等,分别是:

"天"字号水地 80 顷 57 亩,科则:5 升 6 合/亩;

---

① 参见梁方仲编著:《中国历代户口、田地、田赋统计》,上海人民出版社 1980 年版,第 404 页。
② 《马明方主席在陕西省人民政府委员会第二届第二次会议上的报告:关中地区土地改革的总结和土地改革后的农村工作任务》,西北人民出版社 1951 年版。

"时"字号退滩水地 159 顷 46 亩 5 分,科则:4 升 6 合/亩;

"地"字号庄基地 1006 顷 77 亩 9 分,科则:4 升 5 合/亩;

"利"字号平地 583 顷 16 亩 7 分,科则:3 升 6 合/亩;

"人"字号半平地 1564 顷 67 亩 3 分,共粮 2347 石 9 合 5 勺,共银 3094 两 2 钱 1 厘;

"和"字号坡地 1351 顷 83 亩 9 分,科则:8 合/亩。

蓝田县境内东部和南部均为秦岭山地所环绕,西有白鹿原,只有发源于秦岭的灞河流过之处为川道,地势低平。"蓝田四境皆山"[1],平衍地集中在河道两边。修于雍正年间的《蓝田县志》不但记载了蓝田县六种等级的耕地大致情况及数量,还记载了列在耕地里的庄基地的数量及征税等则。光绪元年(1875)《蓝田县志》卷 7《田赋志》中记载的田亩数(六等地)与雍正志完全相同。甚至民国撰修的《蓝田县志》中的田亩数字仍然是沿用雍正时期的数据。在接近二百年的时段内,一县的耕地数量没有变化显然是不可能的,但这几部县志记载的数据的确前后一致,并无增减。蓝田县一县的土地统计数据如此,在没有对耕地进行过有效丈量与登记的情况下,关中地区其他州县的田亩统计数据应当存在同样问题。

既然史籍记载的耕地数据及其变化情况的确并非实际土地增减的数量,那么册载田亩数与实际田亩数之间有什么样的联系呢? 要回答这个问题,有必要考察清代关中地区与土地利用相关的政策。

清初,由于连年战争,导致全国人口损失严重,统治者为了稳定赋税,颁行了许多宽松优厚的土地政策,吸引民众积极参与垦种。具体而言,对于耕地起科的标准,"国初定例,新垦田地皆以三年起科,康熙十年准三年后再宽一年起科,十一年令宽至六年之后",康熙十二年(1673)"复再宽之",规定十年再起科。但是这样宽松的政策并未得到长期执行,因为在康熙十八年(1679)时,又恢复为六年起科的旧例。[2] 直到雍正元年(1723),又明确

---

① 《蓝田县志》(光绪)卷 2《经纬》。
② 参见《清朝文献通考》卷 2《田赋考二》,万有文库十通本。

升科之例,水田六年起科,旱田十年起科。①

陕西省也不例外,雍正《陕西通志》卷 83《德音一》记载:"陕西地亩钱粮,自顺治二年正月为始,止征正额,凡加派辽饷、新饷、练饷、召买等项,悉行蠲免……西安等府、州、县,遭寇焚掠独惨,应听抚按官察明,顺治二年钱粮应全免者全免,应半征者半征。"

《清史稿·食货志》记载:"陕西畸零在五亩以下,俱免升科;凡隙地及水冲、沙杂与田不及亩者,及边省山麓、河堧旷土,均永远免科。"

《清朝文献通考》卷 4《田赋考四》记载,乾隆五年(1740),"陕西、甘肃所属,地处边陲,山多田少,凡山头地角欹斜逼窄,沙碛居多,听民试种,永免升科"。

不升科的土地自然不记在田亩数中。

此外,还有折亩现象存在,详细情形见于《清高宗实录》中。如陕西巡抚史贻直等奏:

荒地难于报垦,请将永寿县原报荒缺地 2054 顷 89 亩,以 4 亩 5 亩折征 1 亩,共折地 457 顷 23 亩,俱照五等地粮科征;淳化县原报缺荒可垦地 1491 顷 95 亩,除雍正十年应垦限内已报垦地 182 顷 39 亩,无用折征外,其余荒地 1309 顷 56 亩,以 4 亩 5 亩折征 1 亩,共折地 279 顷 31 亩,俱照铁地科征;澄城县原报缺荒可垦地 712 顷 2 亩,俱照下下地科粮;洴阳县原报缺荒可垦地 4459 顷 19 亩,内除雍正十年限垦地内已垦水田 1 顷 38 亩,毋庸减等外,其余各等旱地 1337 顷 54 亩,以三等地减作五等,以五等地减作七等,以七等地减作八等,以八等地减作九等,俱照递减等则升科,盩厔县申报新垦南山五老洞山地 1 顷 38 亩,亦应三等折征,共折地 46 亩,照山地科粮均应如所请。

_____

① 参见《清朝文献通考》卷 2《田赋考三》,万有文库十通本。

对这条建议,高宗做出的批复是"从之"。①

另据何炳棣先生统计,关中地区采用折亩的县仅有西安府属之四县及同州府属之四县。② 而史贻直奏折中奏报关中地区折亩的五个县份则为隶属于乾州的永寿县、隶属于邠州的淳化县、隶属于西安府的盩厔县、隶属于同州府的澄城县及凤翔府属之汧阳县。虽然数量没有何炳棣先生提到的多,但范围超出了其所列之西安府与同州府。此外方志所载关中地区各县耕地的等级中,有十余县耕地没有明确等级,记作"折正一等"或者"折正中等",说明在这些县是实行折亩的。限于资料简略,具体折亩如何实行几乎不可考。从史贻直奏折看,关中地区折亩的具体办法或标准在各县亦不尽相同。但折亩现象在关中地区应当也是普遍存在的,只是折率不大,范围不广。

除数字之外,文献中还可见到对土地垦辟的描述性记载。清圣祖巡视渡过黄河到达陕西之后,看到"山之上无不耕之土"③。

在政府鼓励垦荒政策的指引下,乾、嘉年间,大批外省客民来到陕西,广泛地分布于陕南秦巴山地及关中地区北部、西部山地,韩城、同官、耀州、泾阳、陇州等地都有客民参与开垦荒地,乾隆十一年至十二年(1746—1747),庆阳府属无业游民陆续迁往耀州④,乾隆四十三年至四十四年(1778—1779),安徽、湖南、湖北数省因为灾祲,乡民流徙迁至陕南及与西安、凤翔两府交界的南山一带,总人数达十余万。⑤ 乾隆五十一年(1786)时任陕西巡抚的何裕城在奏折中称:"陕省田亩依山傍水……野无旷土。"⑥

---

① 参见《清高宗实录》卷8雍正十三年(1735)十二月(上),中华书局影印清内府钞本。

② 参见[美]何炳棣:《中国古今土地数字的考释和评价》,中国社会科学出版社1988年版,第71—72页。

③ 《圣祖仁皇帝御制文集》2集,卷23康熙三十六年(1697)三月初四日《谕皇太子》,转引自程民生:《中国北方经济史》,人民出版社2004年版,第610页。

④ 参见《续耀州志》(乾隆)卷4《田赋志·厂租》。

⑤ 参见《清经世文编》卷36《户政·陕省农田水利畜牧疏》。

⑥ 中国科学院地理科学与资源研究所、中国第一历史档案馆:《清代奏折汇编——农业·环境》,商务印书馆2005年版,第298页。

盩厔至洋县之间的南山老林,当时已得到充分开发,被用来作为农业用地的"已开者十之六七"①。

因为人口增加多,土地垦辟的力度增大,人多地少的矛盾引发了一些群体性社会事件。在朝邑县的黄河滩,有山、陕两省人民为了抢占黄河淤出的滩地发生争斗的事件。因为黄河的摆动和泥沙淤积,乾隆三年(1738),"黄河中涨成一滩,长五十里,广五六里。秦民呼为'夹沙',晋民呼为'鸡心滩'",涉及山西省与陕西省交界处的永济县、朝邑县、华阴县,三县民众纷纷前往新淤出来的滩地耕垦。到乾隆二十年(1755),山陕民众因为滩地权属发生争斗,两省都委派官吏前往平息争斗。直到乾隆二十一年(1756)议定,将滩中已垦熟之地十分之六给晋民,十分之四给秦民,并要求两省人民筑墙作为划分滩地的界限,争端暂时平息。但到了光绪三十四年(1908),朝邑、永济两县人民又因滩地之争爆发矛盾,直到民国初年,争议尚未完全平息。② 陕西省内,大荔县"西之荔华,东之荔朝,每以淤地争界,命案迭出"③。山陕及陕西沿河民众长期争夺滩地的事实说明,山陕沿黄河两岸的县份,人多地少的矛盾从乾隆初年开始显现,其后民众械斗屡屡爆发,是人地矛盾尖锐的体现。

同治年间的回民起义是造成极大影响的群体性社会事件。人地矛盾无疑是引发该事件的一个重要因素。由于沙苑里头的村庄是回民,沙苑之外的南北各村是汉人。回民善于农事,会经营沙地,护沙工作做得很好。白马营的粮食产量很高,是从前人称为"金粮"的产地。把沙田经营成"金粮"的产区,是很不容易的。回民"人口众多,自然就向外发展,于是土地便发生了问题"④。而与沙苑毗邻的汉民不愿意回民向沙苑以外地区扩大,于是回汉间常发生地畔之争,以致后来演变为回汉互相仇杀的惨剧。起义平息后,

---

① 《三省边防备览》卷14《艺文(下)·老林说》。
② 参见《续修陕西通志稿》卷5《疆域》。
③ 《续修大荔县志存稿》卷4《土地志·水患》。
④ 马长寿:《同治年间陕西回民起义历史调查》,载马长寿主编:《同治年间陕西回民起义历史调查记录》,陕西人民出版社1993年版,第102—103页。

关中地区的人口结构与区域分布发生极大的变化，农业土地利用也为之转变。

以上资料和事件说明，关中地区在乾隆年间以后，农业土地利用的广度大大拓展，许多硗确难垦之地均已被辟为农田。因此，在考察清代关中地区实际耕地数量的变化时，以上列举朝廷规定不升科的地亩、实行了折亩的地亩均要考虑进去。民国年间，国民政府主计处统计局对土地做过登记，登记数字主要由各地自行陈报，陕西省咸阳县陈报耕地面积为 63.7 万亩，卜凯估计的数据是 70.4 万亩。陈报数据要小于卜凯的估计数据。何炳棣分析认为，是多种原因导致卜凯估计的土地数据比实际耕地数据小。[①] 虽然我们无法获知具体田亩数，但分析可知册载田亩数与实际田亩数的关系，大致可以康熙五年（1666）"摊丁入亩"政策的推行为时间节点。在此之前，册载田亩数大于实际垦殖田亩数，而此后，册载田亩数则小于实际垦殖田亩数，这样的状况一致持续到民国时期。

第二节　关中地区的耕地质量

2008 年，中华人民共和国农业部发布了《耕地地力调查与质量评价技术规程》，其中对耕地质量这样定义：耕地质量即耕地满足作物生长和其清洁生产的程度，包括耕地地力和耕地环境质量两方面。其中耕地地力是指由土壤本身特性、自然条件和基础设施水平等要素综合构成的耕地生产能力。事实上，我们讨论中国古代乃至近代的耕地质量，主要就是考察其满足作物生长的程度，也就是由土壤本身特性、自然条件和基础设施水平等要素综合构成的耕地。

[①] 参见［美］何炳棣：《明初以降人口及其相关问题：1368—1953》，葛剑雄译，生活·读书·新知三联书店 2000 年版，第 149—155 页。

一、文献所见关中地区的耕地质量

客观上,耕地在质量上存在着差别,耕地所处的地理位置、是否有可利用的水源进行灌溉等都影响耕地的生产能力。因此,古人很早就根据土壤的特性对耕地进行了划分。早在两千多年前的夏禹时代,就有"九州"之说,《禹贡》中就将全国土壤分为"壤""黄壤""白壤""赤植坟""白坟""黑坟""坟垆""涂泥""青黎"九种。因为各种土壤的肥力不尽相同,又分其为三等九级。再根据三等九级的土地等级划分,安排农业生产,制定适当的田赋。当时称为"贡",即土地税。明代"一条鞭法"的推行,使地籍管理的重要性跃居于户籍管理重要性之上。清朝田赋征收时也沿袭前朝,对征收田赋的主体——土地进行了等级划分。

据《清朝文献通考》记载,清时将全国土地按地形分为田(稻田)、地(旱地)、山(梯田)、荡(沼泽地)四个种类,每一种再按照肥瘠程度进一步分为上、中、下三大等级,每一大等级下又分为三个小等级。因此形成三等九级的土地划分的大标准。

清朝田赋"曰民田、曰屯田,皆分上中下三则",划分的三则又各细分为三等。按照理想的等则划分标准,清朝土地等级共九级。这种划分,其实是沿袭前明的做法。明代进行了清丈运动,各地确立了地定三等的大致的耕地划分标准,清代沿袭之。但现存史籍中,我们找不到中央层面统一的耕地等级评定标准,也找不到对不同等级土地的官方称谓,也没有各省明确的划分土地等级的标准及统一的称谓。事实上,要将处于全国自然条件复杂多样不同地区的耕地进行统一标准的划分似乎很难做到。由于各地地形、地方传统等因素的差异,不仅无法统一全国各省的土地等级划分标准,即便是在一省之内,各州县的土地划分标准也都各自有其标准。

各省、府、县地方志书记载土地的质量与数量时,又失之过简,大多仅记载等级层次及各等级的土地数量,很少有相关说明。从中很难寻找到官方划分土地等级的标准。关中地区的情况即如此,文献中将田地分为"民地"

"屯卫田""更名田"三大类,其中进行等级划分的主要是民田。部分资料中可以觅到土地等级划分的依据,从中可知,耕地等则的确立,主要和耕地是否是水田、能否灌溉、平整度及距离村庄远近①等条件相关。民国时期的调查资料显示,关中地区农地距农舍之距离,常达 1.5 千米甚至 3 千米,平均是 1.8 千米。② 距离太远不利于精耕细作,也影响耕地等则的确定。

清代关中地区的少数县份方志资料较为详细,我们从中可以看到该县的田亩数量与相应的等级,并有简略的等级核定标准的说明。如鄠县、蓝田县、泾阳县、华阴县、蒲城县等。以下我们对有较明确的等级划分标准的县份的耕地质量情况进行分析,以从中推论关中地区的土地质量情况。

鄠县:乾隆时期,鄠县田地被分为三类七等:稻田、旱地和山坡地三类,稻田与旱地又各分上、中、下三等。按照记载计算,鄠县质量最好的"上稻田"仅占总田地面积的 0.7%,三等稻田共 19236.7 亩,占全县耕地总面积的将近 2%。旱地共计 226385.8 亩,占全县耕地的 92% 稍多,其中"上旱地"面积最大。详见表 4-2。

表 4-2　鄠县耕地等级情况

（单位:清亩）

	耕地等级	耕地数量	科　　则	资料来源
等级名称	上稻田	1695.7	1 斗 1 合/亩	《鄠县新志》卷 3《田赋》,乾隆四十二年(1777)刻本
	中稻田	1841.9	9 升 8 勺/亩	
	下稻田	1307.5	7 升 9 合/亩	
	上旱地	201436.2	4 升 8 合/亩	
	中旱地	12824.8	4 升 8 勺/亩	
	下旱地	12124.8	3 升 2 合/亩	
	山坡地	未载田亩数	—	
总计	七等	231230.9	共粮 144 石 4 升 5 合	

---

① 《续文献通考》洪武二十六年(1393)叙事之后有一段综述:"凡田以近郭为上地,迤远为中地、下地。"参见[美]何炳棣:《中国古今土地数字的考释和评价》,中国社会科学出版社 1988 年版,第 66 页。

② 参见熊伯蘅:《农业建设与土地改革》,《西北农报》1946 年第 1 期。

从承担赋税的多少看,三等稻田与上等、中等旱地承担的赋税每亩超过4升,也间接说明了在半干旱的关中地区,水资源状况是衡量耕地质量高低的重要尺度。科则4升以上的三等稻田、上旱地及中旱地占到鄠县田地总量的95%。关中地区民间向有"金盩厔,银鄠县"的说法,从清代文献看,鄠县的土地质量确实总体较佳。

蓝田县:蓝田县耕地分为六等,按照耕地质量从高到低以"天时地利人和"六字来分别命名。其中"天"字号和"时"字号耕地有水源或近水源,但数量很少,共计24003亩,占全县耕地面积的5%。"利"字号平地与"人"字号半平地共212983亩,占蓝田县总耕地面积的45%。而以"和"字号命名的坡地在蓝田县耕地中数量也较多,占到总耕地面积的20%。剔除蓝田县的水田,实际有所减少,只是志书仍沿用旧数据的因素。除去"地"字号庄基地后,计算可得其科则在4升/亩以上的耕地大约仅占总耕地面积的6%。详见表4-3。

表4-3　蓝田县耕地等级情况

(单位:清亩)

	耕地等级	耕地数量	等级描述	科　则	资料来源
等级名称	"天"字地	8057	水地	5升5合/亩	雍正《蓝田县志》卷1《田赋》
	"时"字地	15946.5	退滩水地	4升6合/亩	
	"地"字地	100677.9	庄基地	4升5合/亩	
	"利"字地	58316.7	平地	3升6合/亩	
	"人"字地	156467.3	半平地	共粮2347石9合5勺,共银3094两2钱1厘	
	"和"字地	135183.9	坡地	8合/亩	
总计	六等	474649.3	—	—	

长安县:田地分为四等,按照质量高低分别以"体国经野"四字命名。四等地中,"体"字地和"国"字地质量较好,科则每亩在4升以上。两种等级的耕地共计5313顷53亩,占长安县总耕地面积的86%。详见表4-4。

表 4-4 长安县耕地等级情况

（单位:清亩）

	耕地等级	耕地数量	科　则	资料来源
等级名称	"体"字地	17759.6	5 升 5 合/亩	嘉庆《长安县志》卷 15《田赋志》
	"国"字地	464102.8	4 升 4 合/亩	
	"经"字地	27884.6	2 升 8 合/亩	
	"野"字地	104512.7	1 升 2 合/亩	
总计	四等	614259.7	614503.4(不包括自首地)	

华阴县:田地分为五个等级,按照质量高低分别以"金银铜铁锡"五字命名。距离水源近的为"金"字地,仅占本县耕地的 1.5%,"四平之地"的"银"字地占本县总耕地面积的 43%,"铜"字地占 25%,其余河滩山崖之地为"铁"字地,"低洼高阜最瘠之地"为"锡"字地。五等地中,科则在 4 升/亩以上的耕地为"金"字地与"银"字地,约占总耕地面积的 44.5%。详见表4-5。

表 4-5 华阴县耕地等级情况

	耕地等级	等级描述	耕地数量	科　则	资料来源
等级名称	"金"字地	附近泉源列为上上	74 顷 86 亩 6 厘	6 升 5 合/亩	乾隆《华阴县志》卷 4《建置志·田赋》
	"银"字地	四平之地	2120 顷 89 亩 6 分 8 厘	4 升 7 合/亩	
	"铜"字地	次之(较"银"字地而言)	1229 顷 99 亩 9 分	3 升 5 合/亩	
	"铁"字地	河滩山崖之地	668 顷 5 亩 3 分 5 厘	2 升 5 合/亩	
	"锡"字地	低洼高阜最瘠之地	732 顷 63 亩 8 分	1 升 5 合/亩	
总计	五等	—	6637 顷 20 亩 5 分	—	

乾隆《华阴县志》载："华邑田少而赋重。濒河之地滩淤不常,近山之地石田多芜。至于水田,渠道虽多,日久淹塞,其间有名为水田而实不得灌溉者;有地已滩淤,粮赋犹存者;有地本膏腴,今为砂砾者。沧桑变迁,今昔异情。"①民国《华阴县续志》中也谈到华阴县的土地质量,其说法有与乾隆志相类之处:华阴"惟地势洼下,土性松薄,他邑屡丰,此多歉岁。且北濒黄渭,滩淤不常;南近岳麓,多含石沙。虽驿道两旁水田较多,然日久淹塞不能灌溉者十之六七。过往旅客罕悉底蕴,莫不羡其膏腴,而人民因之受累多矣!……田赋紊乱,已达极点,有赋为金粮而其地实为银粮地者,有赋为银粮而其地实为铜粮地、铁粮地者,更有徒有其赋而其地早已失迷者,此不能不设法整理,剪除积弊以轻民赋"②。按照这种说法,华阴县的主要道路沿河川分布,在外人看来水田遍布的华阴县实际上耕地质量并不高。民国《华阴县续志》中,记载从道光二十九年(1849)起,至民国二十年(1931),其间有 11 次因为黄河或渭河泛滥冲崩田地而豁免地粮。③证明乾隆志及民国志言华县地冲崩无常,离山较近的田地又含沙多,所言非虚。

蒲城县:田地分为四等,分别以"金银铜铁"四字命名。其中"以长水灌溉"的"金"字地仅占全县总耕地面积的 0.5%,"大川沃壤"的"银"字地占全县总耕地面积的 41%,"丘陵平衍"的"铜"字地占全县总耕地面积的 32%。详见表 4-6。民国二十五年(1936)秋至关中地区进行调查的蒋杰认为蒲城县"面积虽多,但大部都地质特劣,以是每年休闲数量不少,而当地农家经济,在关中地区只居于折中地位"④。

---

① (清)陆维垣、许光基修,李天秀等纂:《华阴县志》首卷"序",乾隆五十三年(1788)修,民国十七年(1928)西安艺林印书社铅印本。
② 参见《华阴县续志》"序",民国二十一年(1932)铅印本。
③ 参见《华阴县续志》(民国)卷 3《地理志·田赋》,民国二十一年(1932)铅印本。
④ 蒋杰:《关中农村人口问题》,国立西北农林专科学校 1938 年印行,第 12 页。

表 4-6　蒲城县耕地等级情况

	耕地等级	等级描述	耕地数量	科　则	资料来源
等级名称	"金"字地	长水灌溉	154 顷 94 亩 7 分	5 升 5 合/亩	《蒲城县新志》卷 3《经政志》
	"银"字地	大川沃壤	5158 顷 58 亩 3 分	4 升 4 合/亩	
	"铜"字地	丘陵平衍	278 顷 54 亩 6 分	2 升 8 合/亩	
	"铁"字地	山原崚嶒卤下二而当一	1045 顷 12 亩 7 分	1 升 2 合/亩	
总计	四等	—	6637 顷 20 亩 3 分	—	

从地理位置看,上述几县中,鄠县、长安、蓝田、华阴位于渭河以南秦岭以北,自西向东分布。蒲城县位于渭河以北关中地区东部。从文献记载的赋税科则及各等田占比情况看,鄠县田地质量最好,其次为长安县、蓝田县、蒲城县、华阴县。

鄠县主要得益于境内的众多河流,发源于秦岭的在鄠县境内的河流主要有涝峪河、太平峪河、高冠峪河及其支流,当地有"螯屋到鄠县,七十二道脚不干"的说法。长安东接蓝田,以韦曲—王曲一线为界,东部自西向东为神禾塬、少陵塬和炮里塬,塬面比较平坦,但水埋较深,几乎无灌溉条件,西部属渭河平原,地势平坦,有灌溉条件。

蓝田县东部和南部都是秦岭山地,北部的横岭为断块低山丘陵,西部被源自秦岭的汤峪河及其支流切割,地形破碎,县境为数不多的水地位于灞河谷地。境内著名的白鹿原属黄土台塬,海拔 600—800 米。蓝田县地形地貌条件决定了其耕地平衍者少,总体质量不高。2014 年,笔者在蓝田县史家寨东村调研,发现这里事实上已经形成了现代农业技术的孤岛。史家寨东村位于蓝田与长安两县交界附近,今天的环山路蓝田段以南,背靠秦岭,村庄旁的田块破碎,多在坡地上,呈阶梯状分布,田块面积很小。无论播种还是收割,都无法使用机械,因此村庄里还散养着不少马牛等牲畜,用来提供耕作畜力。

　　蒲城县位于关中地区东北部，北接陕北黄土高原，西北以高原山地为主，海拔 800—1000 米，黄土台塬上分布着突起的尧山、金粟山、五龙山等灰岩孤山和丘陵，中部为过渡地带，南部为平原区，中南部为主要农作区。西南部卤泊滩约占全县面积的 5%，因土壤碱卤，不适于耕作。华阴县地势南高北低，南半部为山地，山前洪积扇发育，境内黄土台塬称孟塬，塬面破碎，北部是渭河平原，境内河流较多，河滩面积大，土壤贫瘠，渭河泛滥常毁农田。

　　文献中对耕地质量的记述非常粗略，大致给出耕地等级详细情况的县，都将能够灌溉的耕地视为质量最好的田地。三原县文献中虽没有列出耕地等级相关信息，但我们从其志书记载中也能看出，灌溉条件的好坏关乎土地生产能力的高低，进而关乎土地价值的高低。① 同时，对等级记载较明确的县份，"稻田"或"长水灌溉"的耕地，都被列为一等地。据此，我们可以认为，在缺水的关中地区，灌溉条件是民众衡量耕地质量好坏的首要标准。相应地，等级高的耕地单位面积科收粮食也多，结合耕地等级及对应的科则情况，我们可以以文献记载的科则情况作为判断田地的标准之一，科则 4 升/亩及以上的地，其质量一般应视为中等及以上。

　　因为无法确知全部四十余县的情形，在这里，我们根据已知数县的情况推测关中地区土地质量在中等以上的田地的大致比例。蓝田、长安、鄠县位于渭河与秦岭之间、关中地区中东部，三县自然条件比较接近，其中蓝田县东部、南部是秦岭山地，山地多，耕地质量相对较差；鄠县土地整体最为平整；长安县土地质量介于两县之间。渭河北岸的蒲城县、富平县都是产粮大县，相比之下，富平县"四望平原，亦称沃壤"②，其土地质量与介于陕北高原和渭河之间的蒲城、澄城、白水等县相比较要高。其余文献未明载其科则的位于富平县以北及以东的几个县，其土地质量可以视为中等及以上的耕地

---

① 《三原县志》（乾隆）卷 1《地理·风俗》载："农在县北二峪左右，水泉滋润，种植蔬果，其利较厚，地价亦贵，中人之家不能逾十亩，世守为业，可资俯仰。其余山坡平地水泽绝无，克勤力作，虽瘠犹未为累。一遇旱虐，维正难供，轻去其乡者有之。"

② 《富平县志》（乾隆）卷 3《贡赋志》。

在总耕地面积中所占比例不会超过富平县的 80%,且最多与蒲城县的 41.5% 的情况相仿。渭河北岸偏东部的几个县,与永寿县地理条件相近,长武、旬邑、邠县、淳化较永寿县海拔略高,自然条件及耕地状况应该略逊于永寿县。

除按科则讨论耕地质量外,各县所种作物及其分布也在很大程度上反映了耕地的质量。如关中地区常见的几种作物黍、稷、禾、麻、菽及麦中,黍(即带黏性的黄米)、稷(不黏的黄米)这两种作物具有耐旱、吸水力大、耐碱、对土壤适应性强、生长期短、高寒地区也能种植的特点[1],关中地区北山附近的县份种植较多。说明北山几县的耕地质量不高,且几乎不具备灌溉条件,只能因地理条件选择耐寒耐旱,对土壤要求不高的作物种植。咸阳县境内因耕地质量不同,作物分布也有差别,"谷类,小麦最多,粟、大麦、玉蜀黍、豌豆、菜子次之,稷、黍、青稞、扁豆又次之,绿豆、黑豆、黄豆,时见于陇畔。落花生为滩地特产"[2]。"农最耐苦,北原地较宽广,多艺菽麦;沿渭磏卤叠见,耕之苗而不秀;南乡以地小人众,故必种杂蔬以易粟也。"[3]

民国《宝鸡县志》中记载宝鸡县"面积约 10625 方里,山林水石占其多数"[4]。笔者据方志资料统计,宝鸡县北部自西向东有山、塬 12 座(道),其中的多数塬,如西平塬、周塬、和尚塬等,地形平坦,适合农业生产。周塬自古就是传统农业区;和尚塬"其形边仰中凹,广袤约有千亩";西平塬也比较广阔,"长亘五十余里,北横二十里,南横三十里"。宝鸡县境内河泉众多,共计有河泉 38 道,伏泉 27 处。应该说,其灌溉条件还是比较好的,民国时期,共有约 253 顷 30 亩地可以得到灌溉[5],但数量仅占到实熟地的 3.9%。[6] 1941 年,民国调查资料显示,宝鸡县水田占耕地比重为 17.5%,此调查中的

---

① 参见吴慧:《中国历代粮食亩产研究》,农业出版社 1985 年版,第 70 页。

② 《重修咸阳县志》(民国)卷 1《地理·物产》。

③ 《重修咸阳县志》(民国)卷 1《地理·职业》。

④ 《宝鸡县志》(民国)卷 1《地理》,民国十一年(1922)陕西印刷局铅印本。

⑤ 参见《宝鸡县志》(民国)卷 2《山川》,民国十一年(1922)陕西印刷局铅印本。

⑥ 参见《宝鸡县志》(民国)卷 5《赋役》,民国十一年(1922)陕西印刷局铅印本。

水田不仅包括水稻地,还包括河渠附近能够灌溉的田地。[①]　作物布局大体为"棉花为川村之出产,木板薪炭乃山家之利益,蓝靛有济于平原,花生遍产于沙碛"[②]。这样的作物布局也算是因地制宜了。再如华州,"州境凭山,高仰之田宜菽、宜玉麦、宜黍、宜稷、宜芋,原隰宜稻、宜麦、宜秫、宜粱,就大较言之,当可为谷类之出产场"[③]。这段话里也包含着根据不同地形地貌,种植不同作物的因地制宜利用土地的思想。

民国时期为了促进农业生产,展开了土地调查。1941 年发表的《陕西省土地制度调查研究》[④],该资料整理了民国二十九年(1940)暑期,在陕西农村进行调查的情况。关中自然区的调查地点为武功县的 5 个村庄、渭南县的 5 个村庄、宝鸡县的 7 个村庄,土地制度是调查的主要内容之一。经调查者计算,"各县每人可摊得耕地面积之实数,计渭南为 5.4 亩,武功为 3.2 亩,宝鸡为 1.8 亩"。

调查将陕西农家用地,分为水田、旱地、坟地、宅地及晒场、滩地、菜园、林地、荒地八类。关中地区数量极少的稻田与沿河渠可灌溉的旱地均列入水田;滩地指河滩地,除种花生、瓜类外,未做其他用途;晒场一般与宅地相连,也并列为一。

二、关中地区特殊的土地类型

关中地区的土地类型,以自然地形论,从渭河河槽向南、北两侧,地势呈不对称性阶梯状增高,由河流阶地过渡为 200—500 米的一级或二级黄土台塬,即南北皆山原,山地与丘陵地较多,中部阶地地势平坦,地下水埋藏较浅,利于开发地下水源。渭河北岸二级阶地的后缘,是东西延伸的渭北黄土

---

① 参见熊伯蘅、王殿俊编:《陕西省土地制度调查研究》,国立西北农学院农业经济系 1941 年印行。此次调查选取了宝鸡县的 7 个村庄进行。
② 《宝鸡县志》(民国)卷 12《风俗》,民国十一年(1922)陕西印刷局铅印本。
③ 《华州乡土志·物产》(光绪)。
④ 熊伯蘅、王殿俊编:《陕西省土地制度调查研究》,国立西北农学院农业经济系 1941 年印行。

台塬，与陕北高原的南缘山地相接。渭河南岸黄土台塬断续分布，呈阶梯状或倾斜的盾状与秦岭山地相接，中间黄土台塬断续分布，秦岭各峪口分布着南高北低的山前洪积平原。自然地貌的起伏使大多数可耕地有地理位置高低之别，即关中农书中所言原地与隰地。原地与隰地土地利用方式皆为农耕。除此而外，关中地区还分布着一些盐碱地及河滩地，位于大荔县的沙苑也是关中地区比较特殊的土地类型。

（一）盐碱地

民国时期，"据德国地质学家利溪妥芬之考察，渭河平原，其初原为一通海大湖，含盐卤质甚多，后经水淹泥澱，土质逐渐转良，适于垦殖，尚有数处，如蒲城、富平、渭南等，卤泊甚多，不能耕种"①。关中地区面积较大的盐碱地主要位于渭河以南，地近渭洛河交汇处，称作卤泊滩，相邻滩地按照方位被称作东滩、西滩，位于富平县与蒲城县交界处。

蒲城县在西安城东北 110 千米处，县境东西 50 千米，南北 40 千米，与澄城县、富平县、白水县、大荔县及临潼县相邻。县境西侧有洛河，东部有龙首原，北边是山区，为"关中之隩区"②。蒲城县的地形与渭河北岸诸县地形相似，有高原，有山地，有河滩，有丘陵地，地貌复杂。蒲城县以某滩或某池命名的地方有四处，分别是：位于县东南 15 千米洛水北岸的晋王滩、县南 10 千米的东卤池③、县西南 20 千米的西卤池及县南 20 千米与八公滩连通的白卤泄渠。光绪年间的县志未并记载这四处地方的大小，但这些土地性质是碱性却明白无疑。晋王滩的面积似乎比较大，县志记载："在县东南三十里洛水被岸，有泉二，旧灌苇田十余顷，今甚微，惟滩地熬碱与昔时同。"其他三地也都熬制盐碱。④ 盐碱土不利于大多数农作物生长，这些土地要进行农业土地利用，恐不容易。新修县志对蒲城县盐土记载如下：卤泊滩以

---

① 安汉：《西北垦殖论》，国华印书馆民国二十一年（1932）印行，第 47 页。
② 李体仁修，王学礼纂：《蒲城县新志》卷 1《地理志·疆域》，清光绪三十一年（1905）刊本。
③ 参见李体仁修，王学礼纂：《蒲城县新志》卷 1《地理志·山川》，清光绪三十一年（1905）刊本。
④ 参见李体仁修，王学礼纂：《蒲城县新志》卷 1《地理志·山川》，清光绪三十一年（1905）刊本。

南及洛河畔晋王滩也有少量分布,面积共 34745.2 亩,占全县土壤面积的
1.47%。成土母质,卤泊滩地区为湖积和洪积母质,质地黏重,重壤到中黏;
卤泊滩以南地区和晋王滩均为渭洛河冲积母质,质地沙壤到中壤。全县盐
土以硫酸盐型为主,杂有少数硫酸盐氯化物型和以斑状散见的碱化盐土。①

富平县东分布的一块盐碱地,与蒲城县西南的盐碱地相连,称为卤泊
滩,"即盐池泽,一名东滩,一名明水滩,在县东,臧村滩在县东北三十
里……可煮盐,谓之西滩,今涸"②。因为土地 pH 值偏碱,几乎无法耕种,
间或能够制造硝盐,但官方有令,严禁乡民制盐,时人感叹,守此一片旷土能
作何用? 乾隆年间,人口增加迅速,人地矛盾突出,富平县居民开始占用滩
地,乾隆五十六年(1791)十一月,富平县地方官获悉滩地被附近居民私占
之后,派员前去核查,到达滩地后:

> 传集附近各村乡练,逐一清查,其东滩旧有周围里数可稽,固易清
> 理,即西滩虽志内未载里数,然滩碱地亩与种植田禾地亩情形不同,亦
> 可一望而知。其附近乡耆相传,亦必确知界限,该衙务须详阅地势,确
> 查四至,先将两滩界限勘定,再细查其中地亩,约有若干顷亩,是否尽可
> 煮盐,如有私占者即令退出,切勿听附近居民混行影射冒占。③

从这段文字看,乾隆晚期,对于东、西二滩的范围需要实地勘踏方可确
定,说明盐碱地边缘地带有可能被垦种,或者淹于杂草之中。

光绪十二年(1886),同样因为查禁私盐之事,又对卤泊滩做了一次清
查,此次"详讯土人,乃知卤泊滩者,其名甚巨,实则所产无多。以全势论,
东西号称五六十里,其实东滩不过四五里,滩腹三十余里,悉属荒坪。西滩
不过十里,滩尾歧出里余,状若蟹钳,其中尽生荒草,除腹与尾计之,两滩约

---

① 参见蒲城县志编纂委员会编:《蒲城县志》,中国人事出版社 1993 年版,第 67 页。
② 《富平县志》(乾隆)卷 1《地理》。
③ 《续修陕西通志稿》卷 62《盐法》。

得地十余里而止。此十余里中,自李唐开采至今,又有无数荒坑,卤干盐竭。其实在产盐者,不过数里而已。今查得东滩四旁种麦……"①事实上,从乾隆晚期开始,富平卤泊滩地由于荒草丛生,部分质量稍好点的土地渐次被耕种,滩地范围在不断缩小。光绪年间,富平卤泊滩周边制盐的矿坑荒废,滩地大大缩小,西滩杂草丛生,而东滩四周已经种植了小麦。说明西滩土地盐碱化程度更甚,难以改造成农业用地,而东滩相对土质较好。卤泊滩地不再生产盐之后,用途逐渐发生转变,由荒地或产盐地逐渐开垦转变为农业种植用地。如今蒲城的盐碱滩地已被改造为卤阳湖公园。

(二)河滩地

除卤泊滩外,关中地区河流众多,在河流侧旁常常形成面积较大的河滩地。境内最大的河流渭河横贯关中,河流两岸滩地众多。民国时期对渭河滩地有如下记载:渭河位于秦岭之北,为关中地区主要河流之一,西起宝鸡,东止潼关,长达 240 千米,河滩宽约 1 千米,有时宽至 4—5 千米,总面积约 400 平方千米。历年水道变动,致新冲积滩池,时被淹没,因此土壤肥沃,野草繁茂,树木寥寥,鸟兽甚多。②民国《续修陕西通志稿》中有关于马厂的记述:"陕西渭水纵贯,南北两岸滩地无垠。前代多以安插回民,清初又以余地圈为八旗暨督、抚、提、协马厂,乾嘉以后马政废弛,招佃垦种。"③

清初基于军事需要在渭河边众多滩地开设的马厂,植草牧马。马厂分布"自兴平县东思义防川、渭河两河合流处,经武功、郿县,至扶风县塬姜咀余地界墙止,东西共长六十九里四分一厘,南界渭河,北界川河,广狭不等"④。自乾隆年间开始,社会秩序趋于稳定,在西安的绿营官兵与军马数

① 《续修陕西通志稿》卷 62《盐法》。
② 参见金嘉谟、余澄衷:《渭河滩之狩猎》,《西北农报》1947 年第 1 期。作者曾于 1942 年、1945 年、1946 年和 1947 年与众多好友在渭河滩打猎,于 1947 年猎获天鹅 3 只。地点应是在武功渭河夹心滩。
③ 《续修陕西通志稿》卷 47《营田》。
④ 中国科学院地理科学与资源研究所、中国第一历史档案馆:《清代奏折汇编——农业·环境》,商务印书馆 2005 年版,第 32 页。

量开始减少，原本用来牧马的马厂陆续被辟为农田。

　　　　西安有八旗驻防官兵马匹，故于渭河一带地方给地一千七百三十
余顷，以为牧养马匹之用。……八旗接续其厂外余地，除节年河水冲塌
地一百五十七顷一十六亩一分一厘三毫，及给还民间有粮地四十顷二
十三亩六分八厘外，实存余地六百二十七顷八亩二分四厘二毫。勘明
沙石难垦地五百八顷四十八亩六分二毫，实可垦一百八十顷五十九亩
六分四厘，内已报垦升科地一十顷八十二亩一分四厘，其余可垦地一百
七顷七十七亩五分现在招垦。但原系河滩，夹杂沙石，又近水易淹，应
请照陕省瘠地五亩折征一亩成例征粮，则小民不畏升科之累，争趋
报垦。①

　　意即初设马厂时，共划拨长安、武功、郿县、扶风等县滨渭河滩地 17.3
万亩，用于牧养军马。后来由于军马渐少的缘故，将其中 4023 亩滩地划拨
给乡民耕种。乾隆四年（1739）时，因为河水冲刷坍塌，马厂还有约 62708
亩滩地。经过勘察，计划将其中 10777 亩地按 5 亩折 1 亩的折率进行折正，
吸引民众领地垦种。乾隆四十年（1775），西安八旗将军傅良、陕西巡抚毕
沅奏请保留 4.8 万亩滩地作为八旗马厂地，其余 4.8 万亩招垦取租，每年额
征租银 4800 两，解交满营，供八旗鳏寡孤独、军队操演和红白事等开支。②
乾隆四十二年（1777），由于西安提标五营存营马匹较往昔大为减少，包括
长安县渭河滩地在内的各处厂地"闲旷可惜"，陕甘总督勒尔谨、陕西巡抚
毕沅、西安提督马彪奏准对提标五营马厂 17069 亩"可垦地"招民认垦，试

---

①　中国科学院地理科学与资源研究所、中国第一历史档案馆：《清代奏折汇编——农业·环
　　境》，商务印书馆 2005 年版，第 32 页。
②　（清）德楞泰：《奏为勘丈满营马厂地亩公同酌议办法事》，嘉庆十三年（1808）九月十二
　　日，录副奏折，一档馆，档案号：03—1704—019。参见史红帅：《清代渭河滩地垦殖与河道
　　移徙——基于长安县马厂地的考察》，《中国历史地理论丛》2015 年第 4 期。

种取租。此一做法"与牧马既无妨碍，而附近贫民得地垦种，足变无用为有用"①。此次招垦，又有部分放牧草地用途转变为农地。

河滩地在有河流流经县份都有分布，耕地质量相对较差，关中地区西部的汧阳县也有河滩地的记载。"汧阳县地域，周围不过百里，析而言之，川一半、原一半、山一半。民生其间者，仅知务农为生，而川地半成沙滩，虽或经淤务稻，一遇大水泛溢，往往有种无收，高原必时雨无衍苟或旱涝不均，亦必收成歉薄，而山地更可知也"②。

（三）沙漠

在关中地区东部的大荔县境南部，渭洛河汇流处，有一块东西向的条形沙丘，是被称为"沙苑"的沙漠地带。它是在原始深湖区形成的风积沙地。走向东北偏东，东西长 38—40 千米。地形类似蚕状，腹部略向北弯，横卧于渭、洛之间。土地面积 458.27 平方千米。沙地内陆发育着高低起伏形态各异的凸、洼、仄、平特殊地貌。高凸的叫沙阜，低洼的叫沙洼，陡峭的叫沙坡，平坦的叫沙板。③ 具体位置在今陕西省大荔县境内，西起孝义镇，东至赵渡镇，东西长 40 千米，南北宽 10 千米，介于洛河与渭河之间的第二级阶地表面。沙苑的形成不迟于北魏郦道元撰写《水经注》之时。唐宋至明中期以前，沙苑的用途多为牧养草地，明中期以后，渐被开垦，"近时居民荄牧其中，多树瓜果，佳于他产"④。沙苑随人类活动加剧而面积有所扩大。沙苑区的土质多为砂性母质，成土年龄较轻，质地发育差，肥力很低，耕性差⑤，并不适宜单一的农业土地利用。

清代同治年间以前，沙苑为回民聚居区。"我国封建社会经济结构的传统特点是自给自足的自然经济，各地回族农村经济也不会例外，但是回族

---

① 《清高宗实录》卷 1038，乾隆四十二年（1777）八月丙午。

② （清）罗曰璧纂修：《重修汧阳县志》卷 1《地理》，道光二十一年（1841）刻本。

③ 参见大荔县志编纂委员会编：《大荔县志》，陕西人民出版社 1994 年版，第 78 页。

④ 《大荔县志》（乾隆）卷 2《地理·山川》，乾隆五十一年（1786）刻本。

⑤ 参见大荔县志编纂委员会编：《大荔县志》，陕西人民出版社 1994 年版，第 97 页。

农业经营又有它的特点,就是不单纯依赖于粮食。回族农民善于搞多种经营,注意发展商品生产和商品流通,表现出一种勤奋的活力。各地农村回民因地制宜发展经济作物,兼营畜牧业、运输业,或者经营手工业和商业。"①回民在沙苑的土地利用也是多种经营,以蔬果种植业和畜牧业为主,仅有少量粮食作物种植。回民为了改善耕地的土壤,有时还会从汉民那里买粪。但同治年间回民起义失败之后,沙苑的情形开始大为改观。"大荔南接沙苑,地占九千余顷而不可耕。往代但以养马,今惟产果瓜,其可为田者皆在东西北三乡,熊志沙租粮 525 石 2 斗 6 升……同治十三年知县沈家桢禀报共垦下中下三则沙地 277 顷 44 亩 6 分 8 厘……又垦被沙浸压卤地 93 顷 18 亩 7 分 5 厘……未垦下则沙地 116 顷 10 亩 6 分。"②沙苑逐渐为汉民居住经营。应招垦种的汉民长于种植业。沙苑内的作物由以蔬果为主而改为以小麦为主的粮食作物和棉花、花生为主的经济作物,耕作方式粗放,能垦则垦,待到地力消耗,所种收获不多时,就弃地而走。③ 这种粗放的土地利用方式使沙苑自然环境恶化。民国时期,沙苑地方人烟稠密,农田连片。④ 沙丘地的利用方式也变为以种植业为主。

无论是蒲城、富平县的卤泊滩,涉及数县的河滩地,还是大荔县沙苑所在的沙漠地带,在人口众多、土地成为稀缺品的时候,尽管土地质量差,依然能够招徕民众认领垦种。但这样的土地,在人口减少、土地富余的时候,一定首先被抛荒。翻检民国荒地调查档案资料,不难发现这样的规律。如咸阳县,"所有荒地均系沿渭河滩地";长安县"境内荒地可谓全无,惟渭河一带有少数"⑤。武功县境也存在渭河滩荒废的情形。在武功县境,由于渭河

---

① 马寿千:《清代前期回族的经济发展》,《宁夏社会科学》1987 年第 2 期。
② 《续修陕西通志稿》卷 26《田赋一》。
③ 参见刘炳涛:《明清沙苑回、汉民的经营方式与生态环境变迁》,《史学月刊》2008 年第 5 期。
④ 参见《大荔县志存稿·足征录存稿》(民国)卷 4《异征补诏》。
⑤ 陕西省粮食增产总督导团:《荒隙地调查》(一),陕西省档案馆藏,档案号:77—1—104.1。
这是 1943 年各县的填报资料。

的侧侵南移,在大庄、普集、薛固三乡因为渭河微向东南流,致使河道成弓形,背在南岸,而北岸遂现出滩地一片,一直以来,因为河滩地盐碱度高,不能耕殖,只能任其荒废。自抗战以后,因为增加生产的需要,政府想方设法开垦荒山、耕殖沟谷,也督饬人民在这块滩地做垦殖试验。结果证明,此处滩地虽不适于旱禾生长,但种水稻甚为相宜。此处滩地就在渭河岸边,因此决定引渭水以灌溉,种植水稻。[①] 至于沙苑,同治年间回民起义时候,来此耕种的汉民都是从各地招徕的无地农民,他们来此的目的就是生存,面对广阔的沙地,他们采用粗放的耕作方式;当遇到灾害或者土力不支时,他们就会抛荒另觅他处。史载"南乡沙苑地方先年本回民居处,自作乱荡平后,领种叛产概系客民……其人貌似诚朴,心多狡诈,有多年居此,遇荒携眷全归,隔年复来冒作领垦新户者;有垦种二三年,一届升科即弃地而他往者;有春来耕作,秋收后不知所至者"[②]。

第三节　耕地变动的驱动力分析

本章涉及的耕地变动主要是指耕地数量和质量的变动。人口、政策、技术、自然条件等因素是耕地变动的主要驱动因素。在上述因素综合作用之下,关中地区的农业土地利用在清代至民国时期的三百余年间,可划分为五个阶段。本节讨论人口与政策因素。

一、以人口驱动的土地利用的阶段划分

1644—1949 年的三百余年间,在人口、政策、技术等因素综合作用之下,关中地区的农业土地利用从其利用规模考察,大致经历了以下几个阶

[①] 参见陕西省农业改进所:《各县请求派员工作》(三),民国三十四年(1945)十月二十七日,陕西省档案馆藏,档案号:73—1—12—3。

[②] 饶智元:《陕西宪政调查局法制科第一股第一次报告书·民事习惯类》,手抄本。

段:第一,撂荒土地复垦阶段,从清初开始到 18 世纪初;第二,农业用地扩大阶段,从 18 世纪初到 19 世纪 60 年代;第三,1862—1880 年战乱灾荒引起大规模土地再度抛荒阶段;第四,1878 年到 20 世纪 20 年代土地利用缓慢恢复期;第五,20 世纪 20 年代到中华人民共和国成立,是农业土地利用规模继续恢复、现代农业因素引入阶段。

这五个阶段划分的主要依据是人口与田地的互动情况。人口数量会随社会秩序安定或动荡而增减,导致农业劳动力投入多寡不均,人口变动是影响农业土地利用的主要因素之一。

第一阶段,是清初大量抛荒的土地恢复垦种阶段,即熟荒复垦期。这一阶段从明末开始,大约延至康熙五十年(1711)前后。这一阶段,是关中地区人口由明末清初的低谷逐渐恢复的时期。明末农民战争发源于陕北。从 1627—1628 年冬,战火向关中及陕南蔓延。1635 年,陕西卷入起义大军的人数达 200 万之多。关中地区各州县在明军与起义军及清军的拉锯战中遭受严重破坏。顺治初年,关中地区的义军为清军所平复,关中地区成为清政府筹措钱粮以资统一战争的重要区域。战乱加之刚刚建立政权的不稳定及赋税深重,民众逃亡者众。顺治皇帝平定天下之后,开始颁布一系列徕民政策,全国人口逐渐恢复,抛荒的耕地渐次得到复垦,但恢复过程比较缓慢。随着国家承平渐久,人口逐渐恢复并增加。到康熙四十八年(1709)时,人口与耕地的情形较清朝建立之初发生了很大的变化:"本朝自统一以来,于今六十七八年矣。百姓俱享太平,生育日以繁庶。户口虽增,而田土并无所增,分一人之产供数家之用,其谋生焉能给足?"①已经透露出人口渐多而虞田地不足之忧虑。关中地区大部分州县人口与生产的恢复和全国相一致,关中地区大多数州县熟荒地在康熙五十年(1711)前后得到复垦。

第二阶段,是土地利用范围在复垦基础上扩大的阶段,可以称作土地利用扩大期。这一阶段历经康熙朝后期、雍正、乾隆、嘉庆及道光朝,止于同治

① 《清圣祖实录》卷 240,康熙四十八年(1709)。

元年回民起义。前后约 160 年的时间,占据我们研究时段的一半以上。自康熙五十一年(1712)"盛世滋丁,永不加赋"推行后,新增人口不再承担赋税,加之这一段时间,社会比较安定,因此人口增加更加迅猛。民国《续修陕西通志稿》称:"西、同、凤、乾各属,古三辅地,百余年来,休养生息,鸡犬相闻,至道、咸时,户口称极盛焉。"①人口增长,导致人均占有耕地持续减少,土地垦辟力度则随之加大。雍正朝开始,质量较好、面积较大的平衍地已经耕垦殆尽,为了扩大耕地,对于民众自行开垦的土地,政府一般采取听民自己相度地宜,自垦自报的政策。乾隆皇帝在位时,时常谆谆教导民众要寸土寸地,尽可能利用。乾隆六年(1741)时,开始招民垦种"山头地角""上方硗薄之地""极边寒冷之地"。道光时期任陕西巡抚的严如熤对人口及土地的增加有直观的认识,"国家承平,二百年兹矣,各省生齿繁盛,浸有人满之虞,无业穷民,势难禁其入山开垦"②。这一阶段,人多地少的矛盾日渐突出,有学者研究,从康熙二十四年(1685)到乾隆三十一年(1766),陕西人均耕地数量由 12.99 亩下降到 3.53 亩,人均拥有耕地数量低于全国水平。③ 关中地区因为土地问题发生的群体性事件增多,前文已有论述,不再重复。在关中地区,尖锐的人地矛盾还成为回民起义的重要因素之一。

第三阶段,战乱灾荒引起大规模土地再度抛荒阶段,即土地利用常态中断期。这一阶段起自同治元年(1862),止于光绪六年(1880)大旱灾结束。从同治元年开始,陕甘回民与汉民及清军争夺城池,战斗惨烈,双方均伤亡严重。"陕省殷实之户,唯西同凤较多,而受回逆之害,亦唯西同凤最烈。盖因事起仓促,几于靡有孑遗。"④同治六年至同治七年(1867—1868)又遭受连阴雨及冰雹灾害。回民起义平复后,1877—1878 年连续大旱不期而

---

① 《续修陕西通志稿》卷 31《户口》。
② (清)严如熤:《三省山内风土杂识》。
③ 参见马汝珩、马大正主编:《清代的边疆政策》,中国社会科学出版社 1994 年版。
④ 《续修陕西通志稿》卷 28《田赋三·屯垦》。

至,关中地区饿殍遍野,以致人相食。据官方统计资料,咸丰十一年(1861)陕西在籍人口为1197.3万人,光绪十年(1884)猛减为809.4万人,近二十年减少387.9万人,下降32.4%。[1] 关中地区人口下降不亚于全省人口下降比例。土地利用再次跌入低谷。

第四阶段,土地利用缓慢恢复期。光绪六年(1880)至民国初,又开始新一轮的徕民招垦过程。同治年间以后,华阴县县城人口稀少,知县甚至采取"辟除荆榛,建市招商,修房者官给以址,不取值"的办法吸引民众安家落户。[2] 1900年,凤翔县18.3万人中有3.2万人因饥饿死去。1924—1930年的十年间,西北地区大旱八年,其中1928—1930年三年间的大旱灾几乎为毁灭性灾害,其间夹杂水、雹、霜冻灾害,同时兵患匪祸交织,自然与社会因素叠加作用,使得灾害程度大大加剧,造成了空前的大饥荒。据官方调查,陕西民国十九年(1930)与十七年(1928)相比,减少人口94万余。[3] 灾后再招徕人口,逐渐恢复生产。农业土地利用处于土地资源多、劳动力稀缺时期,可以想见,恢复农业生产秩序时,质量较高的平原地的土地利用程度应该相对较高。

第五阶段,农业土地利用继续恢复、现代农业因素引入阶段。从1927年到1931年,随着南京国民政府的创建,开始着眼于开发、建设西北。从1928年起,成立相关机构,陆续开始对包括陕西关中地区在内的西北进行实业调查。1937年抗日战争全面爆发以后,东南、东北国土沦陷,全国耕地面积减少,大量人口内迁,关中地区成为人口内迁地之一。为了增加粮食生产,政府开展粮食增产运动,在各省建立农林机构,开展农业技术推广工作。关中地区因为当时特殊的地位,颇受重视。陕西省农业改进所在关中地区开展的农业调查、实验及技术推广为关中地区的农业土地利用带来了现代化因素。

---

① 参见薛平拴:《陕西历史人口地理》,人民出版社2001年版,第293页。
② 参见《华阴县续志》(民国)卷1《地理志·市镇》,民国二十一年(1932)铅印本。
③ 参见袁林:《西北灾荒史》,甘肃人民出版社1994年版,第70—71页。

图 4-1　1600—1976 年关中地区耕地田亩示意

从图 4-1 可以看出,1600 年至 1976 年这一更长的时段内,关中地区的册载耕作土地数量以 1600 年为最高,即志书中的"原额"。此后经过三百余年的耕作,册载耕地数量并未超越原额。1727 年耕地数量陡增与雍正时厉行核查耕地有关。此后的耕地数量大致保持在 2500 万—3000 万亩之间。

学者对形成这些数据的因素多有探讨,其中有保持定额赋税的原因,有地方官员保护地方利益而少报耕地的原因,等等。这些因素对册载耕作土地数量长期以来变化较小现象的形成的确有影响。除此而外,笔者认为,自然条件对农业土地利用的限制作用实际上超越上述这些社会因素。其中,海拔就是重要的地形及气候因子,日照、气温、积温都受海拔高度的影响,而这些因素都会影响植被或作物的分布。关中地区也称渭河平原,中东部低,海拔 500 米左右,南、北、西三面高,海拔多在 1200 米以上,并向南、北、西三面逐渐增高。

明清时期,官方对陕西秦岭地区实行封禁,但由于流民的人数众多且缺少田地而难以安置。到嘉庆年间,由于流民的聚集与土地垦辟已成事实,官方不得不改封禁为有组织的垦种,将可耕地亩划拨给流民。

陕西封禁山,为终南里山,绵亘八百余里,地界岐山、凤翔、郿、武功、盩厔、鄠、咸宁、长安、蓝田九县,分段管理,谓之老林,向例封禁……

嘉庆四年十月，议开山内地，砍研老林，垦田设营，五年四月，于五郎厅地方，立宁陕镇，设总兵，置墩汛，老林量渐研伐，地亩拨给流民，其幽厂险峻人迹罕道之区，查明封禁。①

在关中地区西部、北部也存在土著居民不肯耕种海拔较高处土地，而高峻之处的零碎土地为客民垦种的情况。在人口增多、耕地成为稀缺资源的时候，耕作条件不好的山原滩地但凡可垦之地均被垦种，但无论如何，这种开垦摆脱不了关中地区土地总量、海拔、坡度、土地质量等自然因素的限制。因此，当农业土地利用开发到一定程度，其数量就会相对固定下来。

全过程的农业土地利用至少应该包括耕地增加和耕地减少两种情况，但社会动荡时期，耕地被抛荒究竟到何种程度，却常常无从量化考察。这一方面是由于资料所能提供的信息多是描述性而非量化的；另一方面，抛荒时间相对于耕作时间而言是短暂的，旋荒旋耕的现象使得学界对耕地的抛荒研究不足。这也是本书未尽之意。

二、政策因素影响下的耕地数量变动

和农业地土地利用规模，即耕地数量变动密切相关的，除了丈量与登记外，还有政府鼓励垦荒的政策和措施。清世祖初定天下，全国各地因为战争影响，抛荒的耕地很多。政府出于保障军需的目的，使各地官员尽力于徕民垦荒，于顺治六年（1649）下发诏令："各州、县以招民劝耕之多寡为优劣，道府以责成催督之勤惰为殿最。每岁终，抚按分别具奏，载入考成。"②

顺治十四年（1657），户部在奖励徕民垦荒政策的指导下，议准了一个规定更为细致的督垦荒地的奖惩条例："督、抚、按一年内垦至二千顷以上者记录，六千顷以上者加升一级；道、府垦至一千顷以上者记录，二千顷以上者加升一级；州、县垦至百顷以上者记录，三百顷以上者加升一级；卫所官员

---

① （清）盛康辑：《皇朝经世文续编》卷39《户政十一·屯垦》。
② 《清世祖实录》卷43。

垦至五十顷以上者记录,一百顷以上者加升一级;文武乡绅垦至五十顷以上者,现任者记录,致仕者给匾旌奖。其贡监生、民人有主荒地,仍听本主开垦,如本主不能开垦者,该地方官招民给予印照开垦,永为己业。若开垦不实,及开过了复荒,新旧官员俱分别治罪。"①为了避免地方官员虚报垦荒成绩,又规定上述垦田数量为一年一计,不能以二三年垦田总数来计算。②

这一时期,招垦多为抛荒地重新耕垦。因为统一全国的战争还在继续,支持国家机器运转的费用基本由清政府已经控制的地区来承担,因此,多数地区田赋税额比较重,但各地官员在考成制度的激励下,徕民垦荒热情较高。

康熙二十年(1681)以后,随着统一战争的结束,政权逐渐趋于巩固,统治者在经济恢复方面,继续鼓励耕垦,兴修水利,发展农业。在赋税政策方面,其指导思想也有一个渐变的过程。总的来看是从发展生产培植税源、减少开支以惜国用出发,形成了以满足国用为目标的不加赋思想。③ 康熙根据自身对历史的认识,曾经说过:"自古国家久安长治之谟,莫不以足民为首务,必使田野开辟,盖藏有余,而又取之不尽其力,然后民气和乐,聿成丰亨豫大之休。"④

康熙二年(1663)更是做了这样的规定:"州县卫所荒地,一年内全无开垦者,削去各官开垦时所得加级记录,仍限一年督令开垦,限内不完者,分别降罚;前任官垦过熟地,后任官复荒者,亦照此例议处。"意即荒地开垦和不使耕地复荒是州县卫所官员工作的重中之重,如果该项工作业绩为零,官员升迁的希望就大打折扣。为了落实荒废耕地的复垦,还规定自康熙二年(1663)起,各地限五年将抛荒地垦完,如六年之后,查出荒芜之地还较多,督抚及其下属官员都要分别议处。康熙三年(1664)时,布政使也对垦荒负

---

① 《清世祖实录》卷 109。
② 参见《清朝文献通考》卷 1《田赋考一》,万有文库十通本。
③ 参见何平:《清代赋税政策研究:1644—1840 年》,故宫出版社 2012 年版,第 29 页。
④ 《清圣祖实录》卷 44。

督促之责,其工作评价方法与督抚相同。①

康熙五年(1666)规定:"地方官招集流民一万名者,记录一次。"

康熙十年(1671),又"准贡监生员、民人垦地二十顷以上,试其文义,通者,以县丞用;能通晓者,以百总用;一百顷以上,文义通者以知县用,不能通晓者以守备用"。

康熙十五年(1676),"该管官能查出隐田者,按地多寡分别议叙;凡举首他人隐地十顷以上者,即以其地与之;妄告者罪;凡从前隐匿之地,限文到八个月自首免罪"。

康熙连续十余年将官员升迁与土地开垦工作捆绑在一起,对清初荒地的复耕无疑起了巨大的推动作用。

雍正元年(1723),清世宗运用政策调动和保护了民众开垦荒地的热情,他谕令户部:"嗣后各省凡有可垦之处,听民相度地宜,自垦自报,地方官不得勒索,胥吏亦不得阻挠。"②这项政策实际上承认了农民开辟荒地不上报的行为。在这些政策的鼓励下,到了雍正末年或乾隆初年,不但所有废耕之农地都已复耕,而且平原上还没有开垦的土地也都被垦殖为耕地。

从以上这些政策我们可以看出,清初以来,政府一直在努力制定于政府及民众两便的招垦及丈量耕地的政策,将要求新垦地亩"业主自相丈量"与对地方官员招垦实绩的考核相结合,制定了一些既防止隐匿不报又防止浮夸虚报更低数量的政策。顺治六年(1649)的诏令规定了一个大方向,以后的政策在实行过程中,根据出现的问题进行再调整、再细化,使得奖惩措施越来越具体,操作性越来越强。

这些政策执行的效果如何呢? 政府的徕民垦荒政策,与历经战乱渴望生活安定的人民的主观愿望相契合,因此上至各级官员,下至黎民百姓,垦荒的热情高涨。以致到了乾隆初年,已经没有平地可以开垦,皇帝也因此而

① 参见《清朝文献通考》卷2《田赋考二》,万有文库十通本。
② 《世宗宪皇帝圣训》卷25。

惜地如金。乾隆五年(1740),谕曰:

> 从来野无旷土,则民食益裕。即使地属奇零,亦物产所资,民间多辟尺寸之地,即多收升斗之储……各省生齿日繁,地不加广,穷民资生无策,亦当筹划变通之计。向闻山多田少之区,其山头地角闲土尚多,或宜禾稼,或宜杂植,即使科粮纳赋亦属甚微,而民夷随所得之多寡皆足以资口食,即内地各省似此未耕之土不成丘段者亦颇有之,皆听其闲弃,殊为可惜。嗣后凡边省内地零星地土可以开垦者,悉听本地民夷垦种,并严禁豪强首告争夺,俾民有鼓舞之心而野物荒芜之壤。其在何等以上仍令照例升科,何等以下永免升科之处,各省督抚悉心定议具奏。①

各省遵照乾隆的谕旨,定下规则,陕西同甘肃一样因为地处边陲,"山多田少,凡山头地角欹斜逼窄砂碛居多,听民试种,永免升科,至平原空地,如开垦未及起科之年,地或碱碯,许其据实呈报地方查勘取结,停种免科"②。

陕西地方官员也积极推行鼓励民众垦荒的政策,乾隆六年(1741),时任川陕总督尹继善和陕西巡抚张楷奏称③:

> 查陕省南界楚、蜀,北连沙漠,所属各府州县地脉之肥硗不同,科粮之等则亦异。此前原多荒芜未垦之地,自我朝列圣相承,休养生息,丁口日增,开辟日广。凡在繁庶之邑、平衍之区易于垦种而为常业者,已俱报垦复额。现在尚有余地,或因山深地僻,人力不足,难于施工;或因

---

① 《清朝文献通考》卷4《田赋考四》,万有文库十通本。
② 《清朝文献通考》卷4《田赋考四》,万有文库十通本。
③ 参见中国科学院地理科学与资源研究所、中国第一历史档案馆:《清代奏折汇编——农业·环境》,商务印书馆2005年版,第47—48页。

沙石瘠薄,低洼淹浸,难为常业,以致抛弃。兹奉上谕,臣等复悉心商酌,请将山头地角零星不成丘段之地土,凡在五亩以下者,悉遵恩旨听民垦种,免其升科。其余新垦之土,如系陡坡峻岭沙石夹杂,水滨涧侧淹浸不常,并土力极薄,一种之后必须休息更换者,此等地亩开垦既属烦难,收获亦极歉薄,若责令升科,必皆畏累不前,亦应亲遵恩旨,无分亩数永免升科。如地形平正自成丘段,在五亩以上,验明土宜稼穑,不杂沙石,并河滩新涨,土脉膏润,可以每岁种植,不虞淹浸者,此等地亩原可授为恒产,小民亦乐于输赋,应仍照例依各州县下则地升科。再查沿边榆林、绥德二属,并延安府之定边、靖边二县在极边,山多地少,气候寒冷,收成最薄,民间粮食不敷,市价常昂,即有隙地,俱属沙石硗瘠,应请无分等则,一概听民自垦,永免查报升科。

在平原地复垦及开垦基本无遗的情况下,如果要继续增加农地垦辟,只有向山区发展。然而,中国境内当时尚残存的山区几乎都是深山老林,地势险峻,土地贫瘠,气候寒冷,除了有限的几项矿源及林产外,农民可以利用并开发的土地经济价值不高。事实上,到深山地区去垦耕,得不偿失。更有甚者,农民很快就发现,在山区耕种无法保持水土,地力耗损很快,最多可以耕种三五年。此时期一过,产量大降,而六年免予升科的期限又届满,开垦者根本无利可图。因此到了乾隆初年,之前执行的减税的鼓励垦殖的政策已然失效[1],失效的原因不是政策本身的问题,而是在当时的生产条件下,已经无田可复、无荒可垦。对于这种情况,史念海先生也做过描述:"明清时代的农业在旧有的基础上继续发展,农田开垦也相应不断增加,不仅平原各处没有弃地,就是丘陵沟壑凡可以种植的地方都陆续加以利用,甚至山区的坡地也都在开垦之列。"[2]

康熙五十一年(1712),实行"圣世滋丁,永不加赋"的政策后,对耕地面

---

[1] 参见赵冈:《清代的垦殖政策与棚民活动》,《中国历史地理论丛》1995 年第 3 期。

[2] 史念海:《黄河流域诸河流的演变与治理》,陕西人民出版社 1999 年版,第 248 页。

积进行核查的动力和压力进一步消失。此后,朝廷还多次声明,新垦的畸零田块永免起科。在这些政策的影响下,耕地面积及等级核查更不可能有实质性的进展。对于田地数量的变动便很难在文献中找到端倪。

第五章　收多收少在于管:关中地区的
耕作制度

　　人类进行农业生产开始于距今一万年左右的新石器时代。农业生产为人们提供了比较稳定的食物源,使季节性饥荒对人类的威胁大大缓解,人口增殖速度大大加快。我国由原始农业向传统农业的转变发生在距今约3000年时,那时候,农业完全取代采集渔猎成为社会经济的主导型产业。人口与粮食生产之间形成相互促进、持续增加的格局。人口的增长促使人们追求粮食生产的增长,具体而言就是要追求农作技术的不断提高。[1]

　　从空间格局看,农业耕作技术的表现形式是多样的。如我国自宋代以来逐渐形成的南方以稻作为中心的耕作技术和早在秦汉时期就形成的北方以小麦为中心的旱作技术。关中地区属于传统的旱作精耕细作区。从农业耕作技术包含的内容看,也是多样的,包括诸如耕作制度等内容。

　　一般而言,耕作制度[2](farming system)是农业生产的综合技术体系,主

---

[1] 参见卜风贤:《历史农业开发对灾荒发生的影响》,陕西师范大学中国历史地理研究所、西北历史环境与经济社会发展研究中心编:《历史环境与经济社会发展丛书·人类社会经济行为对环境的影响和作用》,三秦出版社 2007 年版,第 13 页。

[2] 学界对耕作制度的表述不尽相同,但核心内容一致。如耕作制度是指农业(种植业)生产技术的总和,通常包括种植制度与土壤耕作制度两部分。种植制度是作物布局与结构调整、复种、间作套种、轮作、连作等一系列种植业技术体系的统称,土壤耕作制度是土壤使用与保护一系列技术体系的统称。参见王宏广等:《中国耕作制度 70 年》,中国农业出版社 2005 年版,第 27 页。

要包括两方面的内容:其一,是按照农作物生长规律及所处地区的自然资源条件,对农作物进行时空组合的种植制度;其二,是与种植制度相适应的旨在提高耕地生产力的养地制度。在农业发展史上,种植制度的演变过程大致由撂荒农作制、休闲农作制、连作农作制、轮作农作制向复种农作制发展。养地制度则是指以土壤耕作为核心,包括施肥、灌溉、除草、水土保持及生产工具改进等的各项农业技术措施。

第一节　关中地区的种植制度

作物是劳动人民经长期选择、驯化、栽培,由野生植物演化形成的有经济价值的植物。广义讲,凡是对人类有应用价值、被人类所栽培的各种植物都叫作物,包括大面积种植的粮食作物、经济作物、牧草,还有小面积种植的蔬菜、花卉、药材,以及人工种植的果树、林木等。狭义讲,作物是指田间大面积栽培的农艺作物,可分为粮食作物和经济作物两大类。因其栽培面积大,地域广,又称为大田作物,也可称为农艺作物或农作物。①

实际生产中,耕作制度是以作物本身为中心来安排农业生产的。耕作者需要根据作物的生态适应性,并结合当地的生产条件,对作物的种植结构、布局、种植次数等进行合理的安排。一般而言,粮食作物在农作物构成中占据主要地位,其地理分布受到气温、降水、日照、土质等自然因素的影响和限制。大致自宋元以后,我国的种植制度普遍向多熟制发展,关中地区也通过套种、间作、轮作等技术实现了多熟制。关中地区的种植制度主要是按照长期以来关中地区农业生产实践的经验进行安排的;同时,由于新作物的引种与传播,种植制度也有新的变化。

---

① 参见谢宇主编:《民以食为天——庄稼种植》,百花洲文艺出版社 2010 年版,第 1 页。

一、关中地区作物的时间分布

受季风气候影响，关中地区农作物种植表现出很强的季节性，大抵为夏、秋两作制，又以夏粮种植为主。笔者结合文献及田野调查资料整理出关中地区主要作物种植与收获时间，详见表5-1。

表5-1　关中地区主要作物种植与收获时间

	作物名称	种植时间	收获时间
夏季作物	小麦	寒露前后(公历10月上中旬)	次年芒种前后(公历6月6日前后)收
	大麦	同小麦	次年芒种以前(公历6月1日前)收
	油菜*	8月育苗,10月栽种	次年5月20日后收
	燕麦	与小麦同期	较小麦稍早收
	豌豆	2、3月种	与小麦同收
	马铃薯	2、3月种	大约生长2个多月收
	青稞	同小麦	公历5月25日前后收
秋季作物	高粱	早、晚二种:早2、3月种;晚6月种	10月收
	麻	同高粱	同高粱
	棉花	谷雨前后(公历4月20日前后)种	9—10月收
	罂粟	同棉花	同棉花
	荞麦	立秋前后种	8—9月收
	玉米	小麦收割后,约6月6日前后;3月种	9月下旬至10月中旬;8月收
	谷	6月中旬前后种	10月收
	豆**	6月种	8—10月收
	甘薯	早2、3月;晚6月种	8—10月收
	水稻	早春季2、3月;晚6月种	8、9月;10月收
	大蓝	春种	秋收
	小蓝	同大蓝	同大蓝

说明:为了突出表达关中地区作物收种的时间,表中没有按照惯常的作物分类方式对作物进行划分,而是按照收获时间将其分为夏季作物与秋季作物。

注:* 我国传统油菜在元代以前为春种夏收的以菜用为主的类型,元时越冬油菜即油用型油菜传入,由于其出油率高,食用口感好,秋种夏收的生长期,为多熟制提供轮作条件,迅速传播开来。参见韩茂莉:《中国历史农业地理》,北京大学出版社 2012 年版,第 718—719 页。

　** 关中地区豆类很多,除豌豆外,其余豆类和秋季作物生长期相似,表中未一一列举豆类名称。

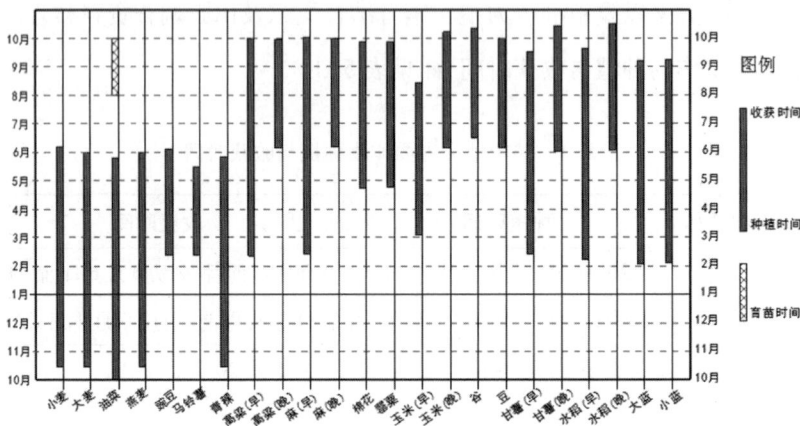

图 5-1　关中主要作物种植与收获时间

图 5-1、表 5-1 中所列是适宜关中地区的自然气候条件、在清代至民国时期关中地区比较常见的作物,那些种植面积较少及园圃种植的蔬菜类并未列出。

表中所列作物中,玉米、甘薯、马铃薯等原产于中南美洲的高产粮食作物是由于新大陆的发现,伴随第三次引种高潮传入中国的。具体到关中地区,玉米最早见于方志记载的是康熙《咸宁县志》①,但其普及则是乾隆朝中期以后;甘薯及马铃薯传入时间均在乾隆初,种植仅限于部分州县,之后随着人口变动在关中地区传播开来。典型的例子如蓝田县:道光三年(1823)前后,蓝田县南部山区迎来众多外省移民,尤其在条件艰苦的深山老林地区,客民比原住民还要多,"江、楚客民,殆居大半"②。客民的到来使蓝田县的作物结构发生变化,其影响在光绪年间明显地表现了出来。光绪年

---

① 关中地区方志记载中最早出现玉米种植的是西安府的咸宁县,《咸宁县志》(康熙)卷 1《星舆·物产》中的"玉麦";同州府关于玉米的最早记载是乾隆二十五年(1760)修成的《华阴县志》卷 2《封域·方产》;凤翔府关于玉米种植的最早记载见于《扶风县志》(嘉庆)卷 4《赋役·土产》。

② (清)卢坤:《秦疆治略》蓝田县条,道光七年(1827)刻本。

间,蓝田县南部"南带秦岭,溪谷莽互,土宜芋、粟、荞麦、包谷,多系客民开垦"[1]。

棉花自明代以来关中地区就有种植,但棉花新品种的引种大致始于同治朝而盛于宣统年间。民国时期曾经在陕西省推广美棉,陕西省从民国九年(1920)开始有种植棉花的田亩统计,此后棉花种植面积逐年增多。到民国二十七年(1938)和二十八年(1939)以后开始逐渐减少,累年来棉花最高产量年份在民国二十六年(1937)。关中地区是陕西省主要的棉花种植区,区域内几乎每县都有棉花种植[2];罂粟[3]也是早有种植,但其繁盛出现是在1840年以后,20世纪30年代随着政府的禁种而衰落。罂粟曾经因为其高额利润受到政府与民众的追捧。光绪年间以后,关中地区民众选择种植罂粟渐多,大有取代棉花甚至主要粮食作物的趋势,"丁戊奇荒"发生之时,罂粟种植已非常普及。全面抗战爆发以前,关中地区除粮食作物外,棉花与罂粟是作物结构的主要组成部分。罂粟的种植干扰了关中地区长久以来形成的粮棉结合的种植结构。

生长于夏季的作物以小麦为主,秋季作物以豆、黍等杂粮为多,间以油菜、蔬菜、苜蓿等其他作物,形成二年三熟或三年四熟制。总体而言,康熙朝以后,陕西省人口增多,人均占有耕地开始减少,从康熙二十四年(1685)到乾隆二十一年(1756),陕西人均耕地数量由 12.99 亩降到 3.53 亩。需求增多,土地数量减少,客观上促使民众在同一地块上进行复种。乾隆朝以后引进关中地区的新作物品种逐渐被推广,民众有了更多的作物可以选择,除冬小麦以外,其他作物的种植开始增多,关中地区土地利用指数有了明显的提高。

常态下关中地区的农作顺序大致如此:麦类(寒露前后,约当 10 月上中旬至次年芒种前后,约当 6 月 6 日前后)—谷类(端午前后,约当 6 月中旬前后至寒露前,约当 10 月上旬)—麦类,两年三熟是关中地区的主要种植制度。除此而外,只种夏季作物或只种秋季作物,其余时间休耕的种植制度

---

① 《蓝田县志》(光绪)卷 1《二十里图》。
② 李国桢主编:《陕西棉产》,中国棉业出版社 1949 年版,第 3、36 页。
③ 有关罂粟种植的进一步论述见本书第六章。

在北山、秦岭北坡等海拔较高的田块也很常见。在夏秋作物适宜的时段内，作物种类的选择各田块则不尽相同。

二、关中地区作物的空间分布

在大致勾画出关中地区主要农作物的时间分布之后，我们再来讨论其空间分布。虽然无法详尽各种作物的确切分布状况，但其分布主次的轮廓仍可以利用地方志资料及相关奏折资料加以勾画。①

(一)麦类及同期种植作物的空间分布

《广群芳谱》中位列第一的就是麦。② 文中对小麦如此描述:

> 苗生如韭成似稻,高二三尺,实居谷中,芒生谷上,生青熟黄,秋种夏熟,具四时中和之气,兼寒热温凉之性。继绝续乏,为利甚普。故为五谷之贵。亦可春种至夏便收,然不及秋种者,性有南北之异。北地燥冬多雪春少雨,麦昼花薄皮多面,食之宜人。南方卑湿冬无雪春多雨,麦受卑湿之气又夜花,食之生热腹痛难消,一地气使然也。北麦固佳陈者更良。

另据《广群芳谱》卷8《谷谱·麦》记载,大麦、小麦统名曰"麦"。关中地区种植冬小麦由来已久,陕西武功赵家来龙山文化遗址中的小麦秆,是我国迄今最早的栽培小麦作物遗痕。③ 自汉武帝时期起,小麦在关中地区被大力推广④,至明清时期,冬小麦在关中地区的种植遍及各个州县。⑤

---

① 清代正式确立了收成奏报制度,地方官员按照层级奏报当年夏秋作物的收成情况,由户部汇总。参见穆崟臣:《清代收成奏报制度考略》,《北京大学学报》(哲学社会科学版)2014 年第 5 期。
② 参见(清)汪灏等:《广群芳谱》卷 7《谷谱》,民国时期上海锦章图书局石印本。
③ 参见黄石林:《陕西龙山文化遗址出土小麦(秆)》,《农业考古》1991 年第 1 期。
④ 参见王勇:《东周秦汉关中农业变迁研究》,岳麓书社 2004 年版,第 178 页。
⑤ 资料见于清代的陕西地方志、关中各府县志的物产及赋役类记载中。此处不一一列举。另据耿占军《清代陕西农业地理研究》统计,小麦及大麦的种植覆盖关中所有州县,详见该书第 95—97 页的表格。

除小麦外,遍布关中地区各地的作物还有大麦。在清代的文献中,经常对小麦、大麦不加区别,以麦统称①,大麦常与小麦并称"二麦",如关中地区东部同州府的郃阳县,"民间全赖二麦为食,其余杂粮种植者甚少"②。关中地区北部偏西的邠州直隶州辖之长武县,"民间耕种者仅止二麦"③。大麦在关中地区各州县亦随处可见,早熟类三月就可以收获。麦穗有六道棱的被称为"六棱麦";适宜酿酒,表皮颜色发红的被称作"酒麦"。

关中地区麦类作物品种较多,民众多依习惯取名。如按照有无麦芒来分类,有芒的称作"黑芒麦",无芒的称作"和尚麦";按照麦粒颜色分类,麦粒颜色发白的称为"白麦",颜色发紫的称为"紫麦",其中颜色发白并且籽粒肥大的被称作"御麦";以成熟时间分类,将早熟者称为"三月黄"等。

与大、小麦生长基本同期的作物还有燕麦(《广群芳谱》称为雀麦)、青稞、油菜、荞麦、高粱、豌豆等。

燕麦,农书多不记载燕麦,或谓之野生,但因其籽实味甘可食,又不择土壤,种植容易,而见种于西北一些高寒地瘠地区。很多时候,种植燕麦并不是为了收获粮食,而是用来饲马牛。④《蒲城县志》记载,"野稷"似麦有毛而米细,即燕麦,亦名雀麦。《蒲城县志》记载,青稞麦和荞麦的区分似乎不清楚:青稞比大麦粒微小而青,有面无麸,可酿酒,又曰"莜麦",一名"乌麦";面白味甜,有苦者,中伏种九月熟,密种则籽多稀少,中秋无月则不实,性又畏霜。

关于青稞,《天工开物》一书中记载:"穬麦独产陕西,一名青稞。"⑤但宋应星显然认为青稞与大麦是同种异名作物,二者因为种植在不同环境的

①　《西安府志》(乾隆)卷首《天章》:"关中以麦为命。"乾隆二年(1737)署理陕西巡抚崔纪九月二十二日(10月15日)奏:"陕西地方西安、同州、凤翔三府,邠、乾、商、鄜四州民间终岁之需全赖小麦。种夏田者居十分之七,所种秋禾不过十分之三。"又乾隆五年(1740),川陕总督鄂弥达奏:"秦地农民全以夏麦为主。"中国科学院地理科学与资源研究所、中国第一历史档案馆:《清代奏折汇编——农业·环境》,商务印书馆2005年版。类似文献不胜枚举。
②　(清)卢坤:《秦疆治略》蓝田县条,道光七年(1827)刻本。
③　(清)卢坤:《秦疆治略》蓝田县条,道光七年(1827)刻本。
④　参见吕卓民:《明代西北农牧业地理》,洪叶文化事业有限公司2000年版,第200页。
⑤　(明)宋应星著,钟广言注释:《天工开物》,广东人民出版社1976年版,第33—34页。

田地中而籽实外皮颜色不同，宋应星称其"随土而变。而皮成青黑色者，秦人专以饲马。饥荒，人乃食之"①。明时徐光启在《农政全书》中指出"今人皆指穬为大麦"，就这句话而言，徐光启认为穬麦和大麦并非同种异名。事实上，大麦与青稞是有明显区别的。大麦有稃皮，青稞是露仁。从方志记载看，穬麦本身又有大麦穬与小麦穬的区分，小麦穬与青稞品状相似，似可认为小麦穬与青稞是同种异名。宋应星所指穬麦即小麦穬，而大麦穬应该是大麦的一种。

荞麦，是中国古代重要的粮食作物和救荒作物之一。已知最早的荞麦实物出土于陕西咸阳杨家湾四号汉墓中，距今已有两千多年。南宋朱弁在《曲洧旧闻》中对于其形态和生态有详细描述："荞麦，叶青、花白、茎赤、子黑、根黄，亦具五方之色。"②《广群芳谱》卷7《谷谱一·荞麦》记载："荞麦，一名莜麦，一名乌麦，一名花荞，南北皆有之。立秋前后下种，八九月成熟。性最畏霜，宜早种。"荞麦属于蓼科，宋代以来各地种植的荞麦属于甜荞麦，即普通荞麦。这种荞麦喜温暖，但又能抗秋寒低温，适应各种土壤和粗放栽培，生长期很短，一般两个月即可成熟，是一种很好的救荒作物。③ 荞麦生长期短，但需要土壤养分多，比较耗费地力。④ 由于荞麦的这一特点，无论北方旱地轮作体系，还是南方水田轮作体系，均将荞麦作为后作，且种植比例不高。⑤ 笔者在户县进行田野调查时询及荞麦，老人称如果耽误了小麦播种的农时，又想要有点收成时可以补种荞麦，但荞麦"费地"。与文献中的记载是一致的。

据耿占军统计，麦类作物中，小麦、大麦的种植遍及清代关中地区自然区所设的四十余州县；荞麦除鄠县、大荔县、朝邑县、韩城县、华州、潼关厅

---

① （明）宋应星著，钟广言注释：《天工开物》，广东人民出版社1976年版，第33页。
② （宋）朱弁：《曲洧旧闻》卷3，文渊阁四库全书电子版。
③ 参见韩茂莉：《中国历史农业地理》（上、中、下），北京大学出版社2012年版，第257页。
④ 参见（明）宋应星著，钟广言注释：《天工开物》，广东人民出版社1976年版，第38页。原文为："凡荞麦，南方必刈稻，北方必刈菽、稷而后种。其性稍吸肥腴，能使土瘦。"
⑤ 参见韩茂莉：《中国历史农业地理》（上、中、下），北京大学出版社2012年版，第280页。

等,其余各县均有种植;燕麦西安府属 16 州县仅长安县、咸宁县、咸阳县有少量种植,关中地区东部同州府所属 10 州县(厅)中仅澄城县、韩城县、蒲城县和白水县有种植,关中地区西部凤翔府所属 8 州县均有种植,邠州、乾州所属 7 州县亦均有种植。西安府所辖州县荞麦种植较普遍,仅鄠县不见于记载;关中地区西部凤翔府辖州县亦均种植荞麦,乾州及邠州各州县均有种植;关中地区东部同州府的郃阳县、澄城县、华阴县、蒲城县、白水县均有种植荞麦的文献记载。①

关中地区种植的小麦主要是冬小麦。冬小麦播种始于秋季,越冬至次年夏季收获。所谓"秋种、冬长、春秀、夏实,具四时之气"。其次是春小麦,当年春播夏收,品质不及冬小麦,一般是因为先年由于各种因素导致没有及时播种冬小麦,或冬小麦受损的情况下,将春小麦作为补救作物种植的,和荞麦类似,因此在关中地区,春小麦的种植广度根本不能与冬小麦同日而语。

与夏粮麦类作物种收几乎同期的作物还有豌豆、扁豆、油菜、苜蓿等。

但这些都属于产量不高的杂粮,具有耐苦寒的特点,关中地区"不多产"。② 县志资料大多仅记载作物名称,无论多少,一般都会收录,因此这些杂粮作物看似遍及关中地区各县,但种植面积大都不多。

(二)油菜与豌豆的空间分布

清代关中地区多称油菜为"菜子",也称芸苔,种植历史较早。韩茂莉研究指出,油菜在清代前期,多出现在蔬菜类中。文献所见乾隆年间仅凤翔府所属州县没有油菜种植的记录。③ 到清代末年,关中地区油菜种植颇为常见,其中有些县份油菜产量较大,如乾州、醴泉县所产菜油不仅满足自给,还远销山西省南部,"岁可数千万斤"④。晚清时期,油菜主要分布在关中地

---

① 参见耿占军:《清代陕西农业地理研究》,西北大学出版社 1996 年版,第 95—96 页。
② 参见《西安府志》(乾隆)卷 17《食货志下·物产》。
③ 参见中国科学院地理科学与资源研究所、中国第一历史档案馆:《清代奏折汇编——农业·环境》,商务印书馆 2005 年版,第 51 页。原文为乾隆六年(1741)四月,陕西巡抚奏报农情:"现在西、同、邠、乾等处菜子已经刈获。"
④ 《续修陕西通志稿》卷 34《征榷》。

区中部的渭河以北地区,如乾州、武功、醴泉、兴平等县。① 民国时期,邠县油菜种植面积应该比较大,文献记载,菜子是邠州"出产大宗"②。乾县依然保持油菜种植多的传统,油菜主要集中种植于在县境北部的五峰山麓。据记载,和清代一样,乾县菜油销往县境外③,可见,乾县的油菜种植保持了清时传统,且数量较为可观。

豌豆在各县志书记载中均有,但种植数量不多。20世纪70年代,关中地区还常见豌豆与小麦同种的情况。

(三)谷类及同期种植作物的空间分布

1. 谷类

关中地区谷类作物种植历史悠久,传统谷物包括黍、稷、粟、粱四种,均属禾本科。因为种植及收获基本同期,清代地方志书中对于这四种作物一般都不加辨别,多以秋禾、粟谷或黍稷统称之。在19世纪后期之前,关中地区的秋季作物一直以黍粟和豆类为主。

《诗经》中即有对黍的记载。黍,脱壳后称黄米。有两种,一种叫"秬",还有一种叫"秠"。"秬"和"秠"都是黑黍子,"秠"一壳两米。从黏度来看,有黏和不黏两种,酒黍黏,饭黍不黏。乾隆《三原县志》称:"饭黍惟关中地区有之,晋人种饭黍于地三年,皆黏不可饭。"其种类有紫盖黍、罩篱糜、鹁鸽卵、牛尾串。④

稷,古代中国的本土作物,"关中地区处处有之,其名有竹叶清、有牛尾黄、有紫杆禾、有棒杵穗、有栎花谷、有狼尾、有驴尾",有黏与不黏两种。黏者酿酒,不黏者做饭。关中西部称其为"粟米""小米"和"谷米"。

粱,关中地区种植比较普遍,一般按颜色来命名,有"青粱""白粱"或"芝麻粱""赤粱""黄粱"。⑤

---

① 参见耿占军:《清代陕西农业地理研究》,西北大学出版社1996年版,第110页。
② 《邠州新志稿》(民国)卷10《实业》,民国十八年(1929)钞本。
③ 参见《乾县新志》(民国)卷5《业产志·物产》。
④ 参见《三原县志》(乾隆)卷1《地理》,乾隆四十八年(1783)刻本。
⑤ 《三原县志》(乾隆)卷1《地理》,乾隆四十八年(1783)刻本。

粟,俗名谷子,脱壳即成小米。据记载,粟有椒粟、草粟、薄地衬、狗尾、柳眼青、猫爪粟、棕蓑数种。①

如上文所列,这四种作物都具有耐寒、耐瘠、抗寒、耐热的特性,又都能用来酿酒,也能用来做饭。在清代陕西的地方志中,各地对其命名不一,很难准确区别。可以确定的是,这几种作物在关中地区种植比较普遍。县志常用"处处有之"粗略记录这几种作物的分布。

2. 其他传统作物

秋禾在作物中所占比重不大,但仍然有主次分。

所谓"陕省秋禾概以粟谷为主,而有水之区,间种稻谷,沿边地土又多种糜谷",这是对以关中地区为中心的陕西省的秋季作物符合实际的描述。

关中地区以旱地为主,水田多在渭河南岸分布。蓝田县、鄠县、华阴县、长安县等都有水稻种植②,但种植面积都极其有限。关中地区北部偏东的澄城县,在光绪年间,由于客民的到来,在县境长宁河沿岸"开成稻田,故每年广树稻类"③。

邠县地处关中地区北部偏西,属于黄土高原南部塬墚沟壑区的一部分,东、南、西三面地势高峻,北部比较平坦,"县属泾水流域田土较美,余概系高原"④。邠县境内的作物有"麦、大麦、粟、菽、荞麦、糜、菜子、高粱"⑤,"出产以麦、糜、苞谷、荞麦、豌豆、菜子为大宗"。这些作物与邠县的地理环境是相适应的。

3. 玉米、甘薯等新作物

玉米

据学者研究,玉米在陕西省是从北到南传播的。陕北的安定县明代就

---

① 参见耿占军:《清代陕西农业地理研究》,西北大学出版社1996年版,第79页。
② 见本书附录"关中耕地质量表"。
③ 《澄城县附志》(民国)卷3《经政·水利》。
④ 《邠州新志稿》(民国)卷3《地势》,民国十八年(1929)钞本。
⑤ 《邠州新志稿》(民国)卷16《物产》,民国十八年(1929)钞本。

有玉米,清初关中地区的咸宁县有记载,陕南的西乡、咸宁县也有记载,乾隆前中期,玉米在陕南普及推广,并向关中地区与陕北地区蔓延。① 但因为自然条件及习俗等方面的原因,关中地区玉米的推广速度及面积无法与陕南相提并论。

玉米在秦岭南麓分布较多。由于光热条件的限制,山内一般一年只种一季作物。道光初年任陕西巡抚的卢坤在《秦疆治略》中对客民在关中地区山内耕种的现象多有描写:长安县"山内川楚客民开垦山地";盩厔县"自招川楚客民开山种地,今年各省之人俱有";蓝田县"江楚客民殆居大半";同官县山地"本地人不知开垦,多为客民所佃";耀州"山后一代多半客民";华州"近数十年川广游民沓来纷至,渐成五方杂处之区""租山垦地,播种包谷";宝鸡县"山内多系川楚贫民,佃种山地糊口"。这些川楚移民很难获得平原之地,往往聚集在平原边缘的山区,以种植玉米等农作物为生。移民对玉米在关中地区的推广起了很大作用。除山区外,玉米种植也在向平原蔓延。嘉庆年间,扶风县"瘠地皆种包谷,盖南山客民作植之,浸及于平地矣"②。嘉庆二十三年(1818)十月二十五日,陕西巡抚朱勋奏报:"南山包谷以次收获,其附近老林地方因八月阴雨过多,间有青黄之处。"③

宣统《泾阳县志》卷2《地理志下·物产·谷属》包谷条载:

> 茎如高粱而粗,高三四尺,开花成穗,若秕麦,旁出一苞,苞上出仁,红白须如绒,苞析子出,有白、紫、蓝色,亦可粉,俗呼"玉麦",客民种者极多。

这条记载对玉米的形态描述细致,可见玉米当时尚属新鲜的品种。种

---

① 参见耿占军:《清代陕西农业地理研究》,西北大学出版社 1996 年版,第 83 页。
② 《扶风县志》(嘉庆)卷 4《赋役》。
③ 中国科学院地理科学与资源研究所、中国第一历史档案馆:《清代奏折汇编——农业·环境》,商务印书馆 2005 年版,第 396 页。

植玉米比较多的当属蓝田县，县志称"玉麦之肥，邑所独产，临境无缘借种"①。蓝田县位于关中地区东南部，东南有秦岭，北有横岭，西部是高原，灞水横贯全境。关中地区常见的作物县境均有种植，但秋季作物主要分布在山内，而山外的平地仍以种植麦类作物为主，各河川道旁间有水稻种植。②

甘薯

甘薯，陕西一般称之为红薯、红苕或红芋。其性又喜沙土高地，于山海之区尤属相宜。③ 甘薯出交广，南方民家以二月种十月收之。周源和认为甘薯是中国的本土物种，汉晋时就有，明万历以后甘薯的良种——番薯传入，正好满足明清时期尤其清初人口剧增对食物的大量需求，因此，甘薯广泛传播。④ 然而乾隆时期，甘薯在关中地区主要分布于鄠县、盩厔。⑤ 乾隆年间数任陕西巡抚的陈宏谋为了倡导陕西民众广种甘薯，以备饥荒，撰写《劝民领种甘薯谕》，其中谈到了蒲城、潼关、临潼、兴平、甘泉等县从浙、豫、蜀各省购买薯种和雇用善种人到陕的情况。番薯为块根作物，适种于土厚而疏松的土地，在丘陵或山麓地带种植亦能获得较高产量。

当时陕西食物紧张，灾害频仍，玉米和番薯这两种高产作物很快被人引种入陕，尤其是玉米较番薯早传入一个半世纪，在农民逐渐熟悉栽培和管理技术之后，其种植比重在粮食作物中逐渐上升，播种范围也逐步扩大，成为首屈一指的大秋作物。到 20 世纪 20 年代以后，关中地区沿黄洛河部分县份有零散种植，比如大荔县沙苑地区、蒲城县、韩城县、华阴县⑥，但种植不广。

---

① 《蓝田县乡土志》（宣统）卷 2《物产》《实业》。

② 参见《续修蓝田县志》（民国）卷 8《物产》。

③ 参见（清）陆耀撰：《甘薯录》，昭代丛书。

④ 参见周源和：《甘薯的历史地理——甘薯的土生、传入、传播与人口》，《中国农史》1983 年第 3 期。

⑤ 参见（清）卢坤《秦疆治略》："鄠县除五谷外，其地最宜姜、芋、红薯。"《鄠县新志》（乾隆）卷 3《田赋第三》、《重修盩厔县志》（乾隆）卷 14《拾遗》："惟盩、鄠水土相宜，所种尤多。"

⑥ 参见《续修大荔县旧志存稿》（民国）卷 4《土地志》、《蒲城县志稿·物产志》（民国）、《韩城县续志》（民国）卷 1《田赋》、《华阴县续志》（民国）卷 3《风土志》。

4.棉花新品种的输入及其分布

棉花从宋末元初传入陕西,至今已有七百多年的历史,但元、明、清各代每年种植棉花面积的大小及棉花产量的多少,因为相关资料的缺乏,使人难以窥其面貌。清代陕西棉花生产,大致可以以鸦片战争为界,分为清代前期与清末两个时期。

清代前期,陕西棉花种植处于普及发展时期,经历了从关中地区向陕西省南北普及的过程。在这一时期,陕西省关中地区的棉花种植以咸阳、长安两县为中心,关中地区东部的郃阳县、渭南县、华阴县、大荔县、韩城县、朝邑县、澄城县等都有棉花种植,且有的县份棉花产量不菲。① 位于关中地区北山的耀州,在乾隆年间居民"又能种木棉事纺织"②;韩城县"芝川镇迆北,水渠纵横,悉种麻枲。近垄坡者,率以木棉。计亩可收禾稼之利二倍许",正因为种植棉花多,粟麦粮食作物的种植就会减少,因而韩城县"粟麦独缺,而仰给上郡之洛川、宜川、鄜州、延长诸处。南之郃阳,西南之澄城,每岁负担驴骡。络绎于路"③。关中地区中部地区长安县、咸阳县、三原县、鄠县等县亦有棉花种植。但就总体而言,这时候,关中地区种植棉花的县份往往限于县境内小规模种植,如三原县的棉花种植基本就在县境东南几乡④,耀县棉花种植所产不多,"不能出村落也"⑤。从全省范围看,"秦人岁之衣被冠履,皆取给于外省,而卖谷以易之"⑥。总之,乾隆年间陕西"虽有数县木棉之出,然不过县中百分之一,不足本地自用"⑦。

清代后期,是陕西植棉业的大发展时期。鸦片战争之后,东南沿海口岸

---

① 参见《陕西通志》(雍正)卷43《物产》,《郃阳县乡土志》(光绪)一卷、《华阴县志》(乾隆)卷2《物产》,《大荔县续志》(光绪)卷4《土地志·物产》,《朝邑乡土志》(光绪),《澄城县附志》(民国)之三《经政》,之四《商务》。

② 《续耀州志》(乾隆)卷4《风俗》。

③ 《韩城县志》(乾隆)卷2《物产》。

④ 参见(清)贺瑞麟纂:《三原县新志》卷3。

⑤ 《续耀州志》(乾隆)卷4《风俗》。

⑥ 《续修陕西通志稿》卷214。

⑦ (清)杨屾:《豳风广义》,艺文印书馆景印民国二十三年至二十五年(1934—1936)陕西道志馆排印本。

渐开,西方价廉质优的纺织品开始大量输入中国。但关中地区深处大陆腹地,这种经济上的冲击比起东南沿海各省份要迟滞得多,因此,关中地区的棉花种植在光绪年间外国优良棉花品种传入后,尚且经历了一个发展时期。大致在光绪初年,棉花种植在关中地区已经比较普遍了。① 关中地区的泾阳县、渭南县、鄠县、华州等处种植棉花较多,朝邑县"向无大商,近年惟所出之棉花尚可成庄,北路运至宜君、洛川,西路运至宝鸡、虢镇,衰旺无恒,皆外来客自行贩运,每岁约出三十余万斤"②。笔者认为,朝邑县充当的是棉花集散地的角色,每岁外运的三十余万斤棉花应该是周边几县加上朝邑县生产的。这一时期,关中地区的棉花不但销往省内其他种植棉花较少的县份,还开始向四川、甘肃、青海及内蒙古等地外销,如蒲城"客商贩运达于远方者,厥惟兴市镇之棉、纸、鞭炮,为土货一大宗"③,陕西"主要产品向来是小麦……但是目前作为输出的来说,更重要的是棉花……四川完全不产棉花,因此虽然路途遥远艰难,运往那里去的数量仍然可观。此外,运销陕西以北各地及甘肃、青海、鄂鲁特旗和鄂尔多斯旗去的数量也是巨大的,以致本省产棉不足本省的需要,须另外从河南省盛产棉花的洛河流域运入这种商品"④。正如前文所提到的,这一时期,品质优良的国外棉花品种,俗称"洋花",逐渐代替了本地的"土花"。

　　光绪以前,陕西省所种棉花俗称为"布花""乡花"或"土花""茧花",学名大陆棉或亚洲棉。这种棉花棉株低矮,所结棉桃小而且少,棉花纤维短粗,产量比较低。一般亩产量不超过 30 斤,而洋棉种则产量高。据光绪《重修泾阳县志》卷 8《实业》记载,泾阳县"乡民习种布花数亩数十亩不等,每亩俭者收十斤,丰亦不逾三十斤"。试种洋棉以后,即使遇到秋季连阴雨

---

① 参见张萍:《清代陕西植棉业发展及棉花产销格局》,《中国历史地理论丛》2007 年第 1 期。
② 《朝邑县乡土志》(光绪)《商务》。
③ 《蒲城县新志》(光绪)卷 1。
④ 李文治编:《中国近代农业史资料(1840—1911)》(第一辑),生活·读书·新知三联书店 1957 年版,第 425 页。

天气,"禾稼被损"的情况下,洋棉"一亩尚可得三十斤",有时甚至收及百斤。泾阳县因此棉花种植面积逐年上升,"光绪二十三年始,县境出棉五十三万三千有奇,三十二年增至三倍"①。同在黄洛河流域的朝邑县、平民县及大荔县等也是棉花种植大县。光绪《大荔县续志》卷4《土地志·物产》记载:"自左爵相颁发棉书,数年来境内种棉者渐多,而西南乡为最,以近沙地土软,于棉宜也。织布而衣者皆依赖焉。又近年沙苑多种落花生,颇见收获,其种法自豫省滨河之地传来。二物皆非邑境专产,然以向所无而今幸有焉,故特志之。"②

但囿于棉种未经试验、各种棉花混杂种植等原因,导致洋棉代替本土棉花之后,很快产量出现下降。民国初,一些有识之士为遏制陕西省鸦片种植不断扩大的趋势,开始改良棉种并推广棉花种植,民国十五年(1926)曾在西安西关和草滩设农棉试验场两处,但由于当政者不予重视,加之棉种退化,并未取得成效。直到民国二十三年(1934),国民政府成立棉业统制委员会,其下设中央棉产改进所,并在各省区设立棉产改进所,统一指导棉花种植,陕西的棉花种植进入发展期。这一时期,关中地区能够植棉的县份都有棉花种植,且由于棉种改良、水利兴修等技术措施的采用,棉花产量有了大幅提高。

本省各县历年棉田面积,除兴平、南郑、洋县、沔县等少数县份三十六年之棉田面积,比诸二十六年棉田,不但不减少,反有增加外,其他主要县份,由十九年至二十六、七年,棉田逐年增加至最高峰者,计有长安、临潼、咸阳、泾阳、富平、鄠县、三原、高陵、岐山、渭南、大荔、华县、朝邑、潼关、平民、邠县、乾县、醴泉、西乡、石泉、岚皋、耀县、延川等23县,又由十九年至二十七、八年,棉田逐年增加至高峰者,计有蓝田、宝鸡、

---

① 《重修泾阳县志》(光绪)卷8《实业》。
② 《大荔县续志》卷4《土地志·物产》,清光绪五年(1879)修,据光绪十一年(1885)冯翊书院刻本影印。

盩厔、凤翔、扶风、陇县、武功、汧阳、蒲城、郃阳、韩城、华阴、澄城、白水、城固、襄城、汉阴、雒南、淳化等 19 县，自二十七八年以后，各县棉田，即逐年减少，多则减少十分之八九，少则减少十分之四五，各县棉田，虽减少甚多，但因长安、咸阳、泾阳、鄠县、三原、高陵、蒲城等县水地棉田增多，故其产量不仅不随棉田面积之缩小而减低，反形增加，故三十六年全省总产量，仍能保持 96 万余市担之记录，比诸二十六年最高纪录 100 余万市担，仅相差十余万市担而已！①

民国时期乾县也是产棉大县。《乾县新志》卷 5《业产志·物产》记载："草棉，本境向不产，近年则遍野皆是也。三十年，推广斯字棉种以增加产量。"因为产棉多，纺织业比较发达，"土布为出品之大宗。本境服用以外，行销陕北甘肃等处，年约在五六十万匹，此伟大之成绩，皆家庭妇女所生产也。东南两乡，出品最盛，西乡次之，北乡又次之"。临潼县也是种植棉花的后起之秀。②

三、关中地区作物时空分布综论

至此，我们大致勾画出关中地区主要作物的种植时间与空间分布。从理论上讲，关中地区的自然条件及作物种类使得农人可以利用轮作、间作、套种等技术手段，在条件适宜的农田上实现连续耕作。但事实是否如此，需要考察。

由于新品种的引种及推广，不但引起关中地区作物的年际分布的变化，在本书研究的三百余年时段内，作物分布的空间也有变化。借助现有资料，理清 1644—1949 年的三百余年间关中地区作物的时间与空间分布，就能够

---

① 李国桢主编：《陕西棉产》，中国棉业出版社 1949 年版，第 3 页。
② 临潼县在改良棉种传入之初，棉农"种土棉之法相传已久，知之甚悉，收数虽少，却甚稳当。若遽种洋棉，恐培植稍不如法，即受损失，反不若种土棉之为愈也"。但 1930—1940 年，临潼就成为产棉大县。后文有论。

回答上面的问题。因此,笔者将力图借助现有资料,对研究时段的三百余年间关中地区作物的种植制度及其变化进行勾勒。

除前文引用的方志文献外,清代陕西地方官员向朝廷奏报收成的奏折中①,也可以找到与陕西及关中地区种植制度相关的资料。摘录如下:

乾隆二年(1737),署理陕西巡抚崔纪九月二十二日奏报收成时称:"陕西地方西安、同州、凤翔三府,邠、乾、商、鄜四州民间终岁之需全赖小麦。种夏田者居十分之七,所种秋禾不过十分之三。"

崔纪所言秋季作物种植极少的情况主要是说关中地区,因为接下来,他强调了延安、榆林二府及绥德州民食以糜、谷、荞麦为主,而汉中府、兴安州种植的秋禾则占到十之七八。

乾隆三年(1738)五月初四日,川陕总督德沛上奏:"伏查陕省首重夏禾,民食全资二麦。……至于豌豆、菜子、扁豆等类,据报十分之六、七、八、九分不等,亦间有三、四、五分者,然而所种无多,民间亦不以此收获之丰歉为重轻也。"

乾隆六年(1741),署陕西布政使帅念祖四月十九日奏:"陕省地方全赖夏禾成熟。民间地亩种二麦者居十分之六,种豌豆者居十分之二,农家相传有三秋不及一夏之说,盖云三年秋禾之熟不及一岁夏禾之丰也。"

乾隆八年(1743)五月十七日,西安布政使帅念祖奏报:"陕省西安、凤翔、同州三府,直隶邠、乾二州所属州县全以夏禾二麦为主。民间地亩种二麦者居十分之六,播种豌豆、菜子者居十分之一,止留三分播种秋禾。"

乾隆二十八年(1763),陕西巡抚鄂弼奏:"西安一省,向例全以夏麦收成为重,秋禾即间有歉收,亦不以成灾见告。"说明民众对秋收并不重视,对其多少也没有预期。

乾隆五十七年(1792)八月,陕西巡抚秦承恩奏:"入秋后,咸宁等二十四厅州县将及一月未得透雨接济,高原地方各色秋禾被晒日久,不免受伤,

---

① 以下奏折资料引自中国科学院地理科学与资源研究所、中国第一历史档案馆:《清代奏折汇编——农业·环境》,商务印书馆 2005 年版。

难望一律有收……七月二十四日查得邠、长武、永寿三州县各色秋禾可望有收，将来不过略减分数。咸宁、长安、咸阳、乾州四州县早秋亦可望有收，惟晚秋受旱。兴平、醴泉二县及武功之东北二乡被旱稍重，秋禾多有黄萎，收成必致歉薄。"

嘉庆十五年（1810），陕西巡抚在奏报中仍言："陕省以麦收为重，常岁种秋禾者本少。"

嘉庆十九年（1814），陕西巡抚布政使朱勋奏："南山地方民食以包谷为重。"

嘉庆二十三年（1818），陕西巡抚朱勋三月二十六日奏："陕省平原各属全以麦收为重，南山各属近年亦多播种冬小麦。"十月二十五日奏："南山包谷以次收获，其附近老林地方因八月阴雨过多，间有青黄之处。"

道光三年（1823）六月，陕西巡抚卢坤奏："查明浅山阳坡包谷于未雨之先业经成熟摘收，其老林阴坡收成较晚，籽粒虽未能一律饱绽，亦尚不致青空，粮价不昂。……伏查南山虽以包谷为重，而别项种植亦随处皆有。现低山之麦已尽收获，高山之麦渐就成熟，平原山沟包谷亦已将次摘收，其水田稻秧并高低山地之包谷以及杂项秋禾长发实为畅茂。"

道光六年（1826）五月，陕西巡抚鄂山奏："陕省二麦正当秀实之际，澍泽频沾，颗粒极其饱满，业经次第登场。平原各属所种早秋并南山包谷、杂粮长发一律畅茂，可望丰收。"

道光二十一年（1841）七月，陕西巡抚富呢扬阿奏："陕省平原山境，各色禾稼正当长发之际……其南山之阳坡早包谷渐次结实，颗粒尚属饱满。"

道光二十六年（1846）八月，陕西巡抚林则徐奏："本年入秋以后，南山雨水应时，秋稼均极繁茂。而平原一带得雨数次未足，所种秋禾鲜能及时长发。民间向以麦收为重，秋粮偶形歉薄……"

咸丰十年（1860）四月，署陕西巡抚谭廷襄奏："臣查平原各属大麦将此收获，小麦亦颖栗纷敷……其南北两山杂粮包谷应时长发，亦俱畅茂。"

……………

分析这些奏折资料,可以发现,在乾隆朝中期以前,奏折中讲陕省(多指关中地区)以二麦为重的内容占了大多数,而自乾隆中期以后至嘉庆年间,奏折中关于陕省秋季作物的内容越来越具体,不再像此前仅仅用"秋禾"或者根本语焉不详。据此,我们可以认为,乾隆中晚期到嘉庆年间,关中地区秋季作物种植在农业土地利用中的占比有所扩大。道光三年(1823)六月卢坤的奏折就能说明玉米的种植已经从山间扩大到部分平原。

但秋季作物种植面积扩大的趋势被同治年间的回民起义中断,其后社会动荡,灾害连发,土地撂荒或易主而耕,严重地阻碍了关中地区秋季作物种植面积的继续扩大,精耕细作的技术并未被农民充分应用。以致到了民国,调查资料呈现给我们的是关中地区整体农业土地利用的低效状态。

民国时期,关中地区大多数县份的农作物以冬小麦为主,乾县"农产以麦为主,而秋禾次之"①。咸阳县的农作物种植以麦为大宗,秋粮作物的种植亦不普遍,豆类作物常见于田垄地畔,大面积种植的并不多。② 为了解决粮食问题,提高土地利用率,陕西省相关部门在关中地区进行过秋季作物的推广,在推广之前,对关中地区的农情进行了调查。这些调查资料可以使我们进一步考察关中地区作物的种植制度。

1932年,由陇海铁路局发起的陕西实业考察团,对陕西经济进行调研与考察。农业方面的调查如下:

> 此行所见川地,多玉蜀黍、谷子及大小豆等作物,原地与坡地,则多麦田及糜子、荞麦等。……兹就途中各种作物垅数多寡之记载,参以各地农人及士绅意见,取长安、三原、耀县、同官、韩城、郃阳、大荔七县,代表关中地区……计关中地区小麦居第一位,约占耕种地百分之五十,其次则棉,约占百分之十三,再次则糜子百分之八,谷子百分之七,大麦百分之四,玉蜀黍百分之四,豆百分之三,荞麦百分之三,最少为云台、芝

---

① 《乾县新志》(民国)卷5《业产志·物产》。
② 参见《重修咸阳县志》(民国)卷1《地理·物产》。

麻、豌豆、高粱、稻等。①

调查所及七县，小麦种植面积最广，占耕地面积的 50%，棉花占 13%，其他作物占比均不到 10%。据此可以说明，关中地区农业土地利用率很低，夏秋作物种植面积相加仅约占总耕地面积的 87% 强。耕地摞荒现象比较普遍。

1941 年夏，国民政府农林部为了明了各地农业经济的实际状况，遂与国内农业专科以上院校联合举办农村经济调查研究，由农林部补给经费。陕西方面与西北农学院合作，委托调查。调查组选择了较能代表关中地区的、位于关中地区东部的临潼县及西部的兴平县，各县又在不同的乡区中选择若干较能代表该区的村庄，进行了挨家挨户的入户调查。② 以下临潼县 1941 年的数据及基本情况均据调查资料。

临潼县全县面积为 932.94 平方千米，人口 242547 人，其中，男 130410 人，女 112137 人，性别比例为 116，人口密度为每平方千米约 260 人。泾惠渠自境东西穿过，但临潼县可利用泾惠渠灌溉的地不多，县境南有山泉可以利用灌溉。因为地下水位高，凿井灌溉比较方便。临潼县渭河以北盛产棉花，渭河以南盛产谷子，小麦种植面积最大。详见表 5-2。

表 5-2　临潼县民国三十年（1941）各季作物栽培面积

（单位：清亩）

作物	栽培面积	作物	栽培面积
小麦	758699	荞麦	25629
棉花	344436	绿豆	23537
豌豆	285429	大麦	21375

① 陕西实业考察团编纂：《陕西实业考察》，陇海铁路管理局 1933 年印行，第 79 页。
② 参见熊伯蘅、万建中：《陕西农业经济调查研究》，李文海主编：《民国时期社会调查丛编（二编）·乡村经济卷》（上），福建教育出版社 2009 年版，第 194—222 页。

作物	栽培面积	作物	栽培面积
谷子	172902	大豆	20931
糜子	95362	花生	16727
油菜	65790	芝麻	7468
玉米	37338	烟草	2602
高粱	30549	甘薯	1315

说明：笔者按照作物栽培面积的大小对原表进行了重新排序，下文中兴平县作物及面积表同。

我们将调查表中收种基本同期的夏季作物面积相加，应该可以得出1941年临潼县单季作物种植的最大面积，按照种植面积大小计，即小麦+豌豆+油菜+大麦，共计1131293亩。20世纪70年代绘制的陕西省及省属各县地图集中，临潼县耕地面积为117.5万亩。[①] 我们估算的1941年临潼县的单季作物种植的最大面积与之相差4万余亩，可以认为，这一估计数值是可取的。关中地区农业土地利用复种指数不高。

另据修成于乾隆四十一年（1776）的《临潼县志》[②]记载，临潼县地采用折正一等[③]的方式计算，共实熟民地9302顷1亩5分，即930201亩，由于折亩的缘故，这个数字应该是小于当时的实际耕地数字的。临潼县在乾隆以后行政区划未做大的调整，在此前提下，可以比较1776年（可能小于实际）与1941年（应是单季种植最大面积）临潼县的耕地数量，可知，1941年临潼县的耕地增加较多，增数应该不超过20万亩。

从作物构成看，乾隆《临潼县志》[④]将临潼县作物分为两大类，即谷属和桌属。其中谷属依次为：稻，分粳、糯两种；黍、稷、糜、谷、粱；小麦、大麦、青稞麦、荞麦；刀豆、龙爪豆、豌豆、扁豆、红豆、绿豆、黄豆、黑豆、蚕豆、蛮豆、胡

---

① 参见陕西省革命委员会民政局测绘局编制：《陕西省地图集》（秘密），1976年，第77页。该图集资料和数字截至1972年年底。

② 《临潼县志》（乾隆）卷4《民赋》。

③ 除民地折正一等的田亩数外，还有少量的更名地、屯卫地、学田未计。

④ 《临潼县志》（乾隆）卷4《物产》。

豆、槐豆、京豆、麦绿豆；稯、芝麻、菜子；五色小豆。枲属有黄、白丝麻；酥麻。1941年民国的调查资料与之相较，豆类品种不如其丰富，而且少了稻、苴及枲属作物，但多了玉米、棉花、甘薯、花生和烟草。在新增的作物中，棉花成为秋季作物中种植面积最大的作物。依据此前较早的资料，我们还可以进一步追溯1941年临潼县作物格局的形成过程。

在1941年的县级调查之前，国民政府为了开发西北，开展了西北地区的经济调查①，对农林情况按照物产分省做了统计。统计显示，民国七年（1918），关中地区产稻米的县份有长安、大荔、凤翔、鄠县，并无临潼。不被列入的原因不外有三，其一，实际不种植了；其二，种植面积少到可以忽略；其三，统计者的疏漏。但结合1941年的调查资料，我们可以认为临潼县在1918—1941年是不种水稻的；至于棉花，民国十九年（1930）的统计资料显示陕西省棉花以"临潼、渭南、华县、华阴、三原、高陵、鄜（富）平等处为盛"，说明棉花成为临潼县的主要秋季作物至少始于1930年。

上述临潼县1776—1941年耕地面积及作物品种的变化虽然不尽准确，但从中依然可以窥见其种植制度的变化。

另一调查地点兴平县的基本情况：位于关中地区之西，全县面积为5926平方千米，人口138604人，其中，男76086人，女62518人，性别比例为122。兴平县地势平坦，有原上原下之分，原上为紧接冲积平原之黄土台塬，原下是渭河冲积平原。渭河流经本境南部，渭惠渠横贯本县中部，长30千米，境内有农田1000顷可受益渭惠渠。兴平县农作物以小麦、玉米为主。原上多种小麦、油菜，原下多种玉米，渭河滩地间可种水稻。

虽然调查人员对兴平县的基本情况做了如上交代，但在下面的统计表中（表5-3），却并未将水稻种植情况统计进去，应该是栽培面积极其有限的缘故。

---

① 下面两个统计资料据建设委员会编：《开发西北计划》，西安市档案馆编：《民国开发西北》，陕内资图批字（2003）年095号，第138页。

表5-3　兴平县民国三十年(1941)各季作物栽培面积

(单位:清亩)

作物	栽培面积	作物	栽培面积
小麦	417014	大豆	17027
玉米	170480	甘薯	15592
油菜	160251	烟草	14668
大麦	75794	绿豆	13150
棉花	72923	糜子	6151
谷子	58247	芝麻	6036
高粱	57915	豌豆	
荞麦	19875		

资料来源:熊伯蘅、万建中编:《陕西农业经济调查研究》,李文海主编:《民国时期社会调查丛编(二编)·乡村经济卷》(上),福建教育出版社2009年版,第194—222页。

据此调查,兴平县作物中种植面积最大的是小麦;秋季作物中,玉米的种植面积最大,棉花位列第二,二者的种植面积都超过了传统的谷、粱、豆类秋季作物。

民国三十年(1941)临潼及兴平二县的复种指数为119.6%。将之与全国土地委员会调查的全国平均复种指数134.51%相比较,关中地区的复种指数低于全国平均水平。

临潼、兴平二县调查所得作物种植情况,应该能说明关中地区大部分县份的情况。我们可以认为,直到20世纪40年代,关中地区的土地利用仍以单季种植为主;玉米及棉花在关中地区大部分县的种植制度中后来居上,成为关中地区秋季作物中的主要作物。[1] 也有少部分县份略有不同:1943年,大荔县秋季作物依然是以粟类为主,粟糜占20%,大豆占7%,玉米、甘薯、高粱占1%。[2] 至少说明在调查当年,玉米并未成为大荔县的主要秋季

---

[1] 棉花与罂粟是同期作物,20世纪40年代增加的棉花种植面积此前部分是种植罂粟或其他作物的。

[2] 参见陕西省农业改进所第八区农业推广辅导区(大荔区农业推广所主任霍家驹)调查,陕西省粮食增产总督导团:《农业生产环境变动情况卷》(二),陕西省档案馆藏,档案号:77—1—141—2。

作物。

农业生产具有很强的惯性,关中地区农民有长期以来形成的重视冬小麦种植而疏于秋季作物种植的生产习惯,致使关中地区长期以来复种指数不高。[1] 虽然这种现象随着玉米、棉花、罂粟及甘薯等作物的传播与推广有所改善,但进程比较缓慢。有学者对关中地区的复种指数进行了计算:"明清关中地区在耕作制上有了些明显之变化,二年三熟制已较普遍,其复种指数约为110%。"[2]

自1927年以后,南京国民政府将开发西北作为要务之一,在这样的背景下,关中地区作为西北开发的首冲得到重视。[3] 1934年,全国经济委员会会同陕西省政府成立了陕西省农业合作事务局,为农村信贷注入资金,还成立棉花改进所等机构,为增加粮食和棉花生产做了大量的调查、试验及推广良种工作。因此,20世纪20年代以后,关中地区的种植制度开始有比较大的变化。民国年间调查计算得来的关中地区的复种指数比之有提高,应该能够较准确地反映关中地区的复种情况。

总之,笔者认为,1644—1949年,若以作物复种情况来衡量关中地区农业土地利用情况,可以做这样的阶段划分:清初至乾隆朝前期,是关中地区农业生产恢复阶段,作物种植以夏季作物为主,秋季作物种植零散,主要分布在外来客民比较集中的耕作条件相对较差的山、塬及河滩地,作物种植结构多沿袭传统,比较单一;乾隆中期以后至咸丰年间,是玉米等秋季作物从山区逐渐向平原推广的时期,同时,小麦等夏季作物也在山区开始种植,这一时期,玉米等新作物丰富了作物结构,复种指数有所提高;自同治朝开始,回民起义及严重的自然灾害对农业造成沉重打击,直至民国初年,关中地区

---

[1] 关中地区不重视秋季作物种植与关中地区的气候条件、秋季作物的产量、价值等诸多因素都有关系,此处只提到了习俗的影响,不表示笔者无视其他因素。

[2] 杨贵:《古代关中农业劳动生产率考》,《中国农史》1991年第3期。

[3] 戴季陶:《中央关于开发西北之计划》(1932年4月21日):"若就历史上、政治上、经济上之地位而言,则建设西北国防……自当西安始。关中之建设完毕,乃经营兰州,而以甘肃为起点,完成整个中国国防建设。"

的农业大多耕作粗放，直到 20 世纪 20 年代以后，这种情况随着国民政府复兴农村、开发西北等举措的实施才有所改善。但就种植制度而言，直到 20 世纪 50 年代，秋季作物的种植也依然不能与夏季麦类作物等量齐观。

关中地区有重农的传统，在一般种植制度之外，有将精耕细作技术发挥到极致，从而成为传统农业土地利用典范的杨屾，由于他能够因地制宜地对农事活动进行统筹安排，二年三熟甚至多熟也得以实现。杨屾将自己躬耕田亩总结的精耕细作农业生产技术汇集成《知本提纲》，他认为"补助肯叠施，何妨一载数熟"。

郑世铎的注释则更透彻地解释了这个问题①，他说：

> 若夫勤农，多积粪壤，不惮叠施补助，一载之间，即可数收，而地力新壮，究不少减。夫频粪之利，他方勿论，愚家固常亲验，有三收者。其法：冬月预将白地一亩，上油渣一百五六十斤，治熟。春二月种大蓝，苗长四五寸，至四月间，套栽小蓝于其空中，再上油渣一百五六十斤。五月挑去大蓝，又上油渣一百五六十斤。六月剪去小蓝，即种粟谷。秋收之后，犁治极熟，不用上粪，又种小麦。次年麦收，复栽小蓝；小蓝收，复种粟谷；粟谷收，仍复犁治，留待春月种大蓝。是岁皆三收。

这里的一年三收包括大蓝、小蓝在内，如除去非粮食作物大蓝、小蓝，只算粟麦则为二年三熟。

另外，位于关中地区平原东北面的韩城县"芝川司马坡迤北，水渠纵横，悉种麻枲，近陇坡者，率以木棉，计亩可收禾稼之利二倍许。近复种蓝为澱，澱收则复以谷，谷收后复麦。其勤苦殆十倍他邑也"②，也是谷、麦二年三熟制。

---

① 参见王永厚：《〈知本提纲〉中的耕作技术》，《耕作与栽培》1984 年第 5 期；王毓瑚辑：《秦晋农言》，中华书局 1957 年版。
② 《韩城县志》（乾隆）卷 2《物产》。

令人叹为观止的是杨屾在《修齐直指》中指出:

> 一岁数收之法。法宜冬月,预将白地一亩上油渣二百斤,再上粪五车,治熟。春二月种大蓝,苗长四五寸,至四月间,套栽小蓝于其空中,挑去大蓝,再上油渣一百五六十斤。俟小蓝苗高尺余,空中遂布粟谷一料。及割去小蓝,谷苗能长四五寸高,但只黄冗,经风一吹,用水一灌,苗即暴长,叶青。秋收之后,犁治极熟,又种小麦一料,次年麦收,复栽小蓝,小蓝收,复种粟谷,粟谷收,仍复犁治,留待春月种大蓝。是一岁三收,地力并不衰乏,而获利甚多也。如人多地少,不足岁计者,又有二年收十三料之法,即如一亩地,纵横九耕,每一耕上粪一车,九耕当用粪九车,间上油渣三千斤。俟立秋后种苯蒜,每相去三寸一苗,俟苗出后,不时频锄,旱即浇灌,灌后即锄。俟天社前后,沟中种生芽菠菜一料,年终即可挑卖。即起春时,种熟白萝卜一料,四月间即可卖。再用油渣煮熟,连水与人粪盦过,每蒜一苗,可用粪一铁勺。四月间可抽蒜苔二三千斤不等。及蒜苔抽后,五月出蒜一料,起蒜毕,即栽小蓝一料。小蓝长至尺余,空中可布谷一料。俟谷收之后,九月可种小麦一料。次年麦收后,即种大蒜。如此周而复始,二年可收十三料,乃人多地少救贫济急之要法也。①

文中叙述的一岁三收的种植顺序是这样的:大蓝→小蓝→粟谷→小麦→大蓝;二年十三收的种植顺序:蒜→菠菜→白萝卜→小蓝→谷→小麦→蒜。

这种一年多收甚至二年十三收的种植制度将传统的间作套种技术发挥到了极致,最大限度地利用了土地。何为间作? 间作是同一块土地上成行或成带状间隔种植两种或两种以上作物。套种则是在前季作物收获前,在

---

① 转引自(清)杨屾编著,(清)刘光蕡评:《修齐直指评》,《关中丛书》第三集,艺文印书馆景印民国二十三年至二十五年(1934—1936)陕西道志馆排印本。

行间播种下一季作物,前一季作物收获后,套种作物继续生长的种植法。①杨屾在这里将夏季粮食作物、秋季粮食作物和蔬菜进行间作套种,使地力发挥到极致。当然,人力也要发挥到极致才可实现。

萧正洪认为,这种作物种植制度,除了热量、光照等必备条件外,还要综合利用水利灌溉、深耕细作和多粪力勤等技术手段才能够实现。事实上,在清代的黄土高原区,只有关中地区具备这样的环境条件和技术能力。②

环境条件及技术能力具备之后,劳动力的因素成为决定因素。为《修齐直指》做评注的刘光蕡说:"先生(指杨屾)一生讲学之资,尽出耕桑树畜,凡此后所言,皆身亲试验而获其效者,非空言也。"

笔者认为,这块土地是杨屾的试验田,这样的耕作制度固然充分利用了土地,但要推而广之,绝非易事。此外,这几个范例都是乾隆年间的。乾隆年间的精耕细作有赖于社会秩序及气候条件的相对稳定,而人口增加使人均拥有田地数减少,则是促使关中地区采用精耕细作的动因。③农业生产是一个非常复杂的系统。它兼受自然环境和社会条件的制约。任何一个特定的因素的作用只有在系统的协调之下才能发挥作用。④关中地区虽然自战国晚期就初步完善了精耕细作技术⑤,并且被视为精耕细作农业技术的典型区域,但事实上,相对粗放种植的方式,如对于离村庄较远的农田一年只光顾三次(播种一次,收获一次,中间锄草一次),在实际生产生活中是大量存在的。

综上,我们认为,1644—1949年,关中地区种植制度在进步,表现为作物品种及种植面积的增加,复种指数也有一定的提高。作物品种增加,引起

①　参见李根蟠:《中国农业史》,文津出版社1997年版,第312页。
②　参见萧正洪:《环境与技术选择——清代中国西部地区农业技术地理研究》,中国社会科学出版社1998年版,第37—38页。
③　参见周荣:《清代前期耕地面积的综合考察和重新估算》,《江汉论坛》2001年第9期。该文指出,从康熙二十四年(1685)到乾隆三十一年(1766),陕西人均耕地数量由12.99亩下降到3.53亩。这一人均耕地水平低于全国平均水平。
④　参见游修龄:《占城稻质疑》,《农业考古》1983年第1期。
⑤　参见王勇:《东周秦汉关中农业变迁研究》,岳麓书社2004年版,第77页。

作物制度变化,在时间与空间层面上都丰富了关中地区的种植制度,提高了土地产量,对于关中地区农业土地利用的进步意义重大。

第二节　关中地区的养地制度

诚如何炳棣所言:"中国农业的核心是作物制度。在缺乏重大技术发明的情况下,作物的性能足以使农业的前沿地带越来越离开低地、盆地和谷地而进入较干旱的丘陵和山区。"[1]作物制度重要,但作物制度的变更一定要伴随养地制度的进步才能实现。关中地区地处半干旱地区,农业土地利用技术的重点就是蓄水保墒。关中地区的土壤经过长时段的垦辟,形成了较厚的适宜农作的耕作层;另外,制用肥料也是增产的重要技术环节;欲善其功,先利其器,生产工具的改进对生产效率的提高意义重大。笔者认为,和农业生产密切相关的技术包括耕作技术和生产工具的制造、改进、使用等两个方面。

一、耕耨保墒

关中地区因为气候干燥,蒸发量大,降水量小且年际分布不均,干旱遂成为本区农业发展的最大限制因素。自古以来,面对大自然的不利条件,先民总是选择在苦旱的环境下极力发展抗旱技术。关中地区因为有渭河及其支流流过,相对黄土高原其他地区,自然条件稍显优越。人们普遍认为,渭河流域农业在春秋战国时期已经处于领先水平。但彼时,关中地区的土地利用并不似后来那样无处不垦、无处不种。许多未经排水技术处理的隰地,并没有开发利用,高亢之地,也并未被尽垦为农田。[2] 关中地区的土地覆被

---

[1]　[美]何炳棣:《明初以降人口及其相关问题:1368—1953》,葛剑雄译,生活·读书·新知三联书店2000年版,第199页。
[2]　参见王勇:《东周秦汉关中农业变迁研究》,岳麓书社2004年版,第二章。

以自然生长的林草为主。秦汉以后,关中地区人口增加,农田渐次扩大,一些大型水利工程开始修筑。但清代以来,水环境的变迁使得很多大型水利工程难以为继,水资源条件和技术因素的限制也无法兴修大型水利工程。

关中地区的自然土壤以黄土为主,一般认为黄土形成于干燥环境之下,黄土疏松,质地均匀,透气透水性好。但是土壤空气与大气交换的过程同时又是土壤水分蒸发散失的过程,过于疏松的土壤,蒸发失水的速度也快,极不利于土壤保水。而水分是植物的重要构成部分,直接参与植物体内的代谢过程,能为植物提供细胞分裂和生长必不可少的水分,使植物保持其固有的姿态。水还是植物体温调节剂,能够调节可见光的通透性和植物的生存环境。水对作物生长的重要性自不待言,而土壤就是水分的载体,水分是决定土壤中的离子是以扩散还是质流方式迁移的重要因素,也是有机肥料矿化的决定条件,直接影响土壤养分的有效性及作物对土壤养分的利用效率。①

土壤中的水分是植物生长过程中汲取所需水分的重要来源,对于不能灌溉的耕地而言,充分保持利用土壤中的水分尤其重要。关中地区自战国以来,就开始通过特定的耕作措施,提高土壤的蓄水、保水能力,使作物生长在"天旱地不旱"的土壤水分环境中。西汉晚期的《氾胜之书》全面总结了在相对干旱的环境中栽培冬小麦的技术,防旱保墒是其技术核心。② 当时已采用深耕提高土壤蓄水能力、碎土以减少土壤水分蒸发的措施,称为"深耕熟耰",或"深耕疾耰"。耰,就是用木槌碎土。这些技术在以后的实践中不断发展,到北魏时期,便形成了一整套耕作保墒技术,包括深耕蓄墒、耙耱保墒、镇压提墒、中耕保墒等一系列技术措施。清代以来,关中地区耕耱保墒技术主要集中在《知本提纲》《修齐直指》③及《农言著实》三部农书中。

---

① 参见吕桂英:《水分对作物生长发育和产品质量的影响》,《中国种业》2007 年第 3 期。

② 转引自万国鼎辑释:《氾胜之书辑释》,农业出版社 1980 年版,第 109 页。

③ 杨屾的门生刘光蕡作《修齐直指评》,对杨屾的理论解释扩充颇多,收入《关中丛书》第三集(艺文印书馆景印民国二十三年至二十五年(1934—1936)陕西道志馆排印本)。

这三部书在清代曾广为流传,被称为关中地区三大农书,对指导旱地农作物种植作出了切实的贡献。

《知本提纲》及《修齐直指》的作者杨屾[①](1687—1785?),陕西兴平人,致力于农学理论与实践研究。大致在康熙末年,开始在养素园中进行农桑试验,并指导门生。养素园占地十余亩,周围栽种桑树和用材树木,园内间作套种各种果树、蔬菜和药材,园中央凿一井,安装有水车,供抗旱浇园之用。

《知本提纲》中提到"有浅耕数寸者,有深耕尺余者,有甚深至二尺者"是讲深耕和浅耕的尺度。无论深耕还是浅耕,都有其适用的时机。"初耕宜浅,破皮掩草;次耕渐深,见泥除根;转耕勿动生土,频秒勿留纤草。"夏季收完麦子之后,雨水比较难得,因此首次耕地选择浅耕,把割过麦子的麦茬掩埋起来,在地表形成一层疏松的覆盖层,减少土壤水分蒸发。夏收一个月以后,可以深耕,这次深耕,要把地里长出的杂草翻到土下,把下面的土壤翻上来,相当于倒了一遍土,深耕之后便于土壤接纳储蓄七、八、九月的降雨,有利于防止水土流失、蓄水保墒。最后的浅耕,也就是所谓的"转耕",目的在于收墒,同时结合耙、糖等过程,使土壤细碎化,进而破坏土壤的毛细作用,最大可能将水分保留在土壤中,以供麦子在来年春旱时利用。后来,有人把这种耕地的程式概括为"浅—深—浅"。这种"浅—深—浅"的耕作方式,就是建立在对关中地区降水规律及耕地的墒情需要的准确把握基础之上。

《农言著实》的作者杨秀沅生于乾隆末年,卒于道光末年。早年潜心儒学,专事考场,直到四十余岁科考未果,晚年于献陵旁置办田产,耕读持家,将自己躬耕田亩的经验汇集成书。[②] 因自命其住处为"半半山庄",其农学著作《农言著实》亦称《半半山庄农言著实》,涉及旱地农业的种、耕、收、藏

---

① 参见兴平县地方志编纂委员会编:《兴平县志》,陕西人民出版社 1994 年版,第 886—887 页。

② 参见三原县志编纂委员会编:《三原县志》,陕西人民出版社 2000 年版,第 1023 页。

等技术。其中对于耕耱保墒等技术总结道:"麦后之地,总宜先揭过,后用大犁揭两次。农谚云:'头遍打破皮,二遍揭出泥。'菜子地、豌扁豆地,总要用大犁揭过两次。"①讲的也是麦收之后,浅耕再多次深耕的耕作方法。在实际耕作过程中,耕地的程式并不是"浅—深—浅"一成不变的。杨屾指出,如何耕地要视地形而定,"如山原之田宜深耕,隰泽之田宜轻用锄耱"。他的说法很有道理,位于地势高仰的山坡原上的田地,距离地下水源远,深耕能破坏土壤毛细作用,起到保墒的作用,而地势低下的隰泽之地,因为接近水源,无须深耕。

在关中地区广为流传的"伏里深耕田,赛过水浇田""棉花锄七遍,桃子像鸡蛋""锄头有水,杈头有火""种成的麦子,锄成的庄稼"等农谚,和农书中所记载的在适当时机,需要对土地进行深耕、耙锄,进而达到涵养水源的道理是一致的。通过耕、锄、耙、耱等技术手段,能使土壤中既保有空气,又能涵养住水分,所谓"细燥而易于受水,一有种植,根本深固,外风不能入,内泽不能出"。

对于庄稼种植,杨屾与杨秀沅倾注了辛勤的劳作,杨屾指出:"凡耕种栽锄,皆经理之事也。其勤垦不已,如养育婴儿,爱护可谓至矣。"杨秀沅在《农言著实》中也说:"庄稼不是容易事,总要时刻用心。"

耕耱保墒是缺乏灌溉条件,主要依靠降水的旱作技术,适用于关中地区大多数旱田。

二、施肥增产

除水分外,土壤中的营养物质含量对作物的生长状况的影响也是显而易见的。中国古代以农立国,长期的生产实践使古人对通过施肥增加土壤肥力有了深刻的认识。古人把土壤中的有机质称作"肥",把能增加土壤有机质的动物便溺及植物腐殖质等有机肥都称作"粪"。宋代陈旉认为,"土

---

① (清)杨秀沅:《半半山庄农言著实》,上海图书馆藏清光绪二十三年(1897)柏经正堂刻本。"揭地"是关中地区方言,即翻地的意思。

敝则草木不长，气衰则生物不遂"的三五年地力就会衰竭的看法是不对的，他指出，"若能时加新沃之土壤，以粪治之，则益精熟肥美，其力当常新常壮矣"①。陈旉的观点为农家之共识。

清代关中地区的农书也对施肥以改良土壤增进其肥力的农作技术做了记述和总结。《修齐直指》指出"买田不如粪田""积粪胜如积金""粪多力勤"，在作者看来，与其广种薄收，不如多积肥，多施肥，多劳作，就能最大限度地获得收成。

对于如何制作肥料，杨屾通过实践，加上对前代农书的总结，提出积肥的十种方法和施肥的三种适用原则。

所谓"酿粪十法"是指十种不同的有机肥源，即：

人粪：包括人粪、人尿；

畜粪：包括厩肥、鸟兽粪、蚕沙等；

草粪：包括一切落叶、菜根、作物秸秆、无子杂草和大蓝渣滓，以及田中锄下的杂草等；

火粪：包括草木灰、炕土、墙土、硝土等；

泥粪：即阴沟、渠塘、河底的淤泥；

骨蛤灰粪：包括一切禽兽骨及蹄角、蚌蛤等物燃烧的灰烬；

苗粪：包括黑豆、绿豆、小豆、脂麻、葫芦芭等绿肥作物；

渣粪：包括油菜籽渣饼、脂麻渣饼、棉子渣饼等；

黑豆粪：指用黑豆沤制的肥料；

皮毛粪：一切鸟兽皮毛及猪毛皮渣等。

这些肥料，都是有机肥，施用时要保证肥源经过了充分的发酵。否则，有可能一来肥效无法充分发挥，二来烧坏作物幼苗。

有机肥沤制以后，还要正确施用。杨屾依据关中地区的气候及土壤特点，提出施肥要遵循"时宜""土宜""物宜"的原则：

---

① 刘立荣：《中国古代有机肥制用及其启示》，《西北大学学报》（自然科学版）2015 年第 4 期。

时宜者,寒热不同,各应其候。春宜人粪、牲畜粪,夏宜草粪、泥粪、苗粪,秋宜火粪,冬宜骨蛤、皮毛粪之类是也。

土宜者,气脉不一,美恶不同,随土用粪,如因病下药。即如阴湿之地宜用火粪,黄壤宜用渣粪,沙土宜用草粪、泥粪,水田宜用皮毛蹄角及骨蛤粪,高燥之处宜用猪粪之类是也。……又有碱卤之地,不宜用粪,用则多成白晕,诸禾不生。

物宜者,物性不齐,当随其情。即如稻田宜用骨蛤蹄角粪、皮毛粪,麦粟宜用黑豆粪、苗粪,菜蘑宜用人粪、油渣之类是也。皆贵在因物试验,各适其性,而百谷自倍其收矣。①

这里所谓"各应其候""随土用粪""各适其性",充满阴阳辩证思想。这些粪田的法则,来源于杨屾长期田间耕作经验的积累,又经过他试验总结,皆"自无不宜"。

此外,杨屾还提出一个土壤自肥的方法:"宜夏月筑短墙数行于田间,秋后复平为田,其土自肥,禾根亦深入,则一亩能收数亩之利。"这实际上就是在夏季作物收获后,不播种任何作物,将耕地中的土堆砌成低矮的土垄,到秋后平复耕种。笔者揣测,这样做实际上是对耕作土壤做了一次深翻,再平复为田时实际是对土壤表层和里层进行了换置,相当于倒了一遍土。

施肥对于保持地力、充分利用土地非常重要。《知本提纲》中的二年十三收就是在多施肥、保障水分的基础上实现的。

杨秀沅也指出:"农家首务,先要粪多。"在积肥方面,杨秀沅讲了积牲畜粪肥的经验:

或曰多买牲口,则粪不忧其少矣。余曰:不然,有牲口而不衬圈,与无牲口者何异?即衬矣,而不细心,与有牲口而少者何异?或曰是何说

① (清)杨屾编著,(清)刘光蕡评:《修齐直指评》,《关中丛书》第三集,艺文印书馆景印民国二十三年至二十五年(1934—1936)陕西道志馆排印本。

也？余曰：此事要亲身方能晓得。自家有人经理，不必言矣，若无人必先与定之以日，约之以时，几日一圈，或十日，或十五日，总要一定之期，不可改易。又必须于每日早晚两次著伙计衬圈，粪要拨开，土要打碎，又要衬平，或早刻用多少，晚间亦如之。照日查验，每过十日一期，必令伙计出圈。周而复始，总要亲身临之。则日积月累，自然较旁人多矣。夏天土多则牲口凉，冬天土多则牲口暖，此不可不知也。①

这段话的中心思想是，为了多积肥，就要精心处理牲畜粪肥。具体操作时要勤用土铺垫牲畜圈棚，每晚垫两次土，且垫土要平整，经牲畜踩踏与其粪便混合后要及时清出圈棚堆制，使其发酵，清理周期为 10 天左右。这样做不但能够多积肥，也能使牲畜圈棚环境更适宜些。在粪肥施用上，杨秀沅亦有其独到的心得：

十月糖麦巧上粪，人人皆知，而其实巧处，人究不知也。种麦后用耙将地跟过。俟十月有雨后糖地，即无雨也要糖地，彼不跟，何尝不糖？何如我跟过再糖，其功之疏密，不必等来春生发时，看其瞎好，目下就穰和多矣。②

在麦子播种之后，用耙进行表土作业。耙地能够疏松土壤，使粪肥在土壤中均匀分布，耙过地之后，等落雨后再糖地，糖地能够切断土层中的毛细管，减少土壤中水分蒸发，起防旱保墒作用。从杨秀沅的记载看，小麦播种后再耙再糖的程序是他的田地收获优于他人的重要原因，了解如此进行耕作并能亲历亲为的民众应该不多。

---

① （清）杨秀沅：《半半山庄农言著实》，上海图书馆藏清光绪二十三年（1897）柏经正堂刻本。

② （清）杨秀沅：《半半山庄农言著实》，上海图书馆藏清光绪二十三年（1897）柏经正堂刻本。跟地，指用耙耕作使块状土壤细碎化。

被专门讲求农业生产技术精益求精的躬耕者视为"金水"的粪肥在民国初年的农耕者眼里,并没有那么重要。据民国调查资料①:

> 在肥料方面,当地农民不注意肥料的贮藏,人粪尿随意撒播,任其消耗,秸秆也遗弃掉,不会加以利用。这样一来,在田间需要施肥的时候,无充足的肥料可用,而田间没有充足的肥料,地力就会不足。在此种状况之下,如果连续种植秋季杂粮作物,第二年小麦减产则是确定无疑的。所以,当地农民选择麦收之后让地休闲,不种秋季作物,借此恢复地力。在此种管理粗放的耕作技术之下,不种秋粮的习俗陈陈相因,而农民不知究其根底,只是因袭。

针对这些问题,陕西省农业改进所下辖之大韩区农业推广所技术人员采取了两种措施来帮助农民改变行为习惯,进行日常积肥:其一是帮助农民建筑厕所,用砖建筑集聚粪便的坑池或者用缸代替,人粪尿及各种污水均可聚集其间,成为"一种最良好之完全肥料";其二是利用废物制造肥料。将各种作物废弃秸秆或于农闲时,与在野地收集的杂草一起堆放,使其腐烂,也可以得到良好的肥料;还可以将各种秸秆晒干后,用火焚烧,燃烧之后的草木灰和人粪尿拌和,也是上好的肥料。② 这些做法其实是对古代制作有机肥方法的继承。除此而外,陕西省国民政府还曾把建立化学肥料厂列入计划中。③ 1947—1950 年,陕西省进行了化学肥料试用,1947 年全省施用化肥 16.80 吨(按化肥养分纯含量计)④,虽然使用量小到对全省粮食的产

---

① 陕西省农业改进所:《大韩区杂粮推广工作报告》,陕西省档案馆藏,档案号:73—2—693.1。
② 参见陕西省农业改进所:《大韩区杂粮推广工作报告》,陕西省档案馆藏,档案号:73—2—693.1。
③ 参见刘立荣:《中国古代有机肥制用及其启示》,《西北大学学报》(自然科学版)2015 年第4 期。
④ 参见彭琳、彭珂珊:《陕西省粮食生产与化肥施用》,《西北农业学报》1998 年第2 期。

量几乎起不到作用的程度，但毕竟是有益的尝试。1950 年以后，陕西省化肥用量开始较快增加，粮食产量也随之增加。

三、工具改进

关中地区农作历史悠久，至清代，已有两千余年，其生产方式自秦汉以来已基本固化，清代以来，在农具改进及耕作技术提高方面取得显著进步的情况较少。但农具的进步并不局限于农具种类的增加或形制的变化，铁质农具制作技术的些微改进也可能为小农经济注入新的活力。明代中叶以后，锄、锹、镢、镰等小农具一般采用"生铁淋口"方法制作。《天工开物》卷10《锤炼》云："凡治地生物，用锄镈之属，熟铁锻成，融化成生铁淋口，入水淬键，即成刚劲。""用这种方法制造农具，不需要加钢打刃，制作方便、省时、成本低，而又耐磨、韧性好、锋刃快，且能经久耐用。但这种方法只适于制作小农具，犁铧仍需生铁铸造，铁搭、犁刀等仍需加钢锻打。故'生铁淋口'技术的发明虽然也是我国铁制农具制作的一次改革，但其范围和意义不及可锻铸农具和熟铁钢刃农具的推广。不过用这种方法制作价格比较低廉的农具，正适合小农经济的需要，其作用不可低估。"①据地方志记载，关中地区的县城及主要"市镇"有定期的集会，供民众交流物资。在农忙前，为方便民众购买农用物资，更有比较特殊的集会，如大荔县的"麦黄会"，在农历四月麦黄收获期将近的时候开集。② 生铁淋口的铁质农具得以推广。

《知本提纲》③中还提到关中地区使用的农具："用犁大小，因土之刚柔，刚土宜大，柔土宜小"；开垦荒地则用"坚重大犁，或二牛，或三牛以开之"。说明当时的犁有小犁、坚重大犁之别。小犁适于浅耕，大犁用于深耕，"坚重大犁"可深耕至 2 尺余。深耕犁的发展，反映了耕作技术的提高。

---

① 李根蟠：《中国农业史》，文津出版社 1997 年版，第 310 页。
② 参见《大荔县续志》(民国)卷 4《土地志·风俗二》。
③ (清)杨屾：《知本提纲》，乾隆十二年(1747)刻、民国十二年(1923)补版印本，崇本斋藏版。

此外,《知本提纲》还提到套耕法,一般这样进行:双牛套大犁在前面耕地,一牛套犁在后进行耕作,前边是深耕,后边主要是将深耕出来的大块土壤细碎化,以达到疏松土壤、保持墒情的目的。

锄头是我国一种传统的长柄农具,刀身安装在木柄一端,与木柄成直角,刀身平薄,在农业土地利用中广泛使用,可用来进行收获、挖穴、作垄、耕垦、盖土、除草、碎土、中耕、培土等作业,属于万用农具,是农人最常用的工具之一。使用时以两手握柄,做回转冲击运动。其构造、形状、重量等,依地方和土质而异。《农言著实》中则提到一种叫漏锄的工具:"漏锄、笨锄总要有角,无角锄,锄地不好……"这两种锄头略有区别。漏锄是在刀身上镂有竖条状空隙,而笨锄的锄头则是完整的。与笨锄比较,漏锄一是使用起来比较轻便;二是锄草时草根带起的泥土可以从空隙中漏下去,使草根彻底脱离泥土,锄过后杂草不会复活;三是锄草带出的泥土经空隙漏过,不会结成块,既细碎了土壤,又不致块状土壤压伤生长中的种植作物。这种锄头就是对传统农具进行了小改良,尤其适宜在关中地区疏松的垆土上使用。

平地与原地的土地因为高度的不同,作物生长发育会有差异,有经验的农人则根据"地气"之不同采用不同的工具来耕种和收获。如三原杨秀沅根据自己经验总结的平地与原地的小麦收获时间有差,"麦熟时节,先收平川,次收原上"。收割工具也要根据麦子生长的地理条件决定,杨秀沅提到了一种叫"杆子钐"的工具。杆子钐是收割小麦用的一种较镰刀略大的传统农具。它的构造是这样的:一个木制长手把(右手把握),连接一个盛麦子的大竹筐;另一木提手(左手拉)用细绳连接在镰刀(一米长,五六厘米宽)处的竹筐上。当时三原农民普遍使用杆子钐收割小麦,其效率比镰刀要高,但杨秀沅却认为平川产量高的地块不适合用杆子钐收割,因为会产生浪费,而收割原上生长状况不好的麦子时,他认为使用杆子钐是合适的。[①]

国民政府在生产工具的改进方面做了很多有益的工作,主要包括引进

---

① 参见(清)杨秀沅:《半半山庄农言著实》,上海图书馆藏清光绪二十三年(1897)柏经正堂刻本。

和自主研发。从 20 世纪 30 年代开始，农业部门从外地引进新式农具，主要有用于棉田中耕的拉锄、棉花播种的条播机及喷雾器等。

由于棉花的推广种植，纺织成为关中地区依附于植棉业的重要产业，这一行业也有工具的改进。民国《乾县新志》卷 2《地理志·会社》记载，乾县有敬业土布改进社：

> 邑人刘文伯鉴于织机纺车不能改进，曾于民国二十一年，捐给建设局改良纺织费一千元。平民工厂，即以此款作为基金。后文伯回县，考查内容，未能充分发达，遂又创办土布改进社。其三弟一纯，系织纺专家，悉心筹办，以其别业为厂址，添筑房数十间，购买新式织布机二十架、新式纺纱机十架。拟具简章，呈报立案。延聘技师，召集学徒，从事训练。原拟工徒训练纯熟，如系某村人，即令回某村倡办。如无力购机，由改进社用贷款方式，贷给织机，带回本村，传授妇女，俾得普遍学习，以期逐渐改进。现迫于时局，未能实行专事训练工徒，将来战胜事平，当能逐渐推行，则全境织纺之改进，此社实为基础也。又旧纺车，左手抽线，右手搅轮。范紫东即本此式，于右旁添一锭，中添一轮，以脚踏转轮，左右手可抽两条线，其模型即安置于改进社，且甚是简单，购置甚易。如普遍仿制此车，令妇女练习之，至纯熟以后，其生产力当能增加两倍。盖脚踏之速率较大故也。此最宜重视而不可忽者。

经改进后的纺车，如使用熟练，其功效可达到以前的两倍。

民国时期，从 20 世纪 30 年代开始，国民政府农业部门从外地引进新式农具入陕。如播种棉花的条播机、棉田中耕的农具拉锄，以及用来喷洒农药的背负式喷雾器等。民国二十二年（1933），陕西省机器局曾自制水车、汲水机、凿井器、中耕器、新式犁、轧花机、弹花机等。随着棉花的推广种植，种植加工棉花的新式农具在农村开始使用。民国二十三年（1934），陕西省棉产改进所成立后，关中地区主要产棉区推广棉花生产作业需要的条播机，改良拉锄机等农具。民国二十六年(1937)六月,陕西省泾阳植棉指导所提出设厂制造以拉锄机为主的新式农具,经招商由乾丰铁工厂制造,由植棉指导所推广销售。同年试制的8架拉锄机运往咸阳及渭南等地。初期制造的拉锄机,经过实际使用后,又得到了改进,由原来一张刀刃,改为带3刃,有利于调整棉花行距。试制和改进拉锄机的同时,陕西省棉产改进所根据农民意见,决定将棉花条播机改装为棉花、小麦播种两用机,由泾惠区植棉指导所负责进行。后来还曾在关中地区推广棉花单行、双行条播机,改良拉锄机和五齿中耕器,但这些新式农具的使用,范围极其有限,多数仅限于农场及铁路沿线交通便利的极少数的重点农村,未能在关中地区全面推广。抗日战争胜利后,从外地引进的新式农具增多。苏联就赠送陕西一台履带式拖拉机,但拖拉机运回后缺少配套农具,因此一直被闲置在武功西北农学院。以后,各地相继引进了一些新式农具,也出现了一些农具改革者,使农具改革工作一度有了新的发展。①

此外在永寿、邠县、旬邑一带农村的山区,还有民众使用改进后的推镰,主要用于荞麦的收割。②

以上我们从三个方面总结了清代关中地区的养地技术,资料主要来自关中地区农书,书中呈现给我们的是农人克勤克俭、躬耕田亩的图景。但这些技术在关中地区广大农村地区推广应用得如何,我们很难窥其全貌。杨屾一生致力于农桑,设馆传教,著书立说,先后从学弟子多达数百人,《知本提纲》即其讲学教材。他的著作包括《知本提纲》《论蚕桑要法》《经国五政纲目》《豳风广义》《修齐直指》等。流传较广的是《豳风广义》《知本提纲》及本书引用的《修齐直指评》(刘光蕡评),这三本书虽然最初付印于乾隆年间,但直到光绪年间才有诸多刻本流传。而杨秀沅的《半半山庄农言著实》则是在光绪十九年(1893),被时任三原县知县的刘青藜发现以后,出资刊

① 陕西省地方志编纂委员会编:《陕西省志·第十一卷·农牧志》,陕西人民出版社1993年版,第476—477页。
② 参见张波:《不可斋农史文集》,陕西人民出版社1997年版,第158页。

刻才在全县推广的。① 因此，这些农书中提到的农作技术在光绪以前是否就广为人知并被付诸实践，实际上是个问题。笔者认为，光绪年间地方官员之所以重视农书刊行、加强农业技术引导，与当时人口增多、粮食需求增大有直接的关系。

民国年间陕西省农业改进所在关中地区的调查资料为我们呈现的是完全不同于杨屾、杨秀沅书中所讲的精耕细作的另一幅粗放管理农田的图景。成立于1938年的陕西省农业改进所之下设机构在调查与农业推广工作中，发现了很多问题，这些问题被工作人员汇总，以下是大（大荔）韩（韩城）区的工作汇报材料②：

> 播种法有撒播、条播之别，本地农民多用撒播方法，苗出土后，约四五寸高，施行间苗一次。管理粗放，中耕锄草，不加注意，故田间多事荒芜，致作物生长不佳，影响产量。一般说来，杂粮收获欠佳，除天雨不适外，肥料缺失之外，即因当地农民懒惰，管理不周而致。

汇报材料说明，在大韩（大荔、韩城两县大部）区内，"只要人手勤，土地不亏人"的理念并不广泛为民众接受，精耕细作的农业技术并未被重视和采用，农业土地利用方式仍然比较粗放，诸如农作物疏于管理、不注意积攒和使用肥料等情况很普遍。工作人员将出现这些现象的原因归结于农民的懒惰。实际上，即使农田收获不多，农人也不愿多付出劳动加以改进，这种悖相的存在很有深意。表面看，的确是农民的懒惰造成的，但从更深层次思考，这种现象的产生应该与民众的价值取向有关，精耕细作所获得的增多收益需要付出更繁重的劳动，二者相比较，民众宁愿少些收获以减轻他们认为的过多的劳作负担。

在自然条件具备的情况下，关中地区农业土地复种指数的高低、土地利

---

① 参见三原县志编纂委员会编：《三原县志》，陕西人民出版社2000年版，第1023页。

② 陕西省农业改进所：《大韩区杂粮推广工作报告》，陕西省档案馆藏，档案号：73—2—693.1。

用中精耕细作技术的采用程度等事实上取决于参与农业劳动的劳动者本身,除改进所工作者指出的陋习相因的原因外,劳动者本身占有的资源,包括自己的劳动能力、劳动需要的必要成本,如工具、种子、畜力、时间等,以及劳动所能获得的预期回报,综合影响着劳动者的行为选择。可能正如有的学者所认为的,农民在长期的农业生产活动中会形成特有的意识、态度和看法,它们在特定的环境下是合理的,也是有效的。[1]

关中地区以耕耱保墒为中心的精耕细作技术由来已久,这种技术的形成是由关中地区半干旱的自然环境决定的,而这种技术在生产实践中是否被采用或采用到何种程度,却要由包括自然环境在内的更多的因素决定。笔者认为,关中地区的精耕细作技术有其应用的核心区,渭北干旱区显然不属于精耕细作技术应用的核心区。核心区主要包括今日西安市与咸阳市所辖各区县,即清时西安府所辖区域,但不包括同官县与耀州。人口、社会秩序、社会经济、社会习俗、土地所有形式等社会因素与自然地理环境共同决定了关中地区精耕细作技术被采用的程度。一般而言,人地矛盾显著的时期和地区,采用精耕细作技术的可能性就大,反之则小。对于这一问题还有进一步深入研究的空间。

第三节　关中地区种植结构的变迁及其原因分析

如何利用土地,对农业土地利用而言,主要是利用土地种植什么,而种植作物除受自然条件约束外,还要受到经济因素限制,其中利润率是首要的经济限制。对种植者而言,一种不能带来合理利润的农产品是不值得种植的。关中地区的土地利用也受利润率的影响,时间愈后,影响愈显著。

---

[1]　参见徐勇:《农民理性的扩张:"中国奇迹"的创造主体分析——对既有理论的挑战及新的分析进路的提出》,《中国社会科学》2010年第1期。

一、种植结构的变迁

关中地区的农业开发历史悠久,明末清初农业土地利用发展使得关中地区除大部分山岭外,土地覆被物主要为农作物。清朝建立到乾嘉年间,耕地纵向扩张使得高山部分自然覆被也被农作物取代。这一变化是伴随着农作物品种的增加与扩种发生的。

从清朝建立至乾隆年间,关中地区的农作物构成以冬小麦为主,也有少量谷类秋粮作物,农地复种指数不高。随着乾隆初年人口的增长与流动,玉米、马铃薯及甘薯①引进关中地区。由于这三种作物对土地质量要求不高,又耐寒冷,其种植由山地开始推广,丘陵区甚至高山区的自然植被由此被替代。乾隆年间以后,玉米在关中地区平原的种植也逐渐普及,使得关中地区的作物结构,除传统的麦作、粟作、菽作等之外,又加进了玉米及薯类。光绪年间开始,棉花在关中地区的作物结构中地位渐渐突出。

及至道光年间,罂粟又因其厚利为农人追逐。棉花与罂粟的种植对传统作物布局产生了深刻影响,挤占了传统粮食作物的种植空间,而它们又相互挤占。直到民国二十二年(1933),省政府开始禁绝罂粟种植,随后省农业改进所开始推广美棉及良种小麦等作物,并大力倡导秋粮作物种植,关中地区的作物结构方逐渐恢复到以粮食作物与棉花等经济作物为主要构成的作物结构中来。

1840年以前,关中地区的棉花种植在陕西棉花种植中处于引领地位。民国时期,关中地区的棉花无论是从种植面积看还是从棉花产额看,在陕西省棉花中所占比例均在90%以上②,棉花的大面积种植会挤占粮食作物的种植面积。1840年以后,追求经济利益在农民选择作物种类方面表现得非

---

① 关于甘薯在关中的种植,一般认为是乾隆年间,由时任陕西巡抚的陈宏谋倡导推广的,但《韩城县续志》(民国)卷1《田赋·物产》载:"甘薯,一名地瓜,俗名红薯。先产于直隶,由直隶入鲁入晋,咸同间陕人始有种者,近日各县皆种,而仍不甚多,此物若种得法,旱潦皆收……且能备荒。"有待再考。

② 张萍:《清代陕西植棉业发展及棉花产销格局》,《中国历史地理论丛》2007年第1期。

常明显。然而在此以前,关中地区"自给自足成份浓厚,商品生产微弱,市场意识相当淡漠"①。

鸦片战争以来,中国陆续开放通商口岸,外国商品开始向中国倾销,大机器生产也逐步由沿海引入内地。加之大量质优价廉的"洋棉""洋布"输入,本土纺织品市场被挤占,棉花种植的利益日渐衰微。随着国外鸦片输入逐年增多,中国对外贸易顺差变为逆差。为了减少贸易逆差,减少白银外流,政府对于嗜食作物罂粟的种植不再禁止,虽未明令,但实际上罂粟种植已经合法化。与其他作物相比,罂粟获利高,农民普遍开始大面积种植罂粟,陕西也不例外。

罂粟种植获利高,使得人们对罂粟种植趋之若鹜。罂粟的大面积种植挤占了棉花的种植空间,甚至传统粮食作物都受到影响。因而,关中地区在作物结构上,就呈现出了罂粟种植驱逐棉花甚至粮食作物的情况。这种状况一直延续到1937年"九一八"事变之后。日本在东北大量种植罂粟,导致鸦片价格有所下跌;同时,政府因为抗战需要粮棉量更大,而华北及全国各大产棉区相继沦陷,在此种情况之下,政府开始厉行禁种罂粟政策,较之前更大力度推广美棉、德棉及外国小麦等作物新品种,很快棉花种植又替代了罂粟。关中地区又一度成为支援抗战最重要的棉花基地,全国棉花总量中近二分之一来自关中地区。②

从现有资料看,华州罂粟的种植情况记载比较详细,种植过程比较典型。华州在清代属于同州府,是关中地区土地比较肥沃的地区,交通便利,手工业、商业都比较发达。明代华州的植棉、纺织业就比较发达。据嘉靖《陕西通志》统计,嘉靖时期政府在华州每年征收布匹12556匹,棉花1866斤,征收布匹、棉花之多仅次于泾阳县,在全省排第二位。③

---

① 钞晓鸿:《本世纪前期陕西农业雇佣、租佃关系比较研究》,《中国经济史研究》1999年第3期。
② 参见张萍:《清代陕西植棉业发展及棉花产销格局》,《中国历史地理论丛》2007年第1期。
③ 参见《陕西通志》(嘉靖)卷34《民物二·田赋》。

　　清康熙年间,棉花、布匹仍然是华州的大宗产品,农民所织土布不仅供农户自家使用,还在本地集市上出售,并销往邻县。鸦片战争后,华州种植业的结构发生了根本性的变化。华州物产"植物以农产物为最贵品,农产物又以谷类为最贵品。州境凭山,高仰之田宜菽、宜玉麦、宜黍、宜稷、宜芋,原隰宜稻、宜麦、宜秫、宜粱,就大较言之,当可为五谷之出产场。然而通计岁入,则蓝棉烟草之利视五谷值厚矣,罂粟之利视蓝棉烟草尤厚,谷贱病农,济以妖卉,饮鸩而甘,不其唏矣"[1]。这段话为我们勾画了华州以谷物为主的传统农作物分布情况,但因为罂粟的出现,传统的作物结构受到很大冲击。华州罂粟种植量有多大呢? 文献难见具体的数据,但从光绪《华州乡土志·物产·商务》中可略知一二:

　　　　州境西距长安不过二百里,东望华河,密迩晋豫。南通商雒,擅材木之饶。北带渭、得运输之便。交易四达,宜乎为居积逐时者之所走集矣。而输出之品独竹制器物为大宗,茧、丝、靛、棉、苇席、火纸运销不出百数十里。……而鸦片一宗,远及山西、河南、直隶、山东,每岁以钜万计。其输入品则煤、铁之舟汛于河渭,来自山西。洋布洋纱、中扇、纽扣、绸货来自西安;粟来自渭北,然独粟为至多矣,约计之,岁可四五百万石,大率以鸦片辗转相贸,然则华之民仰食于鸦片者殆十室而五六,此宁可长恃乎!

　　以上引证文献说明:华州民众在作物选择方面,普遍趋向于获利高的作物。光绪年间,因为粮食作物获利不及染料作物蓝及纤维作物棉和嗜食作物烟草,民众于是多种植蓝、棉及烟草,其后获利更高的罂粟又成为华州种植作物的主要品种,以至于州内民众所需的粮食要从渭北一带输入。粮食作物种植受到经济作物的排挤,虽然蓝、棉、烟草、罂粟等作物的种植面积没

---

① 《华州乡土志·物产》(光绪)。

有可以考量的数据，但从华州运出的货物看，鸦片数量非常大，棉花有所减少，粮食作物种植已经不能自给，其面积随着经济作物种植的扩大相应减少了，华州农民仰仗鸦片牟利的家庭占到一半多，说明罂粟种植在华州之普遍。

光绪《蒲城县新志》卷 1《地理志·风俗》："惟兵荒后，诸物昂贵，生计维艰，兼自洋药盛行，吸食者几十之六，伤生耗材，莫此为甚。"这里说蒲城吸食鸦片者达半数以上，应该也是在大量种植罂粟的基础之上形成的恶习。

对于罂粟和棉花种植，政府根据需要做过政策调整。罂粟与棉花在关中地区的盛衰除利润率影响之外，政府的政策在其中起了很大的调节作用。民国以来，军阀林立，各地方势力为了增强实力，扩充地盘，纷纷把鸦片视作筹饷的主要来源。为此他们强迫或诱使农民种植罂粟，借以抽取高额烟税。20 世纪 20 年代，关中地区乡民"如有田 2 亩，用以种粮，每年可得 20 元，尚不足以完税，如种鸦片，可得 100 元，即能盈余 50—60 元"[1]。自此以后，关中地区各县都有罂粟种植。1933 年，陕西各县种植罂粟"最高占地 95%，最低者亦占 30%……约在 175 万亩左右"[2]，郃阳县罂粟种植量也非常可观，据载郃阳县"商务无可言者"，而出入境的鸦片竟然"每年当不止十万金"[3]。关中地区的作物结构为之大变。

1934 年，当"行政院"农村复兴委员会对陕西灾后重建工作进行实地调查时，"潼关城内有商店 500 余家，其中 100 余家是鸦片商店……（西安）街上商店最惹我们注意的是鸦片商店。鸦片商店约四五百家。……（渭南）城里商店 200 余家，鸦片商店占 60 余家"[4]。

同年 11 月 19 日，26 岁的苏秉琦（考古学专家）与同事乘汽车从西安出

---

① 董成勳编著：《中国农村复兴问题》，世界书局 1935 年版，第 48 页。
② 马乘风：《最近中国农村经济诸真相之暴露》，《中国经济》1933 年第 1 期。
③ 《郃阳县乡土志》（民国）《商务》。
④ "行政院"农村复兴委员会：《陕西省农村调查》，商务印书馆 1934 年版，第 158—169 页。

发前往宝鸡县开展考古工作,大约 5 个多月后,苏秉琦一行从宝鸡县返回西安,对途中见闻做了记录:

> 我们所经过的宝鸡,郿县,盩厔,鄠县,可说是陕西种烟的中心区域。宝鸡县种烟约二万五千亩;郿县约一万多亩;盩厔约七万亩;鄠县约五万亩(以上是领照的数目)。所以在这一次旅行中,饱看了遍地如云的罂粟花;更看见割烟季节各地呈现的畸形繁荣……①

1935 年,在自西安至咸阳的道路两旁,到处可见"垄中一亩一亩的罂粟",咸阳城外"烟田中的人比麦田更多";岐山县境"是一遍绿无涯际的罂粟"②;武功县殷彭村几乎 75% 的耕地成为烟地,而在该县城镇集市附近,则更甚于此。③ 但罂粟收割颇费人力,一个人一天最多可以割半亩,还需要割两次。④

这一时期,陕西省种烟区占全省耕地面积的 75%,鸦片产值占农业总产值的 90%。⑤ 罂粟的大量种植挤占粮食作物,造成畸形的作物结构。粮食产量减少,需求却并未下降,按照市场供求关系,即使没有灾害发生,粮价也会上涨。一旦有灾荒,粮价飞涨的情况屡屡发生。民国十七年(1928),省会西安的麦价,由平时的每石十元涨至每石三十元上下。民国十八年(1929),西北地区灾区"粮食之价,皆十倍于平时。小麦每石价六十五元,若在平时五六元而已"⑥。为防止粮价上涨引发的一系列问题,政府转而敦促消灭罂粟种植,提倡增加棉花或粮食作物种植面积。

---

① 苏秉琦:《斗鸡台考古见闻录》,《国立北平研究院院务汇报》1936 年第 2 期。

② 张扬明:《到西北来》,商务印书馆 1937 年版,第 69—114 页。

③ 参见彭绍先:《武功县种植鸦片和禁烟概述》,《文史精华》编辑部编:《近代中国烟毒写真》(下卷),河北人民出版社 1997 年版,第 510 页。

④ 参见苏秉琦:《斗鸡台考古见闻录》,《国立北平研究院院务汇报》1936 年第 2 期。

⑤ 参见苏智良:《中国毒品史》,上海人民出版社 1997 年版,第 324 页。

⑥ 冯和法编:《中国农村经济资料》,上海黎明书局民国二十二年(1933)发行,第 140 页。

1933 年,陕西省为彻底铲除烟苗,将全省县区划分为三期处理。第一期长安等 57 县至 1935 年均已改种棉花,第二期咸阳等 16 县在 1935 年禁绝,第三期原定在 1936 年禁绝,后由上级禁烟特派委员会与陕西省共同决定,提前在该年春夏收烟后,即改种棉花或粮食。①

实际上,早在民国初年,政府曾输入过一种"小洋花",但其产量与质量仍十分有限,而且当时种棉生产费重,卖价不高,农民很难得益,"平均一亩收皮棉 10 斤计算,去冬(1930 年)每担市价 25 元,计得洋 2 元 5 角,外加棉籽棉杆价各 1 元,共计收入 4 元 5 角,除肥料工资洋 5 元,差捐杂费洋 1 元 5 角,轧花费洋 5 角,收支相抵,尚不敷洋 2 元 5 角,此尚以自耕农计算,未加租金也。然棉农所以勉强支持者,则由肥料工资,多半不出现钱,用自己家畜之肥料及自己之劳力也"②。

到 1935 年,关中地区"以前种烟之地,在可能范围之内,多半改种了棉花,因为鸦片价值较昂,若是改种价贱的粮食,未免太不合算,棉花的利益,毕竟厚些……不但种棉的人,可以直接收到利益,此外如运送、轧花、打包等等,间接可以养很多人"③。"从事传统农业的农民接受一种新生产要素的速度取决于适当扣除了风险和不确定性之后的利润,在这方面,传统农业中的农民的反应和现代农业中农民所表现出来的反应大体相类",经济利益驱动导致的作物结构变迁只能在获取经济利益的作物发生变化时扭转过来。

根据当时的禁烟工作报告计算,1937 年关中地区种烟亩数占耕地面积的比例就已经下降至 2.8%。④ 关中地区作物种植中,棉花及农作物又取代了罂粟,关中地区的作物结构又逐渐恢复常态。

---

① 参见刘阶平:《陕西棉业改进之检讨》,《国闻周报》1936 年第 26 期。
② 马天叙:《陕棉之过去及将来(续)》,《新陕西》1931 年第 3 期。
③ 殷铸夫:《陕西见闻之实录》。
④ 参见《陕西省 1936 年 9 月—1937 年 12 月禁烟禁毒工作报告》,中国第二历史档案馆藏档案,档案号:12—358。

二、种植结构变迁的驱动因素分析

依据前文论述,结合关中地区作物变迁的史实,我们认为,清代至民国以来,关中地区作物种植结构的变迁情况主要受以下因素影响。

第一,传统习俗。舒尔茨认为,传统农业的概念就意味着对所有生产活动都有长期形成的规定。很可能的情况是,传统农业对现有技术状况的任何变动都有某种强大的内在抵抗力。① 秦地人民安土重迁,思想观念保守,不容易接受新事物。从民国陕西省农业改进所及其下设各县农业推广机构的工作开展可以看出,农民安排农业生产多依照世代相沿的传统习惯进行。对于新作物,由于超出了农民长期经营农业的习惯范畴,在新作物推广之初,他们多抱有怀疑及观望态度,只有当周围有人种植并且获利之后,大多数人才愿意跟进。新作物的推广并非易事。但农民保守的习俗背后,也不乏精明的对成本的考量,因为对农民而言,在同一地块上,种植新作物意味着首先要放弃种植传统作物的收益,并且还要承担种植新作物的成本和收益可能会降低的风险。

第二,人口流动。人口流动中,普通民众的流动与地方官员流动都可能促进一定的地理空间作物品种的增加。普通民众因为迁居而流动至新区域,通常会习惯性地将原住地的生产方式带到移入地,这其中就有新作物的输入。前文述及的玉米及沙苑的花生与甘蔗等作物在关中地区从无到有地种植就是例证。这种传播方式应该是最直接的作物输入方式,却往往不被载于典册。地方官员经常会因为工作调整而在多地转徙,当地方官员入职新的行政区之后,往往还会受家乡或前任职地的影响,而乐于引介新作物给民众,其对新作物的推广影响力要比民众大得多。如清代甘薯在关中地区的引种,就是地方官员将自己之前任职地的作物在新任职地进行推广的结果。② 乾隆年

---

① 参见[美]西奥多·W.舒尔茨:《改造传统农业》,梁小民译,商务印书馆1987年版,第26页。
② 陈宏谋在乾隆年间曾数次出任陕西巡抚,其《劝民领种甘薯谕》称:"前曾刊发告示劝种甘薯,并令各官就便寻觅薯种试种。"

间在关中地区大力推行井灌的崔纪就是受自己家乡的生产习俗的影响,要将之照搬到新区域的尝试,虽然这个案例与新作物传播没有关系,但亦能够说明官员对任职地的影响的确存在,且不容小觑。

第三,经济利益。趋利是人的本能。经济利益驱动农民在农业土地利用时进行作物选择的行为几乎无时不有。关中地区民众观念保守,对于新作物常持观望态度,但在目睹有人种植新作物获利后,又会蜂拥而上,用新作物代替原有作物种植,使得原有作物结构被改变。这一点,在以罂粟、棉花等为代表的作物选择上表现非常突出。

第四,官方政令。除上述因素外,官方政令对作物结构的影响作用也相当明显。虽然清代至民国时期,土地所有者对自己拥有的地块种植什么有完全自主的权力,但官方政令,尤其是禁令依然在很大程度上左右了民众的作物种植选择。由于自然因素的原因,清代至民国年间关中地区长期以来除了传统的以小麦、玉米等粮食作物为主的种植结构外,油菜、花生等油料作物和其他杂粮作物在作物结构中占比较少,直到鸦片战争之后,罂粟传入并被广泛种植。日本侵占东北后,虽然鸦片价格有所下跌,且几次旱灾导致的严重饥荒使人们认识到粮食作物的重要,但罂粟种植大面积减少乃至消失仍主要依靠官方禁令才得以实现。

第六章 有收无收在于水:关中地区的农田水利建设

水利是农业的命脉。美国学者珀金斯在论及中国农业经济发展中的水利时说道:"王朝的衰落是同堤防灌溉工程的败坏失修一起发生的,并随即又引起粮食的歉收和整个经济的衰退。"①在农业几乎是社会唯一经济部门的传统社会,水利建设对耕地质量的影响很大。水田一般较旱地产量高,上文所列蒲城县土地的等级分类即有"一等金地长水地"之说。因此,在讨论耕地质量时,农田水利是其重要影响因素,也应在我们的讨论之列。关中地区的农田水利建设在清代以小型水利设施的修复与新建为主。民国时期,国外水利技术的引入,使关中地区修建大型农田水利设施成为可能,因而在农田水利建设方面,民国与清代的发展迥异。

第一节 清代关中地区的农田水利建设

一、清代至民国时期关中地区的水环境

汉唐时期,是关中地区水利发展的高峰期,凭借政治地位的优势,举国

---

① 〔美〕德·希·珀金斯:《中国农业的发展(1368—1968年)》,宋海文等译,上海译文出版社1984年版,第32页。

聚力在关中地区兴建了很多水利工程。随着水环境的变迁及政治中心的转移,清代以来关中地区的水利大不如汉唐。

从自然环境变化看,清代关中地区水资源总体上更加贫乏。清代以来,西安周边的河流水量减少,不但沿河庄稼灌溉很受影响,也难以满足西安城市供水之用。河流水量的减少,使得灌溉用水与西安城市用水形成矛盾,不得不分时段来分别满足农业用水与城市用水的需求。康熙时,"城外渠道,居民田以灌溉,遂致下流壅闭,每岁四月以后截水灌田,八月以后放水入濠,以卫城垣"①。道光时,仍效仿前朝先例,夏秋灌田,冬春灌濠。②

但同时,因为自然植被的减少,稍有大雨,没有植被及土壤对雨水的阻拦与吸附作用,雨水夹带泥沙直接排入河流中,导致河水涨溢,引发洪涝灾害。水资源时空分布不均匀的现实造成关中地区需要灌溉时无充足水源可资利用,而雨水稍多即引发洪涝灾害的悖反局面。从清初开始,龙首渠、通济渠上源都开辟了不少稻田,但随着河水流量的减少,一些渠堰引水效果甚微。农业灌溉用水与城市用水之间的矛盾、灌溉缺水与稍见大雨即发洪涝的悖象也不鲜见。

嘉庆年间,潏、滈两河及其支流所在的咸宁县,"惟南乡地近终南,所辖有峪口五处,峪内山水流行,共开渠 19 道,引水灌田 36000 亩,土宜稻禾。但山水不时暴发,泥沙附入渠道,易于淤塞"③。山水暴发的原因与河流上游长久以来农田的垦辟关系密切,咸宁县"自开垦日众,尽成田畴,水潦一至,泥沙杂流,下游渠堰易致淤塞"④。

光绪年间,澄城县沿大峪河、长宁河、孔走河、县西河等河流沿岸,有客民定居,沿河筑堰,种植水稻。但其灌溉条件极其有限。"清末提议丈量亩数,增加赋税。不知各河流细,夏旱则乏水可引,上游岸窄,秋水暴发则稻禾

---

① 《续修陕西通志稿》卷 57《水利一》。
② 参见《续修陕西通志稿》卷 57《水利一》。
③ (清)卢坤:《秦疆治略》,道光七年(1827)刻本。
④ 《咸宁县志》(嘉庆)卷 10《地理志》。

冲没,变成石田。"①除可能存在一部分地方官员不愿增加赋税的原因外,这些河流附近的田地灌溉条件极其有限:干旱需水时,河里无水可引,而秋季雨水多时,沿河所种稻田时有因河流涨水而被冲没之虞。

水环境变化的情形在地方志中能够找到端倪。雍正《蓝田县志》卷1《田赋》(修成于雍正八年,即1730年)记载,蓝田县有天字号水地80顷57亩。以后光绪志及民国志有关蓝田县田赋记载中,田地总数没有变化,各等地亩数也没有变化。细查之下,我们发现,据光绪《蓝田县志》卷1《图·水利图》,蓝田县东、西、南、北四乡"通共旧渠、新开渠七十五道,共灌稻地65顷39亩7分",比原额的"天"字号水地少了15顷18亩7分,但卷7《田赋志》中,记载仍然是土地分了六等,六等地的数额也与雍正志一致。不难看出,作者在撰写地方志时,对于耕地和赋役的记载,无疑遵循了与原额保持一致的写作惯例。但在水利相关情况记载中,作者无意中给后人留下了虽然开的灌渠增多了,但实际耕地灌溉面积却减少了的宝贵信息。虽然不能说蓝田县水地的减少一定是河流可引水量减少引起的,但这一定是其中一个重要因素。

从人文因素方面看,疏于维护和新修水利,水利发挥作用减弱。据乾隆《兴平县志》记载,汉唐以降的很多灌渠水泽都荒废了。② 民国《华阴县续志》载:"各渠所占地址及灌溉田亩多寡均详旧志,然近多变迁,与邑志有不相符者,如邑东二十余里之灵应泉,灌花家寨及泉店等田,旧志称三十六日一周,今则获滋润者泉店之民而已;磨沟河水溉公庄定城两里,旧志称四十一日一周,近年黄河冲崩,公庄定城两里水田,半为河伯侵占,致磨沟之水遇旱年轮灌二十日即可一周,若潦年,则上流水狂,渠身不能容,汛滥横溢,里民大被其害。"③这段记载表明,华阴县的水利灌溉存在以下几个主要问题:第一,河流量减少,灌溉设施发挥的作用不可与之前相提并论,清代以来灌

---

① 《澄城县附志》(民国)卷3《经政·水利》。
② 参见《兴平县志》(乾隆)卷1《地理》,清光绪二年(1876)刻本。
③ 《华阴县续志》(民国)卷1《地理志·河渠》。

溉面积减少很多;第二,之前有灌溉之利的滨河田地,因黄河改道而水田被侵,原有水利工程覆盖的灌溉面积大大缩小;第三,存在旱年不能正常灌溉,涝年水涨淹田的问题。其中,河泉流量减少应该是灌溉田地面积减少的主要原因。

泾河,是渭河第一大支流,发源于宁夏六盘山东麓泾源县境,流经平凉、彬县,于陕西高陵县南入渭河。泾河下游是中国水利开发最早的地区。秦王政元年(公元前246)凿泾水,兴建著名的郑国渠。隋唐以后,郑国渠渠系逐渐解体,引水渠口向上游发展。① 明代曾经六次大规模修整引泾灌区,在第六次整治中,即明英宗天顺八年(1464)至明宪宗成化十七年(1481),渠口更加上移,工程告竣后,更名广惠渠,凡灌泾阳、三原等六县田八千三百余顷。②

清代前期,从顺治、康熙到雍正年间,金汉鼎、王际有、岳钟琪等人曾对明代的广惠渠进行过多次修补,但成效并不十分显著。到乾隆朝,政府财力渐裕,加之人口的增加,需要更多的粮食产品,遂大力提倡兴修水利。乾隆二年(1737)十一月到乾隆四年(1739)十月,因为泾水泥沙太多,由政府号召,杨必主持,修建了龙洞渠。具体做法是在龙洞北口置坝,遏泾水勿令淤渠。并于水磨桥、大王桥、庙前沟等地整修堤岸,修渠2268丈,灌溉礼泉、泾阳、三原、高陵四县民田74032亩。泾渠灌溉工程从此开始拒泾引泉,新修整好的渠道命名"龙洞渠",是为清代最大的引泉灌溉工程。但是龙洞渠的引水量大小,清代文献并无相关记载。其灌溉面积在修成初期为7.4万亩,至道光二十二年(1842),共计斗门106个,按各斗渠面积分布,全渠共计灌溉面积6.7万亩,清代末年,减至2万多亩,民国初年,灌溉面积有所恢复,为3万多亩。③

---

① 参见李令福:《关中水利开发与环境》,人民出版社2004年版,第93页。

② 参见高升荣:《水环境与农业水资源利用——明清时期太湖与关中地区的比较研究》,陕西师范大学博士学位论文,2006年。

③ 参见《泾惠渠志》编写组编:《泾惠渠志》,三秦出版社1991年版,第80—81页。

　　龙洞渠是清代关中地区修建的大型水利灌溉工程,限于自然条件及技术,清代以来,关中地区几无发展大型河渠灌溉工程的能力了。一些旧有的明代修建的灌渠也因为水环境的恶化而失去作用,如清峪河中游有广惠、广济二渠为明代所开,至乾隆末期,前者已徒具虚名,而后者已壅塞。宝鸡县修于明时的通济渠和明、清代多次修浚,甚至光绪年间还两次修浚的利民渠在民国志记载中也"今迹久淹""今复淤塞矣"。乾隆时乔光烈倡导的施工艰难的惠民渠更是"旋就淹废"。①

　　清代中期以后陕西地方官吏亦比较注意水利建设。如光绪二十一年(1895)张汝梅出任陕西布政使之后,即留意关中地区水利,并请在陕西设局办水利。"秦汉以还,关中地区水利以郑白渠为最著,即今龙洞渠也。余凡滨临河、汉、泾、渭及所汇支流各处,可以通舟楫、资灌溉者不一而足。故水性靡常,其为利为害大率因人事为转移。从前各属河渠以时疏浚,所以利赖修远。今则半就湮废,食利无多,甚至雍遏迁徙,泛滥冲激。"②

　　此后,魏光焘督陕时也积极上奏请兴修水利,他在奏折中,追忆了关中地区龙洞渠曾经的盛况,并分析了龙洞渠灌溉效应式微的原因:

　　　　自同治初年兵燹之后,继以旱荒,挑浚失时,渠道湮塞。小民无力修复,遂日甚一日。以防山水骤发,动辄冲决为患,亢旱偶行,则又引溉无从,以致频年灾禝迭见……又泾阳县属之龙洞渠,系郑白渠故道。国家雍正五年发库款复修,引泾水并凿山泉,由该县以达醴泉、三原、高陵,并及临潼北境,沾被甚溥。嗣因泾流日下,水低岸高,不能引灌,遂专取琼珠节珠二洞山泉以注之。水利甚至微。复以年久失修,渠水既淤,泉眼亦塞,其石涧渠底渗漏尤多。下流各属因不能沾其利,即亦不肯修。是以近年渠水仅灌泾阳,略及三原西境。其东境及高陵诸属县

---

① 《宝鸡县志》(民国)卷2《地理·渠堰》,民国十一年(1922)陕西省印刷局铅印本。
② (清)王延熙:《皇朝道咸同光奏议》,上海久敬斋1902年石印本。

百数十里,膏腴沃壤,灌溉无资,逾旱辄致歉收,殊非国家念民之意。①

从他的上疏中,我们可以看出,龙洞渠之所以灌溉效应大减,主要还是因为泉水水量下降的缘故,泉水水量丰沛与否,在一定程度上应该能够反映出地下水位的高低。

自然条件的变化导致水利不兴,仅靠人力难以挽回。因而,清中期以后,关中地区水利基本处于有提倡无作为的状况,总体趋于衰微。"关中地区水利,今古艳称,而自清代乾嘉以迄咸同,兵事频兴,奇荒率值,官民两困,帑藏空虚,河渠多废而不修,民间复规便种艺,以故光绪年间绘呈会典馆舆图,其为图说者颇致感慨于水渠之湮废,民户之冒耕。"《咨会典馆舆图说》图云:"西安府水利,惟南山一带地势卑湿,山水时发时涸,虽常食水利,而旧日著名诸渠转多湮废。郑白泾渠亦十废小半,漆沮浐灞亦如之。盖土人多争尺寸之利,渠或稍涸,即树艺其间,故堤堰多旷废耳。"②

二、小型渠堰的维护与兴修

在大型农田水利趋于衰微的情况下,乾隆朝以来,由于政府对农田水利建设的高度重视,关中地区的农田水利事业在水资源不充足的情况下也取得了一些成绩。

乾隆初年,崔纪大兴井灌而未取得理想成效之后,朝廷在关中地区大兴井灌的农田水利政策转变为大力提倡兴建疏浚小型渠堰灌溉工程。乾隆十四年(1749),陕甘总督尹继善奏:

西安按察使吴士端奏浚陕省诸渠一折,奉朱批交臣议奏。伏查通省渠道,如泾、渭、灞、浐、沣、滈、汧、洛等河,以及地泉山峪诸水可引注

① (清)王延熙:《皇朝道咸同光奏议》,上海久敬斋1902年石印本。
② 《续修陕西通志稿》卷61《水利五》。

者,或接其源,或承其流,开渠筑堰,支分派别,据各州县平日查报,不下数百道。而渠之最著者,则龙洞、郑白、通济、龙寿、校尉、天津、文昌、石灰、永兴、光机、顺阳、永寿、兴隆、遗爱、长泽、清水、金定、直城、玉带、怀德之类,水利甚溥,其余各随渠身大小及沾泽多寡。要皆灌溉田禾,民受其益。臣细查原委,或系古来旧有,或系节年开浚。今该按察使所奏,是欲照依成规,再加扩充,事属应行。至办理之法,必须逐查悉计,现饬各州县确勘定议。俟勘议到日,再遴道府覆勘。①

乾隆十六年(1751),调任的陕西巡抚陈宏谋奏:"陕省水利,如富平县之大水峪故渠,鄠县之吕公渠,郿县之斜峪关渠,宝鸡县之利民渠,蒲城县之漫泉渠……现皆谕民兴修,疏浚淤塞。并酌定民间分水日期,以杜讼端。期于利垂经久。"乾隆皇帝对于疏浚小型渠堰的行动是赞许的:"此皆利民之事,最宜行之。然要于不扰民而得实惠,则善矣。"②这些均可视为乾隆三年(1738)以后,抛弃大工程,重视小型农田水利灌溉工程的疏浚和养护的具体行动。在此指导思想之下,乾隆四十一年(1776),陕西西安等府属47州县在前一年冬季枯水期疏浚修补了1171道渠堰。③

乾隆五十八年(1793),陕西省各府州在乾隆四十一年(1776)的基础之上,又对渠堰进行疏浚养护,共计修浚水渠1205道,灌田6530余顷。就连各处护城堤坎,也一并修整坚固。④

由于乾隆年间的修浚养护,许多渠堰又发挥了灌溉田地的作用。

嘉庆时,龙首渠"自高村、留公村右北抵光泰门,凡灌田8990亩",而通济渠上源灌田也在两千亩以上。⑤

① 《清高宗实录》(高宗397、33)。
② 《清高宗实录》(高宗351、34)。
③ 参见《清高宗实录》(高宗1005、40)。
④ 参见《清高宗实录》(高宗1429、33)。
⑤ 参见《咸宁县志》(嘉庆)卷10《地理志》。

光绪时,龙首渠上源灌田也在千亩以上。①

光绪十二年(1886),碌碡堰以下皂河沿岸沈家桥、丈八沟等处,新增灌溉180亩。②

另有光绪年间的猴井,实为民众利用井灌的创新之举。③"陕省渭北地势高燥,宜讲水利。光绪十九年(1893)陕西亢旱,泾阳民为猴井……较水车费人而价廉,仓猝可办此,亦救荒法也。"猴井利用了定滑轮改变力的方向的物理学原理,其方法是以井的深度确定要开凿的两眼水井之间的距离,开好后,在井边各放置滑车一辆,准备井深二倍的井绳,将两个水桶分别固定在井绳两端,放入两边井内汲水,在绳子的中间部位套上牛或马拉拽井绳,人牵着牛或马,从中间向两端的任意一边走,走至一端,另一端汲满水的桶就会从井里上升出来,反之亦然。这就需要在两口水井边分别站立一人,把汲上来的井水浇灌到田地,如此往复,就可以达到抗旱灌溉的目的。

小型水利的修补和新建,并没有使关中地区的水利事业重现汉唐时期的兴盛景况,到光绪末期,陕西省全省可灌溉田地面积仅占到全省田地的8%。④ 水利的逐渐式微已不可避免。

三、凿井灌溉

除大型引泉水利工程龙洞渠的修建、旧有渠堰的疏浚与小型渠堰的新开之外,乾隆初年,由陕西代巡抚崔纪主持的井灌也是这一时期关中地区水利建设的重要事件,学界对此事件关注较多。⑤

如前文所述,关中地区地下水资源分布随地势起伏表现出很大的差异,

---

① 《蓝田县志》(光绪)卷1《水利》。
② 《续修陕西通志稿》卷57《水利一》。
③ (清)杨屾:《修齐直指》,《区种十种》,第80—82页。
④ [美]德·希·珀金斯:《中国农业的发展(1368—1968年)》,宋海文等译,上海译文出版社1984年版,第85页。
⑤ 相关论著综述见刘立荣:《再评崔纪在关中兴井灌之实效》,《西北大学学报》(哲学社会科学版)2014年第3期。

虽然凿井灌溉是弥补河渠及天然降水不足的一项重要措施,但在地下水埋藏深的地区,凿井灌溉客观上的确存在很大困难。即便是一向被引导民众凿井灌溉的官员引为范例的兴平县,其凿井灌溉也仅在地势较低的西南乡发达。"旧志四乡2456井。雍正五年知县胡蛟龄劝开1303井,共3759井。(按东北、西北、正北各乡皆高原,凿井甚难。)惟西南乡桑家庄至东乡田阜屯约长60余里,宽一二里,其地平衍。"平衍之地凿井深者达三五丈,浅者丈余。人云:"一井之水,足供三四亩,而每一日二人轮汲,仅可灌田一亩。"①

而崔纪在任陕西代理巡抚期间,罔顾关中地区水深土厚及各地水埋深浅有差的客观事实,于乾隆二年(1737)六月,在得到乾隆皇帝关于举办井灌的批复后,立即命令各地开始凿井兴灌,到腊月即向乾隆汇报井灌的成效。加上此前一个月左右的访查,此次崔纪在关中地区强力推行井灌的时间约半年。进程如下:

乾隆二年(1737)三月,崔纪被任命为署理陕西巡抚②,四月初九日由兰州出发前往西安。经过十余天舟车劳顿,到达西安。途中他目睹关中地区乡民为干旱所苦的情形,决定将应对干旱作为自己上任后首要解决的问题。五月十九日,崔纪将关于在陕西推行井灌的计划写成文稿,并送给川陕总督查郎阿过目,商请要与查郎阿二人联名上奏。查郎阿对崔纪的工作热情给予肯定,但他认为"举行一事,必须因地制宜,创始方新,不厌详查明确"。崔纪到任一个月时间,对诸如地势是否适宜、民情有无此意等问题并没有考察,因此,查郎阿给崔纪提出一些建议,希望崔纪对开井的具体问题,如某州某邑可以开井的数目、现有水井的数目、实际需要开井的数目、经费多少、如何筹措、开成之后效益如何等再深入考察,并让他对奏稿文字再行斟酌。③

六月初六日,崔纪单独上奏在陕西推行井灌的具体措施与建议,在奏折

---

① 《兴平县志》(乾隆)卷1《地理》,清光绪二年(1876)刻本。
② 参见《清高宗实录》卷39,乾隆二年(1737)三月下,中华书局影印清内府钞本。
③ 参见吕小鲜:《乾隆初西安巡抚崔纪强民凿井史料》,《历史档案》1996年第4期。

中,他指出在陕西推行凿井的可行性及必要性,并详列井灌之法及其效益、修井经费及其筹措办法等。崔纪的上奏很快得到乾隆的批复:"此系应行之美举,但须徐徐化导,又必实力奉行,方与民生有益。朕自然不照水田升科也。"①接到上谕后,崔纪立即着手将在陕西凿井灌田之事付诸实践。乾隆二年(1737)七月十七日的上谕中,曾以崔纪与德沛为范例要求各地督抚在平日就要留心水旱事宜,兴修水利。②十月十二日,崔纪由署理陕西巡抚任命为实授巡抚。然而,乾隆三年(1738)三月初三日,崔纪就被乾隆公开批评,认为"陕西凿井灌田一事,此前崔纪办理不善,苟且兴工,只务多井之虚名,未收灌溉之实效",并将崔纪调任湖北巡抚,令张楷调补陕西巡抚。③

之前乾隆肯定在关中地区兴井灌是"应行之美举",为何后来又严肃批评呢?主要原因在于崔纪对井灌一事筹划不切实际并操之过急。关中地区各地自然条件确有差异,崔纪置之不理,限定各地凿井的工期为40天。十二月十四日,崔纪给查郎阿写信,详细报告了凿井的成绩,称已报并经由自己委派标下、千总、把总等赴各处查实陕西省原有旧井大小共计七万六千余口,西安府、凤翔府、同州府、汉中府及邠、乾二州新开井共计六万八千九百八十余口,其中新开水车大井一千四百余口,豀泉大井一百四十余口,每井可灌田20亩;桔槔井六千三百余口,每井可灌田六七亩;辘轳井六万一千一百四十余口,每井可灌田二三亩不等,约可灌田20万亩。④并向乾隆上奏井灌之事。

事实上,德沛于乾隆二年(1737)闰九月时就将崔纪的过激行为概括为以下三点:一是急于求成,不讲实效;二是严行勒催,以致怨声载道;三是资金不足,百姓赔累。德沛请求朝廷令陕西当局仔细调查规划,务求实效,从

---

① 《清高宗实录》卷45,乾隆二年(1737)六月下,中华书局影印清内府钞本。
② 参见《清高宗实录》卷47,乾隆二年(1737)七月下,中华书局影印清内府钞本。
③ 参见《清高宗实录》卷64,乾隆三年(1738)三月上,中华书局影印清内府钞本。
④ 参见《清高宗实录》卷45,乾隆二年(1737)六月下,中华书局影印清内府钞本。

容办理。乾隆称德沛不避嫌疑,具有"封疆大吏之度",并答应按照德沛所给建议办理陕西凿井灌田事宜。①

乾隆三年(1738)二月二十日,时任川陕总督查郎阿以洋洋洒洒七千余字上奏,详列崔纪强令陕民凿井灌田给民众带来的七大不便,笔者将其概括如下:其一,山陕地势有异,陕西便于开井之处,已经开就,而崔纪不分形势,令统一凿井;其二,开井灌田,耗时费力,灌溉效益低下,亢旱之年,井中有水者仅十之一二;其三,井水性寒,且陕省井多土深碱卤,不能滋养禾稼,反有伤禾之患;其四,汲水之民力不给;其五,陕西民食以二麦为主,二麦的生长周期使其可以待泽于天;其六,凿井所费远远大于民众愿意支出的成本,其收益显得微不足道;其七,督办凿井之吏胥媚上欺下,穷逼小民。②

乾隆五年(1740)三月初七日,川陕总督鄂弥达遵照皇帝"留心凿井灌田之事"的谕旨,提出陕西不宜凿井的意见。他指出,崔纪因生长在山西蒲州,对蒲州地区民中获井灌之利习以为常。崔纪想将凿井灌田的做法在陕西推广,使秦民获利,其主观愿望良好。但蒲州和关中地区的水文环境不同,蒲州介于汾水与黄河之间,凿井五到七尺就有水泉喷涌,而陕地"水深土厚,西安食水各井深至五六七丈,水仍短少,味兼苦涩,遇旱仍干,故一井之费,几于数亩之赀。而穷日之得,难阔一畦之燥"③。

当时崔纪上报的凿井数为七万余口,而继任者张楷查勘的结果却大相径庭。张楷认为实际能发挥井灌效应的井有三万二千余口,不到凿井总量的一半,而且"遇旱,井效乃见"④,远未达到崔纪对在关中地区推行凿井灌田的美好预期。乾隆三年(1738)十月,接崔纪任的陕西巡抚张楷遵旨复奏陕西凿井灌田之事,他称陕西除延榆鄘绥地势高仰,山岭环叠,不能开井,其

---

① 参见钞晓鸿:《区域水利建设中的天地人——以乾隆初年崔纪推行井灌为中心》,《中国经济史研究》2011 年第 3 期。
② 参见吕小鲜:《乾隆初西安巡抚崔纪强民凿井史料》,《历史档案》1996 年第 4 期。
③ 中国第一历史档案馆藏军机处录副奏折 9701—44,转引自张莉:《乾隆朝陕西灾荒及救灾政策》,《历史档案》2004 年第 3 期。
④ 《清史稿》卷 309《崔纪传》,中华书局 1977 年版,第 10596 页。

余如西安府、凤翔府等处,原报开井 33677 眼。经过调查访问,几种水井中,车井用牲口引戽,得水多,但需要花费成本也多,只有家境殷实者才有能力开造。辘轳井及桔槔井,一井所灌田地只有二三亩,且耗费劳力,"每井须三四人,转引提曳,数口之家,不过竭蹷一二井而止"。崔纪在督行凿井时,追求迅速见效,规定了开凿井数,却没有考虑到劳动力短缺的问题。因为即使凿井数量达到了他的要求,但逢干旱需要汲水灌田时,却会遇到劳动力短缺的问题,根本无法收到他所设想的井灌之利。张楷对于开凿"未成之井,任民填塞耕种;已成之井,听民酌量留用;应疏濬者,仍劝民疏浚"。同时命令地方官员,不得委任吏胥查察,致使扰民。乾隆对张楷的处理办法表示了认可。[1] 在崔纪大力推行凿井灌田的五年之后,所开之井仅有一万余眼在使用。

再后继任者陈宏谋说到此事,认为"只因当时各属奉行未善而粉饰相欺者,后因一二处之不可开,遂而动色相戒,咸谓陕省开井无益,殊非持平之论……崔院任内所开之井,年来已受其利"[2],但对井利的具体情况却语焉不详。

以上这些都说明在关中地区兴井灌局限性很大,发展农田水利事业,要充分考量各种因素。终清以来,关中地区可灌耕地中,井灌田亩几无有效数字可考量,更未达到崔纪推行井灌之前的美好愿景。[3] 关中地区大部分地区水井的用途首先是满足人畜饮用,然后是浇灌园圃,在田地中凿井并用于浇灌农作物的为数不多。康熙时,咸宁县农民也尝试过凿井灌田,但"民掘井汲引甚艰,溉稻灌流所获有限,遇旱则涸"[4]。咸阳县的情况同样说明问题,"井,原上深十余丈或数十丈,供汲饮而已,原下深三四丈,间有灌田者。

---

[1] 参见《清高宗实录》卷79,乾隆三年(1738)十月下,中华书局影印清内府钞本。

[2] 《续修陕西通志稿》卷61《水利五》。

[3] 参见刘立荣:《再评崔纪在关中兴井灌之实效》,《西北大学学报》(哲学社会科学版)2014年第3期。

[4] 《咸宁县志》(康熙)卷1《星舆》。

然旱即乏水"①。

因此，在陕西兴办井灌逐渐淡出决策者的选择。乾隆在听取多方意见后，从乾隆三年（1738）开始，在陕西大力兴建疏浚小型渠堰灌溉工程。而对井灌则要求听民意愿，对于在平衍低洼地段开凿的仍然水泉深畅、足资汲灌的水井，要求"不时修浚，各加保护，毋致倾圮"②。

总之，清代关中地区的农田水利事业，与前代相比，呈现出越往后，中小型灌溉工程越多的特点。除地方志记载的缺失之外，主要是因为"水环境恶化，水资源日益稀缺，关中地区已经不适宜发展大型河渠灌溉工程"③。

第二节　民国关中地区的水利建设

民国时期，关中地区旱灾更加频繁。有识之士对兴修水利的必要性多有呼吁："关中地区地方，今固无异于古，何以富庶与贫瘠，相差如是之甚！这其间最大的原因，就是因为南宋以后，沟洫不讲，水利不兴……"④国民政府亦做了相应的努力，民国十八年（1929）大旱⑤之后，国民政府加快了在关中地区兴修水利的计划及行动。因为有近代建筑材料和技术的引进，民国时期关中地区水利建设采取的方式比较多样，既有利用近代科技兴建的大型水利工程，如泾惠渠等"八惠"工程，也有诸如凿井、修池塘、疏浚泉水等中小型灌溉工程。

---

① 《重修咸阳县志》（民国）卷1《地理》。
② 中国第一历史档案馆藏军机录副奏折9725—43，转引自张莉：《乾隆朝陕西灾荒及救灾政策》，《历史档案》2004年第3期。
③ 高升荣：《水环境与农业水资源利用——明清时期太湖与关中地区的比较研究》，陕西师范大学博士学位论文，2006年。
④ 西安市档案馆编：《西安档案资料丛编：民国开发西北》，2003年，第46页。
⑤ 民国十八年（1929）大旱通常被称作"民国十八年年馑"。陕西人把一年中一料未收称为饥年，两料未收称为荒年，连续三料未收称为年馑。而民国十八年（1929）年馑是三年六料基本未有收成。

一、大型现代化水利工程的兴修

西北绝大部分是干旱、半干旱地区,对于水利在西北社会经济中的重要性,早有明确深刻的认识。水利专家李仪祉就曾说:"西北如无水利建设,必于四十年后灭绝。"①民国伊始,当政者即认识到了兴修水利的重要性,先后成立机构统筹水利事业。民国陕西水利机构名称与设置几经变迁。民国五年(1916)时,陕西省水利局成立,全称为全国水利局陕西省水利分局。成立之后,因为政局不稳,未能开展工作。民国十六年(1927)改称陕西省水利局,民国十八年(1929)陕西大旱,缩减财政,将水利局并入陕西省建设厅,民国二十一年(1932)恢复陕西省水利局,直属陕西省政府。李仪祉是民国时期为陕西乃至国家水利事业贡献卓著之士。

李仪祉(1882—1938),陕西蒲城人,曾在德国留学。归国后,深知地处西北的陕西农业要发展,必须依靠水利。1922年,李仪祉回到陕西,任陕西省水利局局长。遂开始着手修建引泾工程,他亲自测绘,悉心筹划,制定了引泾工程的实施方案,同时还筹划陕南、陕北的水利事务。但因时局动荡,直到1927年特大旱灾发生时,引泾工程尚未付修。民国十九年(1930),杨虎城就任陕西省政府主席,他下决心兴修陕西水利,遂邀请李仪祉任省政府委员,开始引泾工程的筹款与实施。"泾惠渠自民国二十年开工,分上下两部同时工作,上部公款及工程由华洋义赈总会担任实施,下部则由本省担任实施,至二十一年六月,上下两部同时工竣,即放水灌田,并积极扩充灌溉面积,至二十四年春全部分水引水等工程亦均经告竣,共用公款179万余元。"泾惠渠修成惠及醴泉、泾阳、三原、高陵、临潼五县,灌溉面积达七十余万亩。②

泾惠渠修成之后,灌区民众颇受其益,土地利用效率得到大幅提升,生

---

① 转引自张颖:《杨虎城对陕西近代农业的贡献》,《西安社会科学》2009年第3期。
② 陕西省水利局编:《陕西省水利事业概况》,民国二十九年(1940)八月,陕西省档案馆藏,档案号:96—2—1305。

活也随之改善。李仪祉的学生汪胡桢回忆 1935 年他到泾惠渠灌区的情景:
"农民连续两年获得大丰收,到处人民熙熙攘攘,喜气洋洋,无论男女老幼,
都穿上新衣服……农家房屋均已修饰一新,找不出旧时破烂痕迹。"①泾惠
渠灌区田地因为水利条件的改善,棉花产量屡屡增加。

　　二十三年(1934)泾惠渠放水,灌溉各县棉田,泾阳棉田,即增加为
27 万余亩,三原 21 万余亩,高陵 16 万余亩,均比十九年(1930)棉田,
增多二三倍以上,此后又逐年扩大棉田,至二十六年(1937),以达最高
顶点,泾阳为 48 万余亩,三原 29 万余亩,高陵 19 万余亩,比十九年之
棉田,皆增多三四倍之多,植棉所需水分问题解决后,不但于七八年之
内,棉田面积能扩大至极盛之境地,即其每亩皮棉产量,亦随之而增高,
十九年三县平均亩产 7 市斤,二十三年亩产 22 市斤,二十六年亩产 27
市斤,由此可知水利与植棉关系之密切与重要矣。②

　　泾惠渠修成之后,李仪祉又开始筹划洛惠渠和渭惠渠等后来被称为
"关中地区八惠"的灌溉工程。洛惠渠于 1933 年春季开始测量,次年设立
泾洛工程局,6 月开始动工,1937 年 12 月各项工程大部分完成。③ 渠起今
澄城县老状头村石峡,分中干、东干、西干、中东、西东 5 条支渠,灌溉蒲城、
大荔、朝邑、平民四县,约 50 万亩农田。

　　1933 年,黄河水利委员会设立导渭工程处,开始"渭惠渠"的勘查设计
工作。1935 年开工,1936 年第一期工程完成,次年 12 月全部工程完成。渭
惠渠全长 140 千米,渭惠渠一切引水、输水、分水等工程,均以钢筋混凝土为
主干,跻于现代工程之林,中外专家交相称赞,郿县、扶风、武功、兴平、咸阳

① 汪胡桢:《在中国水利学会纪念李仪祉先生诞辰 100 周年大会上的讲话》,《中国水利学会
　通讯》1982 年第 5 期。
② 李国桢主编:《陕西棉产》,中国棉业出版社 1949 年版,第 36 页。
③ 穿过铁镰山的 5 号涵洞,工程浩大,因遇流沙,抗战期间又缺乏器材,进展缓慢,直到中华
　人民共和国成立后才完工。

等县农民获水利之实惠,陕西水利由此享誉全国。① 灌溉约 50 万亩农田。

1936—1938 年,还修建了梅惠渠,灌溉岐山、郿县约 30 万亩农田。鳌屋县修了黑惠渠,引渭河南岸支流黑水灌溉农田 8 万亩。黑惠渠于 1940 年动工,1942 年完成。鄠县涝惠渠,1943 年开工,1947 年建成,引渭水支流涝水灌溉农田 8.5 万亩。长安沣惠渠,引沣、潏二河水灌溉今西安市西农田,于 1941 年 9 月动工,1947 年 5 月建成。灌溉面积约 3 万亩。醴泉泔惠渠位于醴泉县东北,1943 年兴修,1944 年完成。引泾水支流泔水灌溉农田 2.5 万亩。最早修成的泾惠渠与 1937 年大部分完工的洛惠渠,以及 1937 年竣工的渭惠渠,加上后来修建的其他五惠渠,合称"关中地区八惠"。"关中地区八惠"的修建,使关中地区可灌溉地面积达 180 万亩左右。渠建成放水后,受益地区地价大幅度提高,因灾荒流离失所的人民渐渐回到家乡,致使粮价下跌,地价上升。② 关中地区经济得到了快速恢复。

二、小型农田水利建设的开展

民国时期,除兴建大型水利工程外,陕西省农业改进所还积极推进小型农田水利工作,主要集中在凿井、筑塘坝、修渠等方面。

在大型灌溉工程覆盖不到的地区,陕西省水利厅及陕西省农业改进所、各县政府积极举办小规模灌溉工程。民国十九年(1930),陕西省建设厅厅长李仪祉由天津引进人力吊方式凿井技术,在长安县杜曲寺坡村试验打出一眼自流井,井深 55.6 米,出水量 0.15 立方米/秒,灌田 8 亩,后又陆续打成数眼自流井。1930 年,长安县成立凿井队,至 1949 年,全县共有灌溉水井五千六百余眼,并有人、畜力木轮水车八百一十多辆,其他提水工具主要是辘轳、桔槔等。③

---

① 参见陕西省水利局编印:《陕西省水利》,民国三十六年(1947)六月,陕西省档案馆藏,档案号:96—2—1305。
② 参见蒋杰:《关中农村人口问题》,国立西北农林专科学校 1938 年印行,第 13 页。
③ 参见长安县地方志编纂委员会编:《长安县志》,陕西人民教育出版社 1999 年版,第 224 页。

1942 年,陕农所先后成立四个凿井队,每队设队长一人,技工八人,专门从事自流井及水井水车的勘测与开凿。① 1944 年,陕农所在制定今后工作计划的文件中,对之前开展的凿井工作进行了回顾:查本所三十二年度办理小型农田水利,仅属凿井一项,因限于经费,仅有本所组织凿井队二队,与未央合作社合办三队,共凿自流井 7 眼,水车井 28 眼,计可灌田 630 亩。……民国三十二年截至十一月份,计共凿自流井 6 眼,水车井 43 眼,可灌田 825 亩。勘测设计之塘坝水渠等工作,计已成事者,有渭南渭河引水工程……可灌田 6000 亩。此后凿井队继续在长安、临潼、凤翔、大荔、高陵、乾县等县及西安市展开勘察及凿井工作。② 为了推动地方凿井灌溉的积极性,陕农所还在 1944 年开展县级小型农田水利工作竞赛。③ 1943 年,陕西省政府训令陕农所成立陕西省小型农田水利督导室,专门负责办理小型农田水利事宜。据记载,1948 年,陕农所凿井队派员前往临潼县北田镇帮助将原有水井疏浚加深,自该年 4 月底动工,到 7 月初,即已凿成水井两口,并在井里装置竹管,之后水源茂盛,竟昼夜喷射,势如泉涌。引得当地乡民及路过者纷纷前来参观,报告者称,"今后本地水荒定能解决,农田获益匪浅"④。

塘坝也是小型水利工程兴办的项目之一。安康举人张鹏飞在《关中水利议》中提到,关中地区水利有三种情形:其一是有前人修而未尽者;其二是前人修过现时淹废的;其三是前人忽略了的可以采用的方法。第三种所谓前人忽略今人可以实行的方法就是凿塘灌田。张鹏飞指出,这种凿塘灌田的渊源在元代,由学者梁寅提出,"以一亩之塘灌九亩之田,则旱不为

---

① 参见陕西省农业改进所:《粮食增产工作报告(自 31 年 3 月—32 年 3 月止)》,陕西省档案馆藏,档案号:73—2—248。
② 参见陕西省农业改进所:《小型农田水利工作计划》,陕西省档案馆藏,档案号:73—1—3。
③ 参见陕西省农业改进所:《凿井各种法规章则办法》,陕西省档案馆藏,档案号:73—1—1.2。
④ 陕西省农业改进所:《工作成绩报告(一)》,陕西省档案馆藏,档案号:73—1—5.1。

灾"①。民国《续修陕西通志稿》认为,凿塘灌田是来自陕人言及水利者,前人未曾议及的方法,这种方法应当在渭北各县推广。② 1945 年,临潼县政府向陕西省农业改进所请求派专业技术人员前往勘测,凿池蓄水以利灌溉。缘起临潼县栎阳镇士绅郝竞生的建议:

> 查泾惠渠工程告竣,业经十载,历年春秋两季,尚可按时引灌,唯入暑期,山洪时发,水利局以其泥沙过大,恐损渠身,常行压闸,待灌之地当不可能,名为水田,无异旱禾。影响收成,曷可胜计? 按历年经验,棉田如于炎夏三伏能灌一次,每亩可增产八十斤至百斤,否则仅十斤至三十斤,前岁暑期棉田仅灌一次,即获半稔,上年棉田薄收,全由暑期未获灌溉之故。曾记首创泾惠渠李仪祉先生见及于此,乃有在张家山附近建筑蓄水大库之议,以资补救,终因工程过大,需款无着未果。其行不无因噎废食之感。证诸于往事实,为谋今后补救,可转请省政府以贷款凿井办法奖励农民凿池蓄水,每池面积约一亩深五尺许,计可容水量能灌田十八亩至二十亩。每年四五月间无用之水注蓄池中,以备六月遇山洪暴发压闸期间灌溉棉田之用。既可免歉收之虞,并可利用池岸种植树木菜蔬菊叶等类,增加副产,尤可每年冬季凿池,工程不大,需费无几,抛掷腐败植物于池中,用土掩盖,制造肥料,嘉惠农作,实非浅鲜……

陕西省农业改进所回函,会派人前去勘察。实际上,清代以来,关中地区就有挖凿塘坝的做法。这种涝时收集雨水,以供旱时救急的做法应该相沿久远。明清时期关中地区的村庄基本上都在村庄的公共地带挖掘了涝池,"关中地区沿北山各县土原地带,大的村子旁边都修筑有涝池,面积大

---

① (清)张鹏飞:《关中水利议》,《清经世文编》。
② "宜用元儒梁寅凿塘溉田议,以一亩之塘溉九亩之田,则旱不为灾。"语见《续修陕西通志稿》卷 57《水利一》。

约从二亩到五亩不等,深达丈余"①。如此大的土方工程量,必须全村动员,耗费时日,才能挖成。除大量挖掘工作外,挖掘出的大量泥土还要转运他处,为了保证泥塘底部及四壁不渗漏积存雨水,还要用大量的胶泥铺垫涝池底和涂抹四周。但由于事关大家的民生问题,因此不论是地主还是贫农一般都会积极参与。这一传统应该一直相沿。惜乎文献对此缺乏记载,无法引证。

民国时期,还比较充分地利用了秦岭北坡的河流修渠引灌。"浐河自出山至灞,两岸灌田达 16244 亩",其中库峪的沈家堰等渠灌溉八百多亩。"潏自出山至长安,上下游左右岸及龙首渠分流并小义谷、羊谷、土门谷、郊谷、太乙谷及各支流共灌田 10933 亩",其中潏水右岸自大峪口至申店及龙首渠支流共计灌田 5304 亩,皂河灌田也达 1200 亩。由于上游大量的引灌水,使"皂河水时有时无,本不足用,农民多在田间各开短渠蓄水,俗呼'桃子田'"②。

民国时期关中地区大型水利工程之所以能够兴建,是因为一大批出国学习的专门人才学成归国及钢筋水泥等现代建筑材料和大型机械的引进,这在传统社会是无法实现的。

---

① 卢勇、王思明:《明清时期关中地区小型水利述论》,《南京农业大学学报》(社会科学版)2006 年第 4 期。
② 《咸宁长安两县续志》(民国)卷 4《地理志》。

第七章　现代之光：民国关中地区
土地利用的发展

相比统治长达二百六十余年的清王朝,民国时期仅三十余年。1912—1927 年,国内军阀纷争,天灾人祸频仍,农村经济面临崩溃,政府虽出台一系列促进农业发展的政策,却因局势动荡而难以落实。直到 1927 年 4 月南京国民政府成立之后,才展开了一系列恢复国民经济的措施。在农业方面,积极推行复兴农村计划,促进农业推广事业发展。关中地区的农业土地利用也从此由传统走向现代。

第一节　关中地区农业的发展

中华民国建立以后,农政机构几经调整,不断发展和完善。1912 年,南京临时政府成立后,在实业部下设农务司。北洋政府建立后,将实业部分解为农林、工商两部,农林部下设农务、垦牧、山林、水产四司,后几经合并拆分。相应地,各省先后设立劝业道(1912)、实业司(1913—1915)和实业厅(1915—1928)管理各省农务。除此而外,全国各地还设有一些农事组织,主要有中央直属的农事试验场、棉业试验场、林业试验场等。南京国民政府成立后,先后设立过农矿部、实业部管理农林矿业。地方上,省级先后设有农矿厅,后来改为建设厅。抗日战争全面爆发以后,国民政府又对中央各机关进行调整、省并,设立经济部。大部分省份也将原来的农业管理机构合并、改组为农业改进所。

陕西省为响应国民政府的农村复兴计划,在1934年2月由陕西省建设厅兼办农业推广所,1939年改组为农业改进所,主要从事陕西省农业生产调查及改进工作。这一时期内,农业生产技术改良以近代化农田水利设施的建设、农产品优良品种的培育与推广、科学规划土地利用等为主,为陕西的农业发展提供了保障;同时陕西的农业科研教育机构相继建立和完善,在其领导下的农业改良促进了农业科技的全面发展和广泛传播。农、科、教相互作用、齐头并进,不仅提高了农作物产量,而且使陕西的农业经济逐步进入近代化的发展轨道。可以说,抗战时期陕西的农业改良促进了陕西农村经济的较快发展。

我国自古以农立国,作物栽培历史悠久,但长期以来,在作物品种改良方面少有官方的试验及推广。自从抗日战争以来,东北及东南沿海相继被日军攻陷,作物栽培面积逐渐减少,西北、西南粮食生产能力普遍不足,供本地消费尚且困难。抗战时期,流亡国人汇集内地,加上抗日军队亦需要粮食给养,粮食问题遂变得分外突出。政府为解决粮食问题,拨发巨款兴起粮食增产运动。正是在这样的大背景下,陕西省农业改进所除兴办大小型农田水利工程外,还积极进行农作物品种改良试验、植物病虫害防治试验、推广优质农作物、推广堆肥制肥技术,因地制宜地进行土地利用规划。陕西相关农业试验机构最早成立并开始初期工作的时间是民国二年(1913)。从民国二年起,陕西政府就在部分县相继设立农棉试验场,开展相关工作。① 农业改进所成立以后,工作力度较之以前更大。笔者于下文论述到的情况主要是陕西省农业改进所(成立于1938年)进行的相关工作。

① 参见张学敏:《民国二年至十九年陕西的棉农试验场》,《陕西农业科学》1989年第2期。

陕西省农业改进所在农艺方面,主要做六个方面的工作,包括:麦作试验及研究、棉作试验与研究推广、水稻试验、杂粮试验、作物病虫害研究,以及土壤的调查和肥料试验。

一、麦作试验及良种推广

小麦良种推广中存在的问题,据王绥《泾阳三〇二号小麦示范与推广》①报告中记载,良种推广工作相当混乱:

> 在三年以前,陕西省小麦推广,至形紊乱,所推广品种亦多,各农业推广机构各自为政,各自所欲作推广,此种现象,不唯对于推广政策发生困难,而对于品种保纯,亦受严重的影响,同时在一个地区内,有两个或两个以上的机关,推广不同的品种,而机关与机关之间发生猜嫌,在整个农业推广事业发展上很是不利,例如国立西北农学院推广他自行育成的"蚂蚱麦",陕西省农业改进所推广他自行育成之"陕麦七号",金陵大学西北农事试验场推广他自行育成之"蓝芒麦",而农林推广繁殖站,因为他没有育成的品种,他就繁殖推广了"蚂蚱麦""陕麦七号"与"蓝芒麦"等应有尽有的小麦品种。在工作上感受到极度的困难与不便……"泾阳六十号"与"泾阳三〇二号"两个品种,作为过渡的推广品种,其余各品种,均予以淘汰,泾阳六十号以西北农场为中心,泾阳三〇二号以推广繁殖站为中心,尽量繁殖,并于省农业推广机构一级农民银行取得密切联系,作尽量的推广,自此以后,陕西省小麦推广业务,方才纳入正轨。

民国三十年(1941)春,农林部实施粮食增产运动,于是发动陕西改良小麦的推广工作。关中地区主要由泾阳农场、大荔农场和渭南县农业推广

---

① 王绥:《泾阳三〇二号小麦示范与推广》,《西北农报》1946年第1期。

所开展具体试验及良种推广工作。泾阳农场主要面对泾阳、三原、高陵、醴泉及临潼五县开展推广良种小麦的工作。1942 年,泾阳农场主要在泾阳县、三原县、高陵县三县推广的改良麦种,有蓝芒麦、陕农七号、六十号、一二九号及三〇二号等四种。其中,蓝芒麦是推广的重点。蓝芒麦是西北农场培育的优良品种,自民国二十五年(1936)就在西北农场附近开始推广,到民国二十九年(1940),已经推广 1.9 万余亩。民国三十年(1941),泾阳农场在泾阳县共计推广播种蓝芒麦 86939 亩,三原县推广 15833 亩,高陵县推广 5963 亩,因为三县情况有差,蓝芒麦在三县的产量也略有不同,其中泾阳县产量最高,为 108 斤/亩,三原县为 100 斤/亩,高陵县为 98 斤/亩。蓝芒麦加上其他几个优良品种,在三县推广面积共计 110085 亩,增加产量 15618.96 石。

泾阳农场在推广良种小麦时有一套较成熟的工作程序,首先是良种检定,包括田间检定和实验室检定两个环节。因为当年小麦耕耘田间管理不当,加之遭晚霜之害,种子纯度较低,农场不得已,只得将纯度要求降低至 90% 以上。其次是进行良种收购。收购工作范围限定于泾阳和三原两县,主要对象是上一年的特约良种种植农家。收购回麦种之后,农场技术人员对其进行清理。再次是良种储藏,因为收购范围限于泾阳、三原两县,遂就近储藏于西北农场。在良种分发之前,技术人员即登记各县拟种植改良小麦的面积,从而计算各县需要麦种的数量,以便统筹分配,协调好后,将种子按分配数量运往各地发散。最后就是指导农民换种,指导田间栽培,在麦苗生长出来之后,指导农民去杂去伪,以保证良种的纯度,此外还有病虫害的防治,当时对小麦黑穗病的防治办法是用硫酸铜拌种。

1939 年,渭南县农业推广所在渭南县上涨、赤水两镇推广陕农七号小麦 7500 亩;同时,除上述两镇扩大推广外,还增加了新的推广区,共推广 13948 亩。原本计划在 1941 年推广 18121.5 亩,推广范围为之前的固市镇、赤水镇、上涨镇、带渭乡,加上渭南县孝义镇的长稔、华县的松公乡及临潼县的四知乡。

　　大荔县农业推广所①自 1940 年从省农业改进所运来良种小麦——陕农七号 121274 石,在大荔县四个乡进行了推广。但因为没有及时播种,加之小麦扬花期遭受风害,影响了授粉结实,因此陕农七号当年并未完全表现出其优势。种植收获之后,农业推广所对新品种的性状及产量等进行了调查,发现陕农七号有诸如出粉率低、质软、落粒、茎秆粗大,不宜饲畜、收获期麦穗易折落等缺点,当然陕农七号表现出来的这些缺点,和当年的风害及连阴雨的气象现象有关。但是,和传统的麦作品种相比,其优势还是明显的:"生长仍属佳良,出穗整齐,收量多而不倒伏脱粒","病害极轻",产量较本地的传统品种为高。正因为陕农七号具备这些优良品性,因此有大量推广之必要。

　　事实上,小麦良种推广工作的开展并不顺利。笔者认为,民国时期小麦良种推广工作经过了科学试验,且推广环节程序设计合理,但由于农业经营是以长期形成的社会习俗为基础的一种生产生活方式,想要骤然之间改变,难度还是相当大的。富有种植经验的农民对新品种怀有疑虑,再加上自然因素造成小麦良种优势发挥得并不明显,良种推广工作的成效比较有限。

　　除小麦外,大荔县农业推广所及韩城县农业推广所在 1940 年还以杂粮作物推广为其主要工作之一。因为大荔县与韩城县耕地多属旱地,灌溉条件不佳,作物生长季节比较短,夏季六七月间雨量缺少,播种作物幼苗不能充分发育生长,所以两地农民以种小麦为大宗,杂粮种植较少。但为了增加粮食生产总量及防止小麦歉收造成的影响,两县农业推广所积极进行农情调查并开展杂粮种植推广工作。见表 7-1。

表 7-1　民国三十年(1941)各地栽培杂粮面积调查

县别	耕地总面积(亩)	种植杂粮面积占耕地总面积(%)
大荔	632415	21.64
朝邑	623490	22.50
蒲城	545102	28.00

① 工作区域辖大荔县、澄城县及蒲城县等。

续表

县别	耕地总面积(亩)	种植杂粮面积占耕地总面积(%)
澄城	778600	20.96
平民	241620	资料中未见统计

从表 7-1 可知,蒲城县的杂粮作物种植在五县中所占比重最大。但蒲城县的作物种植结构并非历来如此。农情调查指出,1941 年蒲城县杂粮种植面积增加的原因是夏季下了黑霜,导致小麦受损,因此农民种植杂粮,以补偿损失;另外一个重要原因是当年粮价上涨导致农民愿意种植杂粮以获得更多粮食。朝邑县杂粮种植面积也有增加,原因是东北乡一带减少了一部分棉田而种植了杂粮。

这五县种植杂粮的品种非常多,主要为粟作。杂粮品种的称谓比较混乱,有以作物植株颜色命名的,有以作物籽实颜色命名的,有以作物形态命名的,大致有谷类:白沙谷(80 日成熟)、老来变、红秆谷、白秆谷、红粟谷、绿粟谷、马缰绳(70 日成熟)、小黄谷(60 日成熟)、金黄谷(亦名牛黄谷,成熟稍晚)、红毛谷(亦称狼尾巴)、毛穗谷(亦名长毛谷,成熟晚)、猫蹄谷;糜子:白糜子、黄糜子、黑糜子;豆类:绿豆、大豆、豇豆(红、白、花纹、皱皮)、豌豆(大、小粒两种);芝麻:分枝种、不分枝种(亦名一支枪);高粱;玉米;荞麦;红薯(红皮种)。

以上杂粮作物中,粟作在种植作物中所占比例最大,泾阳农场在 1938 年就收集 12 种粟作品种进行了试种、检定,结论是小黄谷产量最高,适合本省土壤气候条件。①

报告所见五县杂粮种植情况,共同特点是杂粮种植面积很少。报告称形成这种特点的主要原因是当地农民因袭守旧。据当地农民称,祖宗相传,即系种小麦,人民日食也以小麦为主。不会利用杂粮,种植杂粮大多作为家畜的饲料。

---

① 参见陕西省农业改进所:《陕西省农业改进所泾惠区植棉指导所棉场二十七年十月下半月工作报告》,陕西省档案馆藏,档案号:73—2—179.4。

民国时期这份农情调查资料为我们提供了五县的耕地总面积及五县种植秋季作物的面积，为我们估计关中地区的杂粮作物种植情况提供了重要的参考，在研究清代以来关中地区的作物种植时，不应过高估计除冬小麦之外的杂粮作物的比重。①

富平县也是良种小麦推广的重点县。富平为关中地区四大县之一，麦田约有七十余万亩，占农田总面积的60%。富平县小麦传统品种庞杂，富平县农业推广所自1940年成立起，就积极推广蓝芒麦，但该所工作人员仅有三人，当年由西北农场运蓝芒麦46市石，推广六百余亩，经农民耕种收获后，效果不错，因此，1941年又由泾阳农场运来蓝芒麦50市石，继续推广。富平县农业推广所对小麦种植实行分区管理，小麦良种种植地分为售种区和留种区。售种区主要推广当年泾阳农场发来的蓝芒麦，大致在礼仁乡美原镇一带，参与农户共计147户，种植最多者40亩，最少者1亩，平均每户种植6.5亩；留种区是上年度参与推广工作种植蓝芒麦的种植户，所种蓝芒麦要留种供本年度继续播种使用。除此而外，还有良种区，其实质就是试验田分布区。推广所为了补充良种的不足，选取了富平县本地著名的麦种大红麦、白蓝麦一起种植，以备选种。

长安县农业推广所②在小麦良种推广方面成绩斐然。推广的品种以陕农七号为主，1939年先在长安县细柳等乡种植，次年扩大种植范围，在杜曲等乡也开始种植。据统计，陕农七号的产量与当地土种小麦比增产约5%—13%，新品种非常受当地农民欢迎。1941年长安县农业推广所在所辖五县共推广陕农七号34285.2亩，超出预定推广面积4285亩。

地处关中地区之北，与陕北黄土高原接壤的耀县，耕地共计约12万亩，其中麦田占60%，小麦品种主要有颇受当地农民推崇的白麦（俗呼白大头）和红麦（俗呼红大头）两种，但这两种小麦与农业推广所推广的蓝芒

① 以上除另注外，均参见陕西省农业改进所：《泾阳农场等单位有关麦作推广的报告》，陕西省档案馆藏，档案号：73—2—693.1。
② 工作区域范围包括长安县、咸阳县、鄠县、蓝田县、临潼县。

麦相比,品质不如后者佳。技术人员称当地人的小麦播种技术已经相当纯熟,但因为蓝芒麦的籽粒较传统作物的籽粒大,播种时需要种子量较传统作物要多一些,农民依然按照习惯播种,等到麦苗出土后,方知技术指导员所言非虚。这个事例再次告诉我们,新作物的推广受地方耕作传统的影响很大。

此外,从陕西省农业改进所 1943 年事业计划纲要看,杂粮推广也是农业改进所的重要事项。改进所在制定工作计划时提到"要利用冬夏季休闲地种杂粮",这是因为"各县休闲地甚多",要由各地县政府力促农民利用休闲地种植玉米、小米等杂粮;另外还提到要督促各县利用隙地与垦殖荒地种植玉米、薯类等杂粮。笔者认为,这些情况其实说明关中地区以小麦为主粮,秋季粮食作物种植并不普及。农业土地利用复种指数不高。正因为如此,民国时期陕西省农业改进所在推广小麦良种的同时,也将推广杂粮列为自己的工作内容之一。

二、棉作试验与推广

民国建立后到抗日战争前夕,是陕西省棉花生产的持续发展期。

民国时期,目前能够找到的记载陕西最早的棉田面积、产量等的相关资料,是许道夫编的《中国近代农业生产及贸易统计资料》,其中有民国三年到民国四年(1914—1915)棉花生产的相关数据。[1]

1932 年 8 月,由陇海铁路局发起的陕西实业考察团行经陕西 36 县,主要对陕西的交通、林产、矿藏、水电、棉毛纺织等进行了情况调查。随后,提出亟须办理的六项事务,其中论及陕西棉产,"以上六省中[2],棉产以陕西为最多,特别以该省东部之临潼、渭南、华县华阴及渭北之三原、高陵、富平诸县为最著。近年来,西部之咸阳、醴泉、鄠县、岐山、凤翔、郿县等地,植棉亦渐广。陕棉以退化美棉(乡人称洋棉)为最多,约占总面积百分之九十八以

---

① 参见赵汝成、陈凌江:《民国时期陕西的棉花生产》,《古今农业》1992 年第 3 期。
② 指当时西北的陕西、甘肃、新疆、宁夏、绥远、青海。

上,棉质近虽变劣,但只需有计划之改良及推进,不难有效。同时设法减少陕西种烟之土地,棉产之增加可指日待也"①。

陕西省农业改进所成立以来,在棉花生产方面所做的主要工作是良种棉的引进、栽种试验及推广。借助档案资料,我们能看到农业改进所在这些工作中的具体方法及效果,对我们进一步了解和探究民国关中地区农业生产的面貌大有裨益。

民国二十七年(1938),陕西省农业改进所泾惠区植棉指导所的工作报告中说,泾惠区植棉指导所的工作"纯系育种",指导所内,棉田按不同品种分区种植,分区管理,收获亦分区,美棉品种试验分为甲、乙两组,所做研究内容如下:(1)成熟度不同纤维研究;(2)成熟次序与品质品级关系研究;(3)收花方法研究;(4)收花迟早与品质品级相关性研究;(5)纤维留籽上久暂与棉花光泽的关系研究;(6)本地重要病害对棉纤维影响研究。上述六个方面是对棉花品质的研究,在耕作技术方面,指导所还进行了株行田间初选。工作步骤大致是这样的:在夏秋棉花生长末期集合全场技术人员进行田间观察,评断后对长势优良者各记其行号;在秋后成熟期再观察其生长状况、生产力早熟度等择优记识;集合各次各人观察记录平均结果决定初次取舍,以便进行改种。

在良种棉的栽培选择过程中,往往会因为天气原因影响试验结果。1938年10月,一场严霜对试验田的棉花造成影响,导致棉花"生机乃断,株上已熟将开棉铃至斯乃极速吐絮,其幼嫩者则多冻死"。幸而工作人员在10月初将各试验区的棉花已经收获一遍。同时,各优质棉种植区收获工作也基本告终。当年收进良种共计70436斤。

从民国二年(1913)起至民国十九年(1930),陕西省在关中地区设立了16处棉农试验场,详见表7-2。

---

① 何玲:《陕西实业考察团建议该省实业计划致行政院函暨实业部核办情形》,《民国档案》2001年第1期。

表7-2 民国年间关中地区棉农试验场统计

名 称	建立时间	地 点	规模(亩)	试验作物	经费(元)
陇县农棉试验场	1913	县西关	28	金色稷、银色稷、大根稷、棉、秦椒	960
汧阳县农棉试验场	1920.3	县南关	5	旱稷、棉花、小麦	360
咸阳县农棉试验场	1923.1	县城西北门内	11	棉花、小麦、玉米	500
宝鸡县棉场	1924.4	县南关外	12	脱里斯棉、金斯棉	264
朝邑农事试验场	1924.6	县城西南	26	东洋小麦、西洋小麦、美国豌豆、德国豌豆、泥金豌豆、蚕豆、美国白菜	500
韩城县农棉试验场	1926.2	县城南关	12	小麦、大麦、玉米、美棉	150
朝邑县棉业试验场	1927.2	县城以东	30	美棉、德棉、中棉	340
长武县中心棉场	1928.3	县东旧营内街	6	棉花	130
白水县第一棉场	1928.5	县西北上康沟	21	美棉、中棉	96
同官县(铜川)农棉试验场	1928.11	县北泰山庙	50	小麦、大麦、棉花、水稻、豆类	无
大荔县农棉试验场	1928	县东关	50	棉、麦、	1200
三原县县立农棉试验场	1929.3	县城西关外	15	德棉、美棉、中棉	无
岐山县县立农棉试验场	1929.3	西关外教场地	26	棉花、麦类、玉米	348
郿县农棉试验场	1929.4	县南关	12	棉、谷	30
盩厔县农棉试验场	1929	县城东关	30	德棉、美棉、中棉、其他	无
郃阳县县立农棉试验场	1930	县治南门外	50	麦类、杂豆	无

资料来源:张学敏:《民国二年至十九年陕西的棉农试验场》,《陕西农业科学》1989年第2期。

经过数年的试验场种植和大力推广,关中地区植棉开始蔚然成风,民国二十三年(1934)春经由陕西省建设厅下发给关中地区 28 县和 6 个团体的灵宝棉籽达三十余万斤。[①] 由于棉花良种的推广及泾惠渠的修成,包括关中地区在内的陕西省棉花种植成绩斐然。

> 本省各县历年棉田面积,除兴平、南郑、洋县、沔县等少数县份三十六年之棉田面积,比诸二十六年棉田,不但不减少,反有增加外,其他主要县份,由十九年至二十六、七年,棉田逐年增加至最高峰者,计有长安、临潼、咸阳、泾阳、富平、鄠县、三原、高陵、岐山、渭南、大荔、华县、朝邑、潼关、平民、邠县、乾县、醴泉、西乡、石泉、岚皋、耀县、延川等 23 县,又由十九年至二十七、八年棉田逐年增加至高峰者,计有蓝田、宝鸡、盩厔、凤翔、扶风、陇县、武功、汧阳、蒲城、郃阳、韩城、华阴、澄城、白水、城固、襃城、汉阴、雒南、淳化等 19 县,自二十七、八年以后,各县棉田,即逐年减少,多则减少十分之八九,少则减少十分之四五,各县棉田,虽减少甚多,但因长安、咸阳、泾阳、鄠县、三原、高陵、蒲城等县水地棉田增多,故其产量不仅不随棉田面积之缩小而减低,反形增加,故三十六年全省总产量,仍能保持 96 万余市担之记录,比诸二十六年最高纪录 100 余万市担,仅相差十余万市担而已![②]

三、农业生产问题及解决情况

陕西省农业推广所在大韩区做过调查后,发现在农业技术推广中存在秋季作物推广不力、农民不重视积肥施肥等问题之后,推广所制定了自己的工作计划。针对秋季作物种植少的问题,推广所选定"特约农家",类似于今日之示范户,让他们按照要求种植杂粮,由推广所予以保障,如果因为气

---

① 参见《全国农业推广实施状况调查录》第一集,"中央农业推广委员会"民国二十五年(1936)十二月印行。

② 李国桢主编:《陕西棉产》,中国棉业出版社 1949 年版,第 3 页。

候原因造成损失,推广所负责赔偿,使农户得到切实的利益,并给种植成绩好的农户予以嘉奖。经过一两年的引导之后,农民看到,种植秋粮的确能够得到利益,于是沿袭的不重视秋季作物的习惯开始慢慢改变。

针对肥料问题,推广所采取两种措施,帮助农民解决,其一是帮助农民建筑厕所,用砖建筑或者用缸代替,人粪尿及各种污水均可聚集其间,成为"一种最良好之完全肥料";其二是利用废物制造肥料。将各种作物废弃秸秆或于农闲时,与在野地收集的杂草一起堆放,使其腐烂,也可以得到良好的肥料;还可以将各种秸秆晒干后,用火焚烧,燃烧之后的草木灰和人粪尿拌和,也是上好的肥料。[1]

鉴于陕西省农业改进所开展工作时间较短,而且当时社会动荡,战争、灾荒不断,笔者认为,民国时期关中地区农业土地利用启动了从传统向现代迈进的步伐,但所取得的成绩却很有限。原因在于"传统农业对现有技术状况的任何变动都有某种强大的内在抵抗力。传统农业的概念就意味着对所有生产活动都有长期形成的定规。引入一种新生产要素将意味着,不仅要打破过去的常规,而且要解决一个问题。……从事传统农业的农民接受一种新生产要素的速度取决于适当扣除了风险和不确定性之后的利润,在这方面,传统农业中农民的反应和现代农业中农民所表现出来的反应相类似"[2]。舒尔茨的理论不仅可以用来解释陕西省农业推广所在有限的时间内取得的成绩有限,而且可以用来至少部分解释下文所要讨论的清末民初关中地区棉花及罂粟种植受农人追捧的原因。

通过上述几个主要方面的工作,民国时期关中地区的农业取得空前进步。以下数据可说明:民国初年(1914—1918),陕西省年粮食总产为109.26万—146.71万吨,年均127.22万吨。1938年粮食总产达350.78万吨,这个总产量,是中华人民共和国成立前的最高水平。较1914年(114.63

---

① 陕西省农业改进所:《大韩区杂粮推广工作报告》,陕西省档案馆藏,档案号:73—2—693.1。

② [美]西奥多·W.舒尔茨:《改造传统农业》,梁小民译,商务印书馆1987年版,第26页。

万吨)增加 2.06 倍。① 这仅是粮食作物的成绩,并未计算棉花在内。

第二节　民国关中地区的林业

清代关中地区在土地利用方式方面,以农耕为主,林业极少被考虑。关中地区所在之陕西政府没有进行过专门林业发展规划或官方造林行动,但传统的植树行为从未间断,居民在庄前屋后、私家园林地栽植树木仍然是很普遍的现象。晚清以后,随着自然环境的日益恶化,西方林业思想开始在中国传播,民国时期更有越来越多的有识之士鼓呼森林的重要性,加之 1937年以后抗战局势的影响,曾经预备以西安为陪都,这几方面因素综合作用,促成了民国时关中地区林业的兴起。

一、民国关中地区林业兴起的背景

人与森林等自然资源,往往存在着此消彼长的关系。关中地区的情形可以佐证。清代以来,关中地区人口屡有升降变化,大致在嘉庆二十五年(1820)达到 671.65 万人。② 为解决民食,清政府大力号召民众拓展耕地,从嘉庆朝起,政府明确允许民众对秦岭北坡深山天然林进行采伐,以扩大耕地面积。嘉庆皇帝曾在嘉庆四年(1799)谕令:"朕意南山内既有可耕之地,莫若将山内老林,量加砍伐,其地亩既可拨给流民自行垦种,而所伐材木,即可作为建盖庐舍之用。"③此道谕令说明,嘉庆时期可垦辟为耕地的浅山林地几乎耕垦殆尽,只得砍伐老林辟为耕地。

事实上,秦岭山区木材采伐业早在康熙时就已经开始,此后绵延未绝。但康熙年间,秦岭森林还比较茂盛。康熙《盩厔县志》记载:"南山夙称陆

---

① 参见彭琳、彭珂珊:《陕西省粮食生产与化肥施用》,《西北农业学报》1998 年第 2 期。

② 参见薛平拴:《陕西历史人口地理》,人民出版社 2001 年版,第 446 页。

③ 《清仁宗实录》卷 53,嘉庆四年(1799)十月戊戌。

海,林木之利取之不穷。"乾隆年间,木商与居民在河滩争夺木材的事件层出不穷。① 伐木业的发展需要森林资源作为支撑,自康熙年间开始,百余年的采伐使秦岭森林资源趋于匮乏,到清末,"比年以来,老林空矣,采木者必逾岭南"②;咸同年间"南山材木近已砍伐殆尽,做厢者寥寥无几"③。

嘉庆年间砍伐老林,不仅获官方批准,且明确砍伐森林后的空地可以被垦辟为耕地。

陕西段秦岭北坡是关中地区的水源涵养地,其森林植被的好坏对关中地区的水文状况影响深刻。秦岭北坡的乱砍滥伐不仅影响山内木材采伐业,使其因资源枯竭而难以为继,还使分布在秦岭峪口河流附近的农田深受其害。如韩城县:"五池森林已经濯濯,其它川原亦皆日寻斧斤,绝少种艺,以致木料缺乏。"④咸宁县:"然闻乾隆以前,南山多深林密障,溪水清澈,山下居民多资其利。自开垦日众,尽成田畴,水涝一至,泥沙俱下,下流渠堰,易致壅塞。"⑤韩城、咸宁二县并非特例。晚清之时,秦岭北坡各处童山濯濯,"南山老林弥望,乾嘉以还,深山穷谷,开凿靡遗。每逢暴雨,水挟沙石而下,淹没人畜田庐,平地俨成泽国"⑥。

民国建立后,陕西当局面对的就是晚清以来的环境困局。

每况愈下的环境状况引发时人的关注与思考,部分有识之士认识到保护林木的重要性,或以文载述,或采取行动。

清时,郃阳人贺雨霖自幼随叔父客居鄠县涝峪口,后来做木材生意致资财上万。当时村南马尾坡峪,每遇暴雨,就会引起山洪。贺雨霖捐钱千缗,买山地数百亩,培养成防洪林,水患平息。村中人感激他的恩德,为他挂匾

---

① 参见陈宏谋:《培远堂文檄》卷39《颁示厢木禁约檄乾隆二十二年六月》,广西省乡贤遗著编印委员会 1934 年印行。

② 《续修陕西通志稿》卷34。

③ 彭泽益编:《中国近代手工业史资料(1840—1949)》第二卷,生活·读书·新知三联书店1957 年版,第180页。

④ 《韩城县续志》(民国)卷1,民国十四年(1925)石印本。

⑤ 《咸宁县志》,嘉庆二十四年(1819)刻本。

⑥ 《续修陕西通志稿》卷199。

刻石。官方也采取了行动,道光十六年(1836),御史陶士林即上疏,请禁止棚民开山种植,以防水土流失。左宗棠任陕甘总督时,因军务从潼关经西安、长武,到甘肃、新疆修筑道路,沿道路两旁,栽种杨柳,所植之柳被称作"左公柳"。这是清代官方在西北进行的规模浩大的植树活动。宣统二年(1910),陕西省劝业道制《陕西省造林区域图说》,对陕西42县(厅)的森林分布、林业生产及规划造林范围和树种等做了简短叙述。① 资产阶级维新派人士更是重视绿化工作,郑观应很早就提出在田地四周种树以治旱的观点。②

民国时期,以孙中山为代表的、在晚清即接受西方林业思想影响的民国领导者,和以梁希、凌道扬、姚传法等为代表的留学归国的林学家对农林建设都非常重视,并通过刊发文章、实地宣讲等方式广泛开展植树造林宣传活动。

1912年,孙中山主持制定了《林政纲要》。1916年,国民政府在农商部设林务处管理全国林政,并在各省设立林务专员,颁布《林务专员规则》。为了营造植树造林的社会氛围,国民政府将清明节定为植树节。1929年,国民政府为纪念孙中山,将3月12日定为植树节,全国在植树节前后开展植树活动,至今沿袭。民国时期,刊发的关于森林学、森林保护学、森林水文学、森林地区分布、树种学等著作不下十余种。③ 为了以浅显易懂的方式向民众说明森林对水流有缓冲作用,可以减免水灾的道理,凌道扬在一次演讲中,"尝作最浅显的比喻,如手中斜持木板一块,以喻荒山之峻坂,淋水其上,以喻大雨行时,随注随倾,不稍留滞。继取毛巾一段,幂于板上,以喻山有森林,仍如前法淋水,则仅涓滴徐下矣"④。这种讲解通俗易懂,给民众留下深刻印象,对林学知识的普及作用巨大。

陕西方面,1933年,戴季陶在西安讲话时就中华民族的农业文明与森

---

① 参见田培岳:《陕西植树造林史料(续六)》,《陕西林业》1995年第3期。
② 参见夏东元编:《郑观应集》(上、下册),上海人民出版社1982年版。
③ 北京图书馆编:《民国时期总书目(1911—1949)农业科学·工业技术·交通运输》,书目文献出版社1993年版。
④ 凌道扬:《论近日各省水灾之剧烈,缺乏森林实为一大原因》,《东方杂志》1917年第14卷第11号。

林破坏之间的关系进行了分析:"吾国夙称以农立国,我汉民族,素来认开辟草莱,披荆斩棘为文明大事业,然只讲开辟,而未培植之事宜,则其害亦随之而生。今日西北亢荒之现象,其最大原由,即在开山为田。秦中各处高原地带之森林,除借宗教力量保存些许外,其余凡有森林以养水源之地,皆成畎亩,以致灾荒频仍,无术挽救。"①此论对西北灾害频仍、经济凋敝与森林破坏之间的关系认识深刻,对陕西植树造林无疑有促进作用。

任何一个政权,为了维护其统治,除了对内镇压反对者、对外抵御侵略者外,都不能不执行组织社会经济文化生活等的公共职能。

民国初年,孙中山在其《实业计划》中就提出了建设西北铁路,开发西北资源的一系列设想。从 1929 年开始,鼓呼开发西北的刊物和文章大量涌现。1931 年"九一八"事变后,随着日本的步步紧逼与国防建设的需要,国民政府不得不将建设的重点向比较闭塞的西北转移,西北在国民经济中的重要性凸显。许多爱国人士发出开发西北的疾呼,认为在"东北则藩篱尽撤,东南则警号频传"的形势下,想图谋恢复中国版图,则非集中全力开发建设西北不可。② 1932 年 3 月,国民党四届二中全会通过决议,决定以长安为陪都,定名为西京。1934 年,中央政治会议决定,设西京市为直辖市,其范围东至灞桥,南至终南山,西至沣水,北至渭水。③ 而拟建设的西京市所在的关中地区,正如戴季陶所说,"若就历史上、政治上、经济上之地位以言,则建设国防,自当自西安始。关中地区之建设既毕,乃经营兰州,而以甘肃为起点,完成整个之中国国防建设"④,是开发与建设的首冲之地。

---

① 戴季陶就"中央"关于西部开发之计划——1932 年 4 月 21 日在西安对各界人士讲话:《关于西北农林教育之所见》,西安市档案馆编:《西安档案资料丛编·民国开发西北》,陕内资图批字(2003)年 095 号,2003 年。
② 参见邵元冲:《西北建设之前提》,《建国月刊》1936 年第 2 期;朱铭心:《九一八与西北》,《西北问题》1934 年第 1 期。
③ 参见西安市档案馆编:《西安档案资料丛编:民国开发西北》,陕内资图批字(2003)年 095 号,2003 年,第 175 页。
④ 西安市档案馆:《西安档案资料丛编:民国开发西北》,陕内资图批字(2003)年 095 号,2003 年,第 51 页。

大敌压境的局势下,国内经济建设更有加强的必要。1932 年 1 月,国民政府在南京成立中央农业试验所(简称"中农所"),内设农艺、森林、蚕桑、植物病虫害、土壤肥料、兽医等系或室。同时成立中央农业推广委员会(简称"中央农推会"),专门掌管全国农业推进事宜。对于地方政府,国民政府亦要求设立相应的农业试验及推广机构。

被学者称为"中国土木水利(交通)建设之父"与"孙中山建国方略实施第一人"的国民党政要曾养甫,在《建设西北为本党今后重要问题》的文章中指出,"森林与水利互为表里,讲求水利,即不可不同时讲求森木……西北各地……童山濯濯……因此水源不能涵养,气候不能调和,土壤也无法改良"①。类似曾养甫这样对森林重要性有深刻认识的不乏其人。

"卢沟桥事变"后,抗战全面爆发,国民政府于 1938 年 3 月 29 日在武汉召开临时全国代表大会,次日通过《非常时期经济方案》,将农业放在了发展经济的首位。方案指出,"在此非常时期……推广造林、增加副业等也应由政府规定办法积极推进"②。

二、民国关中地区植树造林活动的开展与成效

(一)陕西林业机构的架设

民国建立之后,陕西省政府对农林机构进行了调整与重新架构。1919 年设立实业厅,掌管农林工商政务。1922 年为了推进陕西实业发展,省实业厅在西安西关创办陕西农业试验场,内设苗圃。1927 年,合并省立的三个苗圃,在西安西关创建陕西省立林业试验场。1934 年 10 月陕西省成立了省林务局,德国林学博士芬茨尔(Dr.G.Fenzel)受邀出任省府森林高级顾问兼林务局副局长。省林务局先后设立了西安、槐芽、西楼观、草滩、平民、

① 西安市档案馆编:《西安档案资料丛编:民国开发西北》,陕内资图批字(2003)年 095 号,2003 年,第 48 页。
② 秦孝仪主编:《非常时期经济方案》,台湾中国国民党中央委员会党史委员会编:《革命文献(第 102 辑)·抗战建国史料——农林建设(一)》,"中央"文物供应社 1986 年版,第 198—199 页。

关山林区、南山森林公园七处林场，从事育苗造林工作。1938年10月，陕西省政府对农业机构进行了改组，将原有陕西省棉产改进所、林务局、农事试验场、棉花掺水掺杂取缔所、草滩垦殖畜牧场、第一果园等单位，合并为陕西省农业改进所，隶属于陕西省政府建设厅。此后对内部机构还做过调整，但林业始终占有重要地位，之前省林务局下设的七大林场一直存在并进行了实际工作。陕西国民政府在应对环境问题、制定政策时表现出前瞻性，不但在关中地区各处设立林场，还请国外林学专家指导工作，并筹划设立农林学校，培养林业人才，制定法令以保护造林成果，树立植树造林的社会风气。

（二）专业人才培养与社会风气培育

在林业人才培养及研究方面，国民政府及陕西省政府也不遗余力。1915年，西北大学农科改为陕西省甲种农业学校，后几经改设，于1938年迁至鄠县，成为中华人民共和国成立后陕西省林校的前身。1932年春，西北农林专科学校筹备委员会成立，校址选在武功县张家岗。在学校筹建过程中，多方延揽海内外名流来校任教。1934年4月20日，西北农林专科学校正式成立，于右任任校长，聘请了著名的德国林学博士芬茨尔为森林组教授，并兼学校林场场长。在芬茨尔的指导下，林场展开了测土壤酸碱度、记录空气温度和湿度等试验，以确定不同的土壤条件适宜种植的不同树种，使其成活率更高。1937年7月，陕西省林务局主办了林业科技刊物——《陕西林讯》，次年停刊，共出19期。

社会风气培育主要通过制定规章、公告及立法并由林业警察执法等方式来实现。陕西省政府及陕西省林务局先后出台多部规章办法，不仅使林务工作有法可依，还营造了植树造林、保护森林的社会风气。1929年2月，陕西省政府发布《护林公告》，公告称"对任意折伐或盗伐树木者，按惩治盗匪法从严惩处"；1932年6月25日，陕西省政府公布《陕西省各县农村林业公会章程》；1934年10月颁布《陕西省奖励造林及保护办法》；1935年3月及12月，分别颁布《陕西省公有荒地承领造林规程》及《陕西省行道树植护及奖惩暂行办法》,并颁布农林部修订的《狩猎法》及《狩猎法施行细则》。此后还颁布过《陕西省立南山森林公园私有土地处理规则》《陕西省林务局森林警察服务规则》《陕西省管理林木办法》等。

(三)关中地区七大林场的设立及其主要工作①

关中地区七大林场场址的选择,经过了林学专家的实地考察。除西安林场外,均在靠山或者临河处选址,这是因为:民国时期,虽然关中地区大多山麓植被破坏严重,但具备树木生长的条件,尤以关山林区为典型;临河设置林场可防飞沙固河流,且便于将林场培育的树苗移植到沿河流更远的地方。陕西省建设厅拟订的 1931 年建设计划中,提及沿渭河设立保安林的原因:"渭河两岸,滩地甚多,种植则潦旱不时,不种则废弃可惜。拟于各滩地完全造林。"②从其后的记载看,不但在渭河滩的槐芽、草滩设立了林场,还在德国林学专家芬茨尔的考察与主持下,在朝邑黄河滩地也设立了林场。西安林场选址在西关,是因为距离市区较近,便于绿化城区。以下分别述之。

西安林场:位于西安西关,1929 年成立。西安林场有苗圃三处,面积约220 公亩,分别培育臭椿、白榆、中槐、洋槐、苦楝、扁柏、梧桐、合欢等普通苗木,以及桃、杏、胡桃、苹果、梨、李、石榴、葡萄、柿等果木。因为西安林场地处西安郊区,没有大面积的可造林地,林场育苗主要是用来补植西京市街行道树及环城风景林的。

槐芽林场:位于郿县槐芽镇,1934 年 12 月成立。该林场位于渭河南岸,在此设立林场,是为了防止河水不时改道,淹没农田。其中造林面积288725 亩,多系荒山辟为林地。苗圃地面积计 232 亩,是购买农地建设的。苗圃有三处,设于磨石沟者面积较大,有 180 亩;设于井索沟者 40 亩;在车

---

① 此部分依据陕西省农业改进所《本所事业计划纲要一》撰写,陕西省档案馆藏,档案号:73—2—71.1。

② 西安市档案馆编:《西安档案资料丛编:民国开发西北》,陕内资图批字(2003)年 095 号,2003 年,第 186 页。

场凹林区内,设一临时苗圃,占地 20 亩。各苗圃地均可利用山水灌溉。所育之树苗,除椿、榆、楸、槐外,核桃树之幼苗尤多。

西楼观林场:位于今周至县楼关镇,成立于 1934 年 12 月。有苗圃二处,一处在山麓,一处在平原,共 74 亩。主要培育适宜山坡地、适宜军用的胡桃苗,及适宜河滩地的橡、榉、栗、桑、椿、楸、梧桐、杨、柳、洋槐、中槐、桃、杏等树种。

草滩林场:位于今西安草滩现代农业开发区,成立于 1935 年 1 月。面积约 80 亩,位于渭河南岸,沙地土壤,因此主要插植杨、柳、洋槐等树,用来护岸保安。沙地树种的选择,是在芬茨尔指导下,结合土壤酸碱度试验做出的。

平民林场:位于今朝邑县严家庄。1935 年 5 月,芬茨尔考察了黄河滩地地形地貌,提出了植树造林以控制流沙、保护堤岸的观点。此行考察后,陕西省林务局于当年 7 月设立平民林场。林场位于黄河西岸,共占地 359 亩,林地全为飞沙,因为飞沙经常侵吞农田,遇到河水暴涨,堤岸崩塌,国防工事也难保安全。在此设林场就是为了固定飞沙,保护农田及国防工事。培育的林木主要为杨、柳、洋槐、白榆、椿、楸、中槐、合欢、桃、李、杏、柿等。

关山林区管理处:1935 年春,芬茨尔曾至关山林区考察,对于陇县森林植被特别注意,他在考察报告中写道:"此县境内肥沃之黄土遮被山丘,人烟稀少,所呈景象,实可重建旧之黑松林,为白皮松、油松、桧柏、侧柏等,均有生长之可能。"1936 年夏,芬茨尔先生又在《关山森林政策之刍议》一文中,提出关山林业建设的目的,建议省政府设立由省林务局管理的关山林场,建立苗圃,保护经营公有林,防止砍伐与火烧。他提出的育护关山天然林的方法,对陕西其他天然林区都可起到借鉴作用。后来陕西省关山林区管理处就是按他所拟的重在保护、兼行造林和试行私有林管理的方针进行的。[1] 1936 年 11月,关山林区管理处在陇县固关镇设立,占地 40 亩。为了避免关山林区和

---

[1] 参见西北农林科技大学校友网:《我校历史上的第一位外教——芬茨尔》,https://xyh.nwafu.edu.cn/xywy/mhsz/306542.htm。

国内其他山区一样，变成童山秃岭，关山林区在原林木保留相对较多的基础上，又培植胡桃、洋槐、桃、杏、华山松等林木，并在荒坡栽培党参、大黄、川芎等中草药。

南山森林公园：位于长安南部太乙宫，设立于1937年8月，占地20亩，培育树种主要有橡、栗、桃、杏、椿、木瓜、七叶树、梧桐等。

各林场均设计正、技术助理，以及林警等技术和管理人员，由计正兼任林场主任。林场的任务主要有：培育树木、实施造林、试种国药、研究及实验、指导各处推进林务、保护森林等。

关中地区除设立七大林场之外，还重视风景名胜区的植树造林，在陕西省建设厅制订的有关陕西农林事业的发展计划中，在华山、骊山等处营造风景林多次被提及。

陕西省档案馆保存的民国档案中，有陕西省农业改进所卷宗，其中有"各省省立农林机关工作概况、造林育苗成绩调查表及农情报告"。笔者据"陕西省各区县民二十八年度（1939）征工造林成绩查报表"①中记录的民国二十八年至二十九年（1939—1940）关中地区植树造林情况加以叙述。

1939年，报告植树造林成绩的共有20个县，按造林面积大小排列依次为醴泉、郿县、长安、陇县、蓝田、盩厔、邠阳、澄城、武功、白水、邠县、平民、咸阳、大荔、旬邑、韩城、高陵、乾县、蒲城、兴平。各县造林的数目、面积、树种都不尽相同。其中醴泉县造林面积最大，为4346公亩，绿化昭陵公路20千米，参与造林人数最多，共计1452人，植树时间从1939年10月8日起至11月19日结束，共计44天。长安沿灞河两岸植杨树和柳树，共计5.4万株，种树株数最多。草滩林场在东滩林地种植了1929.29公亩的洋槐，共计19099株；槐芽林场在槐芽镇渭河滩种植了3054.5公亩的白榆，共计3.36万株；西楼观林场种植了2112.5公亩的胡桃和榆树，共计2.52万株。详见表7-3。

---

① 陕西省农业改进所：《各省省立农林机关工作概况、造林育苗成绩调查表及农情报告》，陕西省档案馆藏，档案号：73—2—195.1。

表7-3 民国二十八年(1939)各县造林情况

县别	造林地点	面积或长度	树种及株数	起讫日期	总天数	人数	工数
醴泉	筱河、大路乡、新时乡、昭陵汽路	4346公亩;20千米	杨、柳、榆;51168株	10.8—11.19	44	1452	4362
鄘县	青余公路、县奉公路、孟家垓、刘家什	3302公亩;12.8千米	杨、柳、柿、桃;44878株	2.10—3.12	30	583	1544
长安	灞河两岸	1365公亩	杨柳;54000株	3.6—4.8	33	600	1800
陇县	东岳庙、东城壕仓园	546公亩;60千米	杨、柳、洋槐;42506株	3.10—3.15	6	731	2193
蓝田	县城壕	500公亩	杨、柳、洋槐;4500株	11.10—12.3	24	200	600
盩厔	中山林场先农坛	292公亩	桃、杏、梓、榆、洋、槐;2640株	3.9—3.17	9	51	153
郃阳	民众公园、大郃公路及各学校	250公亩;16.4千米	洋槐、白榆;17590株	3.12—3.14	3	373	1119
澄城	乾柏庙、段家河、全沟	172公亩	苦楝、椿、榆、楸;6192株	2.11—2.17	7	41	123
武功	西凤公路、姜源庙	166公亩;14千米	榆、楸、椿、洋槐;6141株	3.8—3.12	5	77	23
白水	县政府周围各街巷	145公亩	槐、柳、椿、榆;1595株	3.12—3.20	9	38	114
邠	西兰路、建国公园	110公亩;33千米	杨、柳、洋槐;21010株	11.11—11.13	3	350	1050
平民	平朝平潼等公路、城关及各乡	96千米	榆、椿、楝、洋槐、桃、杏;59600株	3.13—3.15	3	900	2700
咸阳	公路、河滩	85公亩;33千米	榆、柳、椿、苦楝、洋槐;26875株	3.4—3.6	3	444	1343
大荔	大朝、大蒲、大渭公路	70公亩;38千米	洋槐、槐、苦楝、榆;19770株	3.10—3.29	20	316	948
旬邑	本县重要道路和各联保	127千米	杨、柳、楸、槐;30300株	3.10—3.12	3	204	612

县别	造林地点	面积或长度	树种及株数	起讫日期	总天数	人数	工数
韩城	县城各乡镇	89 千米	洋槐、椿、榆；99334 株	3.9—3.11	3	1656	4968
高陵	县城各关、各联保及泾惠渠西岸	63 千米	杨、柳、榆、槐、椿；66000 株	11.10—11.20	11	565	1695
乾	东大街、环城、县城至王乐镇、临平镇道旁	44 千米	洋槐、槐、椿、榆、桐、柳；17600 株	10.1—10.18	19	276	828
蒲城	蒲富公路	25 千米	杨、柳、椿、槐、榆；15000 株	3.10—3.12	3	375	750
兴平	县境内西汉公路两旁	20 千米	洋槐、椿、榆、苦楝；10000 株	3.20—3.22	3	116	500

从档案资料可知:民国时期关中地区各地植树时间多选在春、秋二季进行,秋季比春季多;植树地点以道路两旁绿化为主,兼有河道、渠道及部分庙宇、公园等;树种多选择本地常见或繁殖较易的杨、柳、榆、椿、洋槐等。

植树造林活动在 1940 年继续展开。省农业改进所记录的各林场造林育苗成绩调查表中,记录了上述七大林场的造林株数、树种、育苗株数还有苗木去向。植树造林规模都很大。

以上是民国档案中记载的植树成绩,除了实际植树育苗工作外,陕农所的林务行政工作也一直在展开,主要有审核各林场处及各县的业务计划、工作报告,对各林场及各县的林务工作随时进行视察,并予以技术上的指导。

综上所述,民国时期是关中地区农业由传统向现代进步的时期,陕西省政府为农业生产现代化做出了不懈的努力,在农业情况调查、农田水利建设、作物品种改良、推广高产作物和先进技术、辨别土壤性质及植树造林等方面均取得一定成效,为关中地区农业的进一步发展奠定了基础。1949 年中华人民共和国成立后,土地政策经过几次大的调整,若以土地所有形式进行划分,新中国成立则是中国农业土地所有形式的分水岭。新中国成立后,经过社会主义改造,土地归集体所有,农民对土地的使用权也因为公社化运动而消减,这种状况直到党的十一届三中全会召开,通过《中共中央关于加快农业发展若干问题的决定(草案)》,提出对农业指导的"两个要"①,家庭联产承包责任制逐渐推开,农民的土地使用权逐渐得到保障。

舒尔茨认为,"完全以农民世代使用的各种生产要素为基础的农业可以称之为传统农业"②。若以此来衡量,清代关中地区农业属于传统农业,民国时期则是传统农业向现代农业过渡的重要时期。民国时期关中地区的土地利用与清代相比,有相沿因袭之处,也不乏改进创新之举。

清代关中地区的农业土地利用几乎完全依靠农户层面的经济及技术力量来完成,官方的力量仅出现在农业生产遭遇重大危机时。农户是否能够辨别土地性质进而因地制宜地利用土地,取决于其日常食用的解决与赋税完纳情况。清代关中地区赋税负担沉重是不争的史实,顺治年间为了应付军需,在陕西等省区实施了不同程度的田赋预征,其中以陕西为最。③ 康熙对此有深刻的认识,他在康熙二十一年(1682)上谕称:"自用兵以来,百姓供应烦苦……至陕西一省,供应较他省苦累加倍,钱粮尤应宽免。"④沉重的田赋负担使关中地区民众患上了"积累欲贫乏症"⑤,一般民众视土地为其负累,少数平民地主宁愿在有限的耕地上投入更多的劳动力也不愿意花成本去增加耕地面积。其农业生产总量的提高,仰仗劳动力投入远高于技术或生产工具方面的投入。自给自足的小农经济思维使农业生产者将土地最大限度地用作耕地,很少相度土壤性质做出合理的农业生产

---

① 即要遵循经济发展规律和生产力的发展需要,要尊重群众意愿和利益。参见《十一届三中全会以来重要文献选编》,中共中央党校出版社 1983 年版,第 26 页。
② [美]西奥多·W.舒尔茨:《改造传统农业》,梁小民译,商务印书馆 1987 年版,第 4 页。
③ 参见陈锋:《顺治朝的军费支出与田赋预征》,《中国社会经济史研究》1992 年第 1 期。
④ 《清圣祖实录》卷 104。
⑤ 秦晖、金雁:《田园诗与狂想曲:关中模式与前近代社会的再认识》,语文出版社 2010 年版,第 98 页。

布局。

我国农业现代化的努力自晚清时开始起步,清政府采取了很多政策,如成立农学会、创办农学刊物、办农业实验场等①,但这些举措并没有在僻处西北的陕西推行。民国时期,由于抗日战争影响,西北受到国民政府的重视,加之西安的准陪都地位,因而对其农业及实业发展颇为重视。首先,由官方推动,对关中地区的农情进行实地调查。民国二十一年(1932),由铁路局与陕西当局共同组织,邀请部分社会名流、院校专家、工商专家、行业技师、新闻记者等组成陕西实业考察团,从关中地区出发,分赴陕南、陕北,对陕西的农林、矿产、水利、工商、交通、经济等进行了为期 30—40 天的调查,调查后形成多篇实践性很强的报告。② 此外还有民国三十年(1941)对陕西经济进行调查等。这些官方实地调查研究的行为,无疑起到促进关中地区土地利用现代化的作用。其次,在陕西省政府与水利局的主持下,民国关中地区大型灌溉工程得以修建,现代水利工程技术的应用,使陕西省水利事业在全国处于领先地位。最后,在省农业机构的努力下,作物良种的推广、土壤物理实验的进行、化学肥料的引进及重视生态、发展林业等都付诸实践,这些带有现代化因素的兴农举措是此前无法想象和实施的。

民国关中地区土地利用与清代相比,增添了很多现代化因素。在土地利用方面,虽然清代时也常常表现出因地制宜的思想和行动,但是总体而言清代土地利用因地制宜的思想是以传统农耕为中心进行土地利用布局的。而民国以来,随着西方先进农业思想及技术的引进、农作物新品种的传入与推广,测试土壤酸碱度等试验并结合地形地势进行科学农业布局的活动越来越多,并且对林业非常重视。如 20 世纪 40 年代,在武功县境,渭河滩地的利用等。此外,对于少数县份的作物布局也进行调整,大荔县所辖平民

---

① 参见闵宗殿、王达:《晚清时期我国农业的新变化》,《中国社会经济史研究》1985 年第 4 期。

② 参见陕西实业考察团编纂:《陕西实业考察》,陇海铁路管理局 1933 年印行。

县,种植农作物棉花、花生占70%以上,粮食作物种植较少,粮食本县不能自给。大韩区农业推广所因此"呈请省政府通令该县限制棉花、花生栽培,增加粮食作物栽培面积"①。

① 陕西省农业改进所:《泾阳农场等单位有关麦作推广的报告》,陕西省档案馆藏,档案号:73—2—693.1。

余　论

以上各章分别从关中地区的自然环境、农业资源条件、自然灾害、人口变动、土地数量与类型、农田水利建设及耕作制度等方面对 1644—1949 年关中地区的农业土地利用进行了回顾。土地资源的稀缺性要求我们必须对土地进行合理利用。现代科技的发展,使人类改变自然的力量大大增强。关中地区的土地利用自 20 世纪末开始发生了翻天覆地的变化,现实的土地利用和历史时期的土地利用无论规模还是方式皆已不可同日而语,但循着农业土地利用的发展轨迹,对比当下的成绩和问题,依然可以汲取历史的经验与教训。

首先,在耕地数量方面,无论何时都要保证足量的农业用地。

文献资料表明,明代关中地区的田额数已达 35 万顷,清代时最高值是 33 万顷,较之明代原额少了 2 万顷。清代以来普遍实行的田地蠲免政策及固定税额使得登记的耕地数量长期维持在 27 万顷左右(实际耕地数量应该大于此)。清代是中国历史上人口迅速膨胀时期,民以食为天,足额耕地才能保障足额粮食生产。清代后期至民国年间,关中地区发生的几次大饥荒,一方面和人口与耕地比例失调有关,更和本来就有限的耕地并未充分用于粮食生产有关,罂粟与棉花种植挤占粮食作物,导致自然灾害发生后,因粮食短缺造成饿殍遍野,民不聊生。另一方面,受自然资源环境制约,耕地增加到一定面积后,就处于停滞状态,生产技术也未取得突破性进步,而人口却在增长,以致晚清以来,关中地区的农户陷入普遍贫困。中华人民共和国成立后,通过社会主义改造和其后持续的农村土地改革,农村土地所有权和使用权发生了根本性变革,加之现代化技术及商品经济的影响,区域粮食生产已经不再依赖于区域供给,全球产业链的形成使人们对粮食安全重要性的认识逐渐淡化。从 2004 年起,我国粮食需要进口才能满足国民的消费需求。2012 年,中国净进口粮食七千多万吨。目前,中国三大主粮的净进口已常态化。城市化使土地利用格局发生前所未有的深刻变化。20 世纪末以来,由于城市化进程的加快,先是兴建开发区热,再到几轮房地产热,城市"摊大饼"式发展。虽在 2009 年划定 18 亿亩耕地红线,但基本农田"上山下河"、农村乱占耕地违建、耕地占补平衡难以落实等现象还比较普遍。2020 年,新冠肺炎疫情突然袭击,世界格局面临重构,全球化进程或将改变,全球粮食供应紧张。确保国家粮食安全更加成为我国经济社会的头等大事。粮食安全是社会稳定的"压舱石",耕地是粮食生产的根基所在。然而,我国耕地面临质量总体不高,耕地后备资源严重不足的问题。近年来关中地区的土地利用变化趋势表现为:耕地、未利用地大幅减少;居民住宅用地、工矿用地、交通用地、水域及林地增加;园地、牧地面积上下浮动。[①] 在这种形势下,划定耕地保护红线,保证足量农业生产用地,提高农业生产效率是别无二致的选择。

其次,在农业生产的作物结构方面,政府应发挥好宏观计划、调控的作用。

如果单纯期望农户能够在作物选择上既有利于粮食生产稳定,又能做到因地制宜,还能保障自己获取适当利润,那么农户无疑被寄予了太多他们无法达到的期望。传统社会拥有土地的农民同时拥有自主决定在耕地上种植何种作物的选择权,但这种选择权会受到政策、市场等因素的影响。政府应积

---

① 　参见张新主:《关中土地利用变化及土地合理利用》,西北大学硕士学位论文,2005 年。

极作为,避免因作物布局不合理造成粮食供应短缺、市场混乱及农户利益受损现象发生。清代光绪到民国年间,关中地区大面积种植的罂粟挤占农作物。此后对罂粟种植的禁绝,也是在政府引导之下、农民以棉花逐渐取代罂粟实现的。当自然灾害发生时,一方面,灾害导致粮食减产;另一方面,粮食种植面积过少也会造成口粮的巨大缺口。我们不能忘记导致成千上万人被活活饿死的丁戊奇荒,这是历史给我们的教训。现代农业与传统农业最大的区别在于现代农民已无可避免地成为市场经济大潮中的一员,农业土地利用的生产成本、生产利润已经和市场密切关联,小规模的家庭经营已经很难适应市场,创造利润。这些困境,非小农之力可以解决,需要国家从制度层面推进改革。近年来,果农、菜农因果、菜收购价格过低而自毁果蔬的现象频现媒体。长期以来,我国粮食价格与经济作物相比偏低,导致农户放弃粮食作物种植,追逐价格高的蔬菜或水果等经济作物种植,但种种原因,农民又无法对市场进行准确的预判,常常跟风种植,结果造成当某种作物价值高后,下一季农民纷纷跟进种植,期望获取高收益,却常常因为供应量大于需求量而价格下跌,导致农民利益受损。2016年,国务院颁布《关于完善农村土地所有权承包权经营权分置办法的意见》,将农村土地产权中的土地承包经营权进一步划分为承包权和经营权,实行所有权、承包权、经营权分置并行,使得农村发展壮大集体经济的条件具备。这有益于改变农村耕地普遍田块面积小、不利于机械化作业的弊端,使得对土地进行集约化利用,从而降低生产成本成为可能。与此同时,发挥国家在宏观经济中的指导和调控作用,对农业土地利用进行因地制宜的计划安排是当下克服农业土地利用中诸多问题的方法之一。

再次,需要全社会达成共识,深刻认识农业土地利用的重要性,从而真正重视耕地保护。

关中地区的黄土经过先民两千余年的耕耘,依然能够不间断地为人类提供农产品,这在西方专业人士看来,简直就是奇迹。这主要得益于先民在生产实践中坚持对耕地用养结合。近现代土壤研究学开创者道库耶夫认为,土壤是在母质、气候、生物、地形和时间五大成土因素作用下形成的历史自然体。土壤的形成是一个时间极长、范围极广的缓慢过程。据估计,土壤形成速率大约为 0.056 毫米/年。土壤资源再生速度极其缓慢,形成 1 厘米土壤,需要几百年或更长的时间,土壤并不是取之不尽、用之不竭的资源。① 关中地区以黄壤为主的农业土地是在漫长历史时期形成的,是大自然的馈赠,人们在生活中却因为对土壤司空见惯而不知其珍贵。在经济社会发展过程中,因为农业用地附加值低,加上城市化建设如火如荼,部分决策者和管理者亦认识不到土地资源的珍贵,反而热衷于将土地作为建设用地来利用,以增加其附加价值,缺乏应有的保护农业用地的意识。实际上,农业用地不仅承载着粮食等生活物资生产的基本功能,它还有气候调节、水土涵养等生态功能和传承农耕文化的教化功能,更是"山水林田湖草"整个生态系统必不可少的重要部分。我们要真正做到习近平要求的"像保护大熊猫一样保护耕地"。

最后,对于土地利用,无论过去还是现在,都应做到因地制宜。

位于关中地区东部大荔县的沙苑在唐宋时期主要被用作牧地,政府在此置监养马,金元以后至明中期以前,沙苑仍以草地为主要覆被物。明中期以后由于入住沙苑人口增加,加之受汉族影响,逐渐开始发展种植业。明末山西、河南等地移民迁至此处,"披荆斩棘而从事于沙苑之垦殖也"。道光年间沙苑"其沙随风流徙,不可耕植"。同治年间回民起义之前,在沙苑中居住的多为回民,他们以农牧为主,种植的作物多果蔬,如枣、桃、梨、西瓜、金针菜等。沙苑内还出各种药材,有甘遂和马勃。野草有白草、刺蓬,适合作牲畜饲料。同治回民起义之后,众多汉民迁入沙苑,经营之前回民在沙苑的"叛产",其种植的粮食作物以小麦为主,兼有番薯等杂粮种植。② 经营方

① 参见龚子同、陈鸿昭、张甘霖:《寂静的土壤:理念·文化·梦想》,科学出版社 2015 年版,第 22—34 页。
② 参见刘炳涛:《明清沙苑回、汉民的经营方式与生态环境变迁》,《史学月刊》2008 年第 5 期。

式的转变导致沙苑地区生态环境恶化,流沙面积增大。此后又经过退出农耕、种植林果树等,生态才逐步得以改善。20 世纪以来,关中地区的土地利用变化是空前的,但无论怎样规划,都要坚持因地制宜。依据自然条件和禀赋规划土地用途,以实现中国农业的永续发展。

党的十八大以来,习近平总书记高度重视农业生产和粮食安全,"看看世界上真正强大的国家、没有软肋的国家,都有能力解决自己的吃饭问题","这些国家之所以强,是同粮食生产能力强联系在一起的"。[①] 粮食安全是维护国家安全的重要支撑,"我国十三亿多张嘴要吃饭,不吃饭就不能生存,悠悠万事、吃饭为大。只要粮食不出大问题,中国的事就稳得住"。[②] 粮食安全靠什么支撑呢? 还是要靠农业,靠耕地。因此,农民可以非农化,但耕地不能非农化。如果耕地都非农化了,我们赖以吃饭的家底就没有了。愿农业土地利用的重要性能广为国人所知,尤其被决策者和管理者所知,真正珍惜土壤,集约用地,为子孙后代留一份宝贵的、不可再生的农业土地资源。

---

① 《习近平关于总体国家安全观论述摘编》,中央文献出版社 2018 年版,第 71、72 页。
② 《习近平关于社会主义经济建设论述摘编》,中央文献出版社 2017 年版,第 170 页。

参考文献

一、基础资料

[1](宋)朱弁:《曲洧旧闻》,文渊阁四库全书本。

[2](明)徐光启:《农政全书》,万有文库本。

[3](明)宋应星著,钟广言注释:《天工开物》,广东人民出版社1976年版。

[4](清)顾祖禹辑著:《读史方舆纪要》,中华书局1955年版。

[5](清)《清实录》,中华书局1986年版。

[6](清)高宗敕撰:《清朝文献通考》,商务印书馆1936年版。

[7](清)刘锦藻撰:《清朝续文献通考》,商务印书馆1955年版。

[8](清)高宗敕撰:《清朝通典》,商务印书馆1935年版。

[9](清)贺长龄、魏源等编:《清经世文编》,中华书局1992年版。

[10](清)赵尔巽等撰:《清史稿》,中华书局1977年版。

[11](清)《大清一统志》,上海涵芬楼影印清史馆藏进呈写本,四部丛刊本。

[12](清)王延熙:《皇朝道咸同光奏议》,上海久敬斋1902年石印本。

[13](清)陆耀撰:《甘薯录》,昭代丛书。

[14](清)汪灏等撰:《广群芳谱》,同治七年(1868)刻本。

[15](清)黄爵滋:《皇朝道咸同光奏议》,上海久敬斋石印本。

[16](清)王庆云:《石渠余纪》,北京古籍出版社 1985 年版。

[17](清)卢坤:《秦疆治略》,道光七年(1827)刻本。

[18](清)严如熤:《三省边防备览》,清光绪刊本。

[19](清)仇继恒:《陕境汉江流域贸易表》,艺文印书馆景印民国二十三年至二十五年(1934—1936)陕西道志馆排印本。

[20]万国鼎校注:《陈旉农书校注》,农业出版社 1965 年版。

[21](元)王祯撰,王毓瑚校:《王祯农书》,农业出版社 1981 年版。

[22](清)杨屾:《知本提纲》,乾隆十二年(1747)刻,民国十二年(1923)补版印本,崇本斋藏版。

[23](清)陈宏谋:《培远堂文檄》,道光十七年(1837)刻本。

[24](清)杨秀沅:《半半山庄农言著实》,上海图书馆藏清光绪二十三年(1897)柏经正堂刻本。

[25](清)杨屾编著,(清)刘光蕡评:《修齐直指评》,艺文印书馆景印民国二十三年至二十五年(1934—1936)陕西道志馆排印本。

[26](清)贾汉复修,马理纂:《陕西通志》,康熙六年(1667)刊本。

[27](清)王志沂纂:《陕西志辑要》,道光七年(1827)刻本。

[28]宋联奎等辑:《关中丛书》,艺文印书馆景印民国二十三年至二十五年(1934—1936)陕西道志馆排印本。

[29]杨虎城、邵力子修,宋伯鲁、宋联奎、吴廷锡纂:《续修陕西通志稿》,民国二十三年(1934)铅印本。

[30](明)南大吉纂修:《渭南县志》,嘉靖二十年(1541)刻本。

[31](清)舒其绅修,严长明纂:《西安府志》,乾隆四十四年(1779)刻本。

[32](清)张聪贤修,董曾臣纂:《长安县志》,嘉庆二十年(1815)修并刻,民国二十五年(1936)铅印本。

[33](清)高廷法、沈琮修,陆耀通、董祐诚纂:《咸宁县志》(嘉庆),民

国二十五年(1936)铅印本。

[34](清)王兆鳌修,王鹏翼纂:《朝邑县后志》,康熙五十一年(1712)刻本。

[35](清)金嘉琰、朱廷模修,钱坫纂:《朝邑县志》,乾隆四十五年(1780)刻本。

[36](清)李元春纂:《朝邑县志》,咸丰元年(1851)华原书院刻本。

[37](清)郭显贤原本,李元昇增修,李大捷增纂:《蓝田县志》,雍正八年(1730)增刻顺治本钞本。

[38](清)沈华修,崔昭等纂:《武功县后志》,雍正十二年(1734)刻本。

[39](清)张树勋修,王森文纂:《续武功县志》,嘉庆二十一年(1816)绿野书院刻本。

[40](清)张世英修,巨国桂纂:《武功县续志》,光绪十四年(1888)刻本。

[41](清)汪灏修,钟麟书纂:《续耀州志》,乾隆二十七年(1762)刻本。

[42](清)袁文官纂修:《同官县志》,乾隆三十年(1765)刻本。

[43](清)史传远纂修:《临潼县志》,乾隆四十一年(1776)刻本。

[44](清)唐咨伯修,杨端本纂:《潼关卫志》,康熙二十四年(1685)刻本。

[45](清)傅应奎修,钱坫等纂:《韩城县志》,乾隆四十九年(1784)刻本。

[46](清)向淮修,王森文纂:《续修潼关厅志》,嘉庆二十二年(1817)刻本。

[47](清)席奉乾修,孙景烈纂:《邠阳县全志》,乾隆三十四年(1769)刻本。

[48](清)戴治修,洪亮吉、孙星衍纂:《澄城县志》,乾隆四十九年(1784)刻本。

[49](清)冀兰泰修,陆耀遹纂:《韩城县续志》,嘉庆二十三年(1818)刻本。

［50］（清）顾声雷，张埙纂修：《兴平县志》，乾隆四十二年（1777）刻本。

［51］（清）许起凤修，高登科纂：《宝鸡县志》，乾隆二十九年（1764）刻本。

［52］（清）罗鳌修，周方炯、刘震纂：《凤翔县志》，乾隆三十二年（1767）刻本。

［53］（清）吴六鳌修，胡文铨纂：《富平县志》，乾隆四十三年（1778）刻本。

［54］（清）刘绍攽纂修：《三原县志》，乾隆四十八年（1783）刻本。

［55］（清）焦云龙修，贺瑞麟纂：《三原县志》光绪六年（1880）刻本。

［56］（清）葛晨纂修：《泾阳县志》，乾隆四十三年（1778）刻本。

［57］（清）胡元煐修，蒋湘南纂：《重修泾阳县志》，道光二十二年（1842）刻本。

［58］（清）刘懋官修，宋伯鲁、周斯亿纂：《重修泾阳县志》，宣统三年（1910）天津华新印刷局铅印本。

［59］（清）陆维垣、许光基修，李天秀等纂：《华阴县志》（乾隆），民国十七年（1928）西安艺林印书社铅印本。

［60］（清）米登岳修，张崇善、王之彦纂：《华阴县续志》，民国二十一年（1932）刊行。

［61］（清）沈锡荣修，王锡璋纂：《长武县志》，宣统二年（1910）铅印本。

［62］（清）孙星衍修纂：《三水县志》，乾隆五十年（1785）刻本。

［63］（清）姜桐冈修，郭四维纂：《三水县志》，同治十一年（1872）刻本。

［64］（清）周铭旂修，李志复纂：《大荔县续志》，光绪十一年（1885）冯翊书院刻本。

［65］（清）李恩继、文廉修，蒋湘南纂：《同州府志》，咸丰二年（1852）刻本。

［66］（清）何耿绳修，姚景衡纂：《重辑渭南县志》，道光九年（1829）刻本。

[67]（清）严书麟修，焦联甲纂:《新续渭南县志》，光绪十八年（1892）刻本。

[68]（清）李体仁修，王学礼纂:《蒲城县新志》，光绪三十一年（1905）刊本。

[69]（清）熊兆麟纂修:《大荔县志》，道光三十年（1850）刻本。

[70]（清）胡昇猷修，张殿元纂:《岐山县志》，光绪十年（1884）刻本。

[71]（清）吕懋勋修，袁廷俊纂:《蓝田县志》，光绪元年（1875）刻本。

[72]（清）李带双原本、沈锡荣增补:《郿县志》，宣统元年（1909）陕西省图书馆铅印本。

[73]（清）向淮修，王森文纂:《续修潼关厅志》，嘉庆二十二年（1817）刻本。

[74]（清）张树勋修:《续修武功县志》，嘉庆二十一年（1816）刻本。

[75]（清）沈华修:《武功县后志》，雍正十二年（1734）刻本。

[76]（清）罗彰彝纂修:《陇州志》，成文出版社有限公司1970年印行。据康熙五十二年（1713）刊本影印。

[77]（清）谭绍裘纂:《扶风县乡土志》，光绪三十二年（1906）抄本。

[78]（清）郑德枢、赵奇龄纂修:《永寿县重修新志》，光绪十四年（1888）刻本。

[79]（清）饶应祺修，马先登纂:《同州府续志》，光绪七年（1881）刻本。

[80]（清）吴六鳌修，胡文铨纂:《富平县志》，乾隆四十三年（1778）刻本。

[81]（清）顾声雷修，张埙纂:《兴平县志》（乾隆），光绪二年（1876）刻本。

[82]（清）许起凤修，高登科纂:乾隆《宝鸡县志》，乾隆二十九年（1764）刻本。

[83]罗传甲修，赵鹏超纂:《潼关县新志》，民国二十年（1931）铅印本。

[84]陈少岩、聂雨润修，张树枏、李泰纂:《续修大荔县旧志存稿》，民国

二十六年(1937)陕西省印刷局铅印本。

[85]翁柽修,宋联奎纂:《咸宁长安两县续志》,民国二十五年(1936)铅印本。

[86]田惟均修,白岫云纂:《岐山县志》,民国二十四年(1935)西安酉山书局铅印本。

[87]余正东修,黎锦熙纂:《同官县志》,民国三十三年(1944)铅印本。

[88]赵本荫修,程仲昭纂:《韩城县续志》,民国十四年(1925)韩城县德兴石印馆石印本。

[89]王怀斌修,赵邦楹纂:《澄城县附志》民国十五年(1926)铅印本。

[90]范紫东纂修:《乾县新志》,民国二十九年(1940)铅印本。

[91](民国)赵晋源:《邠州新志稿》,民国十八年(1929)钞本。

[92]强云程、赵葆真修,吴继祖纂:《重修鄠县县志》,民国二十二年(1933)西安酉山书局铅印本。

[93]杨瑞霆修,霍光缙纂:《平民县志》,民国二十一年(1932)铅印本。

[94]刘安国修,吴廷锡、冯光裕纂:《重修咸阳县志》,民国二十一年(1932)铅印本。

[95]郝兆先修,牛兆濂纂:《续修蓝田县志》,民国三十年(1941)餐雪斋铅印本。

[96]邓梦琴原本,曹骥观续修,强振志续纂:《宝鸡县志》,民国十一年(1922)陕西印刷局铅印本。

[97]张道芷、胡铭荃修,曹骥观纂:《续修醴泉县志稿》,民国二十四年(1935)铅印本影印。

[98]《泾惠渠志》编写组编:《泾惠渠志》,三秦出版社1991年版。

[99]王桐龄:《陕西旅行记》,文化学社1924年版。

[100]陕西实业考察团编纂:《陕西实业考察》,陇海铁路管理局1933年印行。

[101]"行政院"农村复兴委员会:《陕西省农村调查》,商务印书馆

1934 年版。

[102]熊伯蘅、王殿俊编:《陕西省土地制度调查研究》,国立西北农学院农业经济系 1941 年印行。

[103]陈赓雅:《西北视察记》,甘肃人民出版社 2002 年版。

[104]安汉:《西北垦殖论》,国华印书馆 1932 年版。

[105]张扬明:《到西北来》,商务印书馆 1937 年版。

[106]熊伯蘅、万建中编:《陕西农业经济调查研究》,李文海主编:《民国时期社会调查丛编(二编)·乡村经济卷》(上),福建教育出版社 2009 年版。

[107]秦孝仪主编:《非常时期经济方案》,台湾中国国民党中央委员会党史委员会编:《革命文献(第 102 辑)·抗战建国史料——农林建设(一)》,中央文物供应社 1986 年版。

[108]北京图书馆编:《民国时期总书目(1911—1949)农业科学·工业技术·交通运输》,书目文献出版社 1993 年版。

[109]中国科学院地理科学与资源研究所、中国第一历史档案馆:《清代奏折汇编——农业·环境》,商务印书馆 2005 年版。

[110]陈振汉、熊正文、萧国亮编:《清实录经济史资料·一·农业编》,北京大学出版社 2012 年版。

[111]彭雨新编:《清代土地开垦史资料汇编》,武汉大学出版社 1992 年版。

[112]马长寿主编:《〈陕西文史资料〉第二十六辑·同治年间陕西回民起义历史调查记录》,陕西人民出版社 1993 年版。

[113]彭泽益编:《中国近代手工业史资料(1840—1949)》第二卷,生活·读书·新知三联书店 1957 年版。

[114]陕西省农牧厅:《陕西农业自然环境变迁史》,陕西科学技术出版社 1986 年版。

[115]陕西省革命委员会民政测绘局编制:《陕西省地图集》(内部资

料),1976 年。

[116]张在普编著:《中国近现代政区沿革表》,福建省地图出版社 1987年版。

[117]西安市档案馆编:《西安档案资料丛编:民国开发西北》,陕内资图批字(2003)年 095 号,2003 年。

[118]陕西省水利局编:《陕西省水利事业概况》,民国二十九年(1940)八月,陕西省档案馆藏,档案号:96—2—1305。

[119]陕西省档案馆藏:《粮食增产工作报告(自 31 年 3 月—32 年 3 月止)》,档案号:73—2—248。

[120]陕西省农业改进所:《小型农田水利工作计划》,陕西省档案馆藏,档案号:73—1—3。

[121]陕西省农业改进所:《凿井各种法规章则办法》,陕西省档案馆藏,档案号:73—1—1.2。

[122]陕西省农业改进所:《工作成绩报告》(一),陕西省档案馆藏,档案号:73—1—5.1。

[123]陕西省粮食增产总督导团:《荒隙地调查》(一),陕西省档案馆藏:档案号:77—1—104.1。

[124]陕西省农业改进所:《各县请求派员工作》(三),民国三十四年(1945)十月二十七日,陕西省档案馆藏,档案号:73—1—12—3。

[125]陕西省农业改进所第八区农业推广辅导区(大荔区农业推广所主任霍家驹)调查、陕西省粮食增产总督导团:《农业生产环境变动情况卷》(二),陕西省档案馆藏,档案号:77—1—141—2。

[126]陕西省农业改进所:《大韩区杂粮推广工作报告》,陕西省档案馆藏,档案号:73—2—693.1。

[127]陕西省农业改进所:《陕西省农业改进所泾惠区植棉指导所棉场二十七年十月下半月工作报告》,陕西省档案馆藏,档案号:73—2—179.4。

[128]陕西省农业改进所:《泾阳农场等单位有关麦作推广的报告》,陕

西省档案馆藏,档案号:73—2—693.1。

[129]陕西省农业改进所:《本所事业计划纲要一》,陕西省档案馆藏,档案号73—2—71.1。

[130]陕西省水利局编印:《陕西省水利》,民国三十六年(1947)六月,陕西省档案馆藏,档案号:96—2—1305。

[131]何玲:《陕西实业考察团建议该省实业计划致行政院函暨实业部核办情形》,《民国档案》2001年第1期。

二、今人论著

著作:

[1]蒋杰:《关中农村人口问题》,国立西北农林专科学校1938年印行。

[2]马明方:《关中地区土地改革的总结和土地改革后的农村工作任务——马明方主席在陕西省人民政府委员会第二届第二次会议上的报告》,西北人民出版社1951年版。

[3]王成敬:《陕西土地利用问题》,新知识出版社1956年版。

[4]朱显谟主编:《陕西土地资源及其合理利用》,陕西科学技术出版社1981年版。

[5]唐海彬主编:《陕西省经济地理》,新华出版社1988年版。

[6]李文治编:《中国近代农业史资料(1840—1911)》第一辑,生活·读书·新知三联书店1957年版。

[7]李文海等:《近代中国灾荒纪年续编(1919—1949)》,湖南教育出版社1993年版。

[8]田培栋:《陕西通史·经济卷》,陕西师范大学出版社1997年版。

[9]史念海、萧正洪、王双怀:《陕西通史·历史地理卷》,陕西师范大学出版社1998年版。

[10]李振民:《陕西通史·民国卷》,陕西师范大学出版社1997年版。

[11]王毓瑚辑:《秦晋农言》,中华书局1957年版。

[12]李根蟠:《中国农业史》,文津出版社1997年版。

[13]栾成显:《明代黄册研究》,中国社会科学出版社1998年版。

[14]梁方仲编著:《中国历代户口、田地、田赋统计》,上海人民出版社1980年版。

[15]何平:《清代赋税政策研究(1644—1840年)》,故宫出版社2012年版。

[16]高王凌:《租佃关系新论——地主、农民和地租》,上海书店出版社2005年版。

[17]林蒲田:《中国古代土壤分类和土地利用》,科学出版社1996年版。

[18]谢宇主编:《民以食为天——庄稼种植》,百花洲文艺出版社2010年版。

[19]史念海:《黄河流域诸河流的演变与治理》,陕西人民出版社1999年版。

[20]马汝珩、马大正主编:《清代的边疆政策》,中国社会科学出版社1994年版。

[21]彭绍先:《武功县种植鸦片和禁烟概述》,《文史精华》编辑部编:《近代中国烟毒写真》,河北人民出版社1997年版。

[22]李之勤:《西北史地研究》,中州古籍出版社1994年版。

[23]吴慧:《中国历代粮食亩产研究》,农业出版社1985年版。

[24]张波:《不可斋农史文集》,陕西人民出版社1997年版。

[25][美]何炳棣:《中国古今土地数字的考释和评价》,中国社会科学出版社1988年版。

[26][日]妹尾达彦:《长安的都市规划》,高兵兵译,三秦出版社2012年版。

[27][美]何炳棣:《明初以降人口及其相关问题:1368—1953》,葛剑雄译,生活·读书·新知三联书店2000年版。

[28][美]王业键:《清代田赋刍论(1750—1911)》,高风等译,人民出版社 2008 年版。

[29][美]伊利、莫尔豪斯:《土地经济学原理》,滕维藻译,商务印书馆 1982 年版。

[30][美]德·希·珀金斯:《中国农业的发展(1368—1968 年)》,宋海文等译,上海译文出版社 1984 年版。

[31][美]西奥多·W.舒尔茨:《改造传统农业》,梁小民译,商务印书馆 1987 年版。

[32]夏东元编:《郑观应集》,上海人民出版社 1982 年版。

[33]史念海:《古代的关中》,《河山集》,生活·读书·新知三联书店 1963 年版。

[34]史念海:《河山集》(四集),陕西师范大学出版社 1991 年版。

[35]史念海、曹尔琴、朱士光:《黄土高原森林与草原的变迁》,陕西人民出版社 1985 年版。

[36]朱士光:《黄土高原地区环境变迁及其治理》,黄河水利出版社 1999 年版。

[37]孙颔、石玉林主编:《中国农业土地利用》,江苏科学技术出版社 2003 年版。

[38]韩茂莉:《中国历史农业地理》,北京大学出版社 2012 年版。

[39]王宏广等:《中国耕作制度 70 年》,中国农业出版社 2005 年版。

[40]詹娜:《农耕技术民俗的传承与变迁研究》,中国社会科学出版社 2009 年版。

[41]张萍:《地域环境与市场空间:明清陕西区域市场的历史地理学研究》,商务印书馆 2006 年版。

[42]袁林:《西北灾荒史》,甘肃人民出版社 1994 年版。

[43]周振鹤:《中国地方行政制度史》,上海人民出版社 2005 年版。

[44]李令福:《关中水利开发与环境》,人民出版社 2004 年版。

［45］薛平拴：《陕西历史人口地理》，人民出版社 2001 年版。

［46］耿占军：《清代陕西农业地理研究》，西北大学出版社 1996 年版。

［47］刘仰东、夏明方：《灾荒史话》，社会科学文献出版社 2010 年版。

［48］王勇：《东周秦汉关中农业变迁研究》，岳麓书社 2004 年版。

［49］郑学檬主编：《简明中国经济通史》，人民出版社 2005 年版。

［50］朱金仓等：《农业土地经济论》，气象出版社 1989 年版。

［51］李心纯：《黄河流域与绿色文明——明代山西河北的农业生态环境》，人民出版社 1999 年版。

［52］萧正洪：《环境与技术选择——清代中国西部地区农业技术地理研究》，中国社会科学出版社 1998 年版。

［53］赵冈：《历史上的土地制度与地权分配》，中国农业出版社 2003 年版。

［54］吕卓民：《明代西北农牧业地理》，台湾洪业文化事业有限公司 2000 年版。

［55］郭润宇：《陕西民国战争史（上册）·国民党在陕西夺取政权和维护政权的战争》，三秦出版社 1992 年版。

［56］程民生：《中国北方经济史》，人民出版社 2004 年版。

论文：

［1］［美］何炳棣：《南宋至今土地数字的考释和评价》（上），《中国社会科学》1985 年第 2 期。

［2］史念海：《论西安周围诸河流量的变化》，《陕西师大学报》（哲学社会科学版）1992 年第 3 期。

［3］上官鸿南：《中国历史农业地理研究中的人地关系问题》，《中国历史地理论丛》1993 年第 2 期。

［4］黄盛璋：《历史上的渭河水运》，《西北大学学报》（哲学社会科学版）1958 年第 2 期。

［5］朱士光：《汉唐长安地区的宏观地理形势与微观地理特征》，中国古

都学会编:《中国古都研究》第二辑,浙江人民出版社 1986 年版。

[6]萧正洪:《清代陕南种植业的盛衰及其原因》,《中国农史》1988 年第 4 期、1989 年第 1 期。

[7]樊志民:《中国古代农业区划研究》,《中国农史》1991 年第 1 期。

[8]陈国生:《关于中国历史农业地理学发展的几个理论问题》,《中国历史地理论丛》1995 年第 4 期。

[9]张萍:《清代陕西植棉业发展及棉花产销格局》,《中国历史地理论丛》2007 年第 1 期。

[10]董亚非、李兆元:《关中地区气候资源特征分析》,《陕西气象》1995 年第 6 期。

[11]耿占军:《试论清代陕西的经济开发对生态环境的影响》,《西北史地》1998 年第 4 期。

[12]殷淑燕等:《关中地区历史时期蝗灾统计及其影响浅析》,《干旱区资源与环境》2006 年第 5 期。

[13]殷淑燕等:《历史时期关中平原水旱灾害与城市发展》,《干旱区研究》2007 年第 1 期。

[14]何凡能、田砚宇、葛全胜:《清代关中地区土地垦殖时空特征分析》,《地理研究》2003 年第 6 期。

[15]郝志新、郑景云、葛全胜:《1736 年以来西安气候变化与农业收成的相关分析》,《地理学报》2003 年第 5 期。

[16]郝仕龙、曹连海、李壁成:《小尺度土地利用/覆被变化驱动力研究》,《水土保持研究》2007 年第 2 期。

[17]史培军、王静爱、陈婧等:《当代地理学之人地相互作用研究的趋向——全球变化人类行为计划(IHDP)第六届开放会议透视》,《地理学报》2006 年第 2 期。

[18]孟晋:《清代陕西的农业开发与生态环境的破坏》,《史学月刊》2002 年第 10 期。

[19]姚兆余:《明清时期西北地区农业开发的技术路径与生态效应》,《中国农史》2003年第4期。

[20]彭琳、彭珂珊:《陕西省粮食生产与化肥施用》,《西北农业学报》1998年第2期。

[21]田培岳:《陕西植树造林史料(续六)》,《陕西林业》1995年第3期。

[22]安战士:《陕西关中的土壤概况》,《西北农林科技大学学报》(自然科学版)1959年第3期。

[23]史红帅:《清代渭河滩地垦殖与河道移徙——基于长安县马厂地的考察》,《中国历史地理论丛》2015年第4期。

[24]侯春燕:《近代西北地区回民起义前后的人口变迁》,《中国地方志》2005年第2期。

[25]竺可桢:《中国近五千年来气候变迁的初步研究》,《考古学报》1972年第1期。

[26]耿占军、仇立慧:《清至民国陕西水旱灾害研究》,《中国历史地理论丛》2014年第1期。

[27]卜风贤:《中国农业灾害史料灾度等级量化方法研究》,《中国农史》1996年第4期。

[28]卜风贤:《历史农业开发对灾荒发生的影响》,陕西师范大学中国历史地理研究所、西北历史环境与经济社会发展研究中心编:《人类社会经济行为对环境的影响和作用》,三秦出版社2007年版。

[29]穆崟臣:《清代收成奏报制度考略》,《北京大学学报》(哲学社会科学版)2014年第5期。

[30]黄石林:《陕西龙山文化遗址出土小麦(秆)》,《农业考古》1991年第1期。

[31]赵冈:《清代的垦殖政策与棚民活动》,《中国历史地理论丛》1995年第3期。

[32]王社教:《清代山西的田地数字及其变动》,《中国农史》2007年第1期。

[33]王社教:《论西汉定都长安与关中经济发展的新格局》,《中国历史地理论丛》1999年第3期。

[34]鲁西奇:《人地关系理论与历史地理研究》,《史学理论研究》2001年第2期。

[35]胡宁科、李新:《历史时期土地利用变化研究方法综述》,《地球科学进展》2012年第7期。

[36]侯甬坚:《雍正末年陕境黄土高原民、屯土地数字试解》,中国地理学会自然地理专业委员会编:《土地覆被变化及其环境效应》,星球地图出版社2002年版。

[37]张莉:《乾隆朝陕西灾荒及救灾政策》,《历史档案》2004年第3期。

[38]侯杨方:《"西安省"考——兼论"大陕西"和"小陕西"》,《中国历史地理论丛》2009年第1期。

[39]刘炳涛:《明清沙苑回、汉民的经营方式与生态环境变迁》,《史学月刊》2008年第5期。

[40]吕小鲜:《乾隆初西安巡抚崔纪强民凿井史料》,《历史档案》1996年第4期。

[41]钞晓鸿:《区域水利建设中的天地人——以乾隆初年崔纪推行井灌为中心》,《中国经济史研究》2011年第3期。

[42]谭其骧:《何以黄河在东汉以后会出现一个长期安流的局面——从历史上论证黄河中游的土地合理利用是消弭下游水害的决定性因素》,《学术月刊》1962年第2期。

[43]侯仁之:《历史地理学在沙漠考察中的任务》,《地理》1965年第1期。

[44]汪胡桢:《在中国水利学会纪念李仪祉先生诞辰100周年大会上

的讲话》,《中国水利学会通讯》1982 年第 5 期。

[45]秦草:《大禹治水第二人——杰出的水利科学家李仪祉》,《西安教育学院学报》2004 年第 2 期。

[46]卢勇、王思明:《明清时期关中地区小型水利述论》,《南京农业大学学报》(社会科学版)2006 年第 4 期。

[47]周源和:《甘薯的历史地理——甘薯的土生、传入、传播与人口》,《中国农史》1983 年第 3 期。

[48]王永厚:《〈知本提纲〉中的耕作技术》,《耕作与栽培》1984 年第 5 期。

[49]周荣:《清代前期耕地面积的综合考察和重新估算》,《江汉论坛》2001 年第 9 期。

[50]游修龄:《占城稻质疑》,《农业考古》1983 年第 1 期。

[51]杨贵:《古代关中农业劳动生产率考》,《中国农史》1991 年第 3 期。

[52]吕桂英:《水分对作物生长发育和产品质量的影响》,《中国种业》2007 年第 3 期。

[53]徐勇:《农民理性的扩张:"中国奇迹"的创造主体分析——对既有理论的挑战及新的分析进路的提出》,《中国社会科学》2010 年第 1 期。

[54]张学敏:《民国二年至十九年陕西的棉农试验场》,《陕西农业科学》1989 年第 2 期。

[55]赵汝成、陈凌江:《民国时期陕西的棉花生产》,《古今农业》1992 年第 3 期。

[56]闵宗殿、王达:《晚清时期我国农业的新变化》,《中国社会经济史研究》1985 年第 4 期。

[57]陈锋:《顺治朝的军费支出与田赋预征》,《中国社会经济史研究》1992 年第 1 期。

[58]钞晓鸿:《晚清至民国初期陕西农村经济研究》,厦门大学博士学

位论文,1997 年。

[59]张新主:《关中土地利用变化及土地合理利用》,西北大学硕士学位论文,2005 年。

[60]高升荣:《水环境与农业水资源利用——明清时期太湖与关中地区的比较研究》,陕西师范大学博士学位论文,2006 年。

[61]刘伟:《杨屾农桑试验研究》,西北农林科技大学硕士学位论文,2012 年。

[62]高航:《抗战时期陕西的农业改良与农村经济发展研究》,西北大学硕士学位论文,2012 年。

附　录

农言著实①

（清）杨秀沅

　　正月无事，著伙计尽行在麦地拾瓦片砖头，丢在地头，全起堆。麦后即挖壕埋了，年年如是，久而久之，砖瓦自无，惟陵内颇多。一时收拾不尽，总要年年如此费工。

　　此月节气若早，苜蓿根可以喂牛，见天口著伙计挖苜蓿，咱家地多，年年有种的新苜蓿，年年就有开的陈苜蓿，况苜蓿根喂牛，牛也肯吃。又省料，又省秸，牛又肥而壮，倘若迟延，至苜蓿高了，根就不好了，牛也不肯吃了。

　　二月叫人锄麦，地内草多者，要细心锄，再锄苜蓿，然后看时候，或锄菜子、扁豆子、豌豆，可以渐次锄了。豌扁豆先用碾子一碾，然后再锄，此无一定时刻，或二月或三月，看节气迟早可也。

　　用碾子碾要细心，雨水过多不可碾，天气冷不可碾，如遇合时而碾，早饭后套牲口，午饭后卸牲口。盖天气若好，午又日色一晒，麦不至于吃亏。倘

① 清光绪二十三年（1897）柏经正堂刻本，上海图书馆藏。

若不信,碾至申刻,晚上若遇天气过冷,第二日麦必受伤,是所谓残其生机也,岂能多打麦乎?

二三月内实在无活可做,或拉土,或铡草,就这两样事了。但此二事除过麦秋二料,若无活可做,就著做此事。如果草房子宽大,可以积每年的麦秸,何妨遇著闲日子就教人将草铡的放满,或者无多的房屋,但有工夫,就教铡草。不然天有不测风雨,下上几天,牲口莫有草吃,你看作难不作难? 至于土,天日圈内一定要的,有干土可衬,不必言矣,有土房子放土,亦不必言矣。如若无土又无土房子可以放土,即或有放土地方,却不甚多,万一下上几天,圈内无土可衬,你看作难不作难? 所以此二事,我于二月内言,但无活可做,就著做此事也。嗣后无活的天气,九十冬腊悉照此。

挖苜蓿根要细心,叫伙计靠镬子挖,有苜蓿根处,不待言矣,即无苜蓿根处,亦要用心挖,有蔎鏧务必打碎拨平,总似糖糖过的一般,方妥。所以然者,何也? 得雨后,就要种秋田禾,不如此,日晒风吹,地不收墒,兼之莫挖到处,定行不长田禾,牢记牢记。

三月麦口跟前,买农器,先与伙计商量,该买什么,这莫有一定规程,不能记载,至于扫帚,每年要多买几把。何也? 见天日要用他,用一天有一天的工程。

扫帚旧了,莫要损伤,仍旧放在无人处,两年的旧扫帚可以编几个笼儿使用,岂不省事。

苜蓿开花圆时,教人割苜蓿,先将冬月的干苜蓿下好,喂牲口,但割的晒的苜蓿总要留心,午后以前的苜蓿经日一晒,就可以捆了,午右以后的苜蓿,水气未干,再到第二日收拾,再者当日捆,当日就要碎,还要碎在无雨处方妥。倘一经雨,则瞎矣。且当日碎下的苜蓿,到底总是绿的,牲口也肯吃。如果碎在廖野处,风吹日晒雨又淋,将来大半是不好的。岂不可惜,所以然者,不敢经风雨也。

菜子收黄色,莫待干了才收,拉回来时,先上碎,碎上几天,然后再碾。碾完时候,挑菜子秆子,教伙计都将鞋脱了,不然伤菜子,就是秋天碾荞麦,亦如是。惟此两种田禾,总要脱鞋为妥。

四月豌豆收回来,就要摊开晒一半天,干了就碾亦惟豌豆难净,豆蔓子挑过,用心抖擞,必须三番五次方妥。将豆蔓子秸好。候正场清白秸稭时,将豆蔓子秸在中间,随便都抖擞底喂牲口,不然另秸下,日久雨淋,定然成灰,无有用处,即或秸高收圆,亦是无益。麦熟时节,先收平川,次收原上,咱家中收麦之日,原上车马并伙计都要下原才是。但,原上风气不比从前,总要丢,伙计或忙工三人,一个喂牲口,两个在麦地内前后左右巡逻,不可顷刻忽过,偷麦者定知我家今日在原下收麦,原上无人照管,因而肆行无忌,你们如果不听,不知人家将多少麦割去了。不但白昼如此,就是晚上也要多著伙计并忙工出外巡逻,自己主人亦不得安眠在家,每晚在地里走上两三回,看伙计们睡著莫睡著,你们在家成年享福,遇著收割才忙十数天,将这几日用心用意著实看守,就算你们一年的辛苦了。

收麦用车拉,必先两日将车路修平,麦车虽不甚重,而过于彷徨,遇深穴一跌,不但费人力,兼之伤麦,即或下晚地内有宿麦,亦不可多载,再拉一回,总属稳当。

原上收麦,教人割麦,总要带稠子为主,原上风头高风大恐装车伤麦,也好经理,拾麦者,即或偷盗不过几枝,稠子如何偷将去。

原上多得用杆子钐不肯割,不过为省钱计耳,殊不知杆子虽好,难免不伤麦。况有多不好处,再加麦已熟足往来用钯,兼之装车风大吹乱者都在暗中将粮食走了。不细心思量,多受此病,竟有至老而不悟者。原上人往往如此,一亩地二百四十杆子钐麦,一杆子能收多少,准此斟酌,看一亩地该钐多杆子能伤多少麦,就可知道了,过著杆子好,又遇着会钐的,这样将就若教下不会钐的,实在难说。

杆子钐过去虽好,茬总高,教人割过去虽瞎,茬总低,近来牲口草渐贵了,教人割麦不惟多收些粮食,也可以多秸些柴草,庄稼汉积草屯粮,不其然欤?收麦用钯擖麦,不宜顺擖,东西畛子南北擖,南北畛子东西擖,顺擖多擖不净,横擖则无遗粒矣,甚妥。

　　原上收麦之时,实在长的不好,定行要钐,先将麦地种谷之地,钐了。然后再钐其余,不然迟钐一天,向后麦苗与谷苗并出,兼之费人工,即谷苗随后亦不旺。此一条实系在不得已之时,不得不如此。道光二十二年,咱家钐麦,当下观之,也还算不外,及种谷之后,苗齐出,不惟收割之时,少收了麦,兼之锄谷之时,多费了钱,虽悔何及? 此事总要身亲其地,上下通观,才得明白。

　　稛子上秸,宜将中腰割开,将来摊场,不至于费事。但也要看目下活的松紧,万一地内宿的麦多,宁可带稛子秸,多拉上几回,地内拉完,晚上方才放心,不然要看割下的麦,晚间哪有许多人经理。庄稼不是容易事,总要时刻用心。秸麦总以圆的为妥,不要马头秸,见天总要将顶收起,不可以时候过晚,人力困倦为诿,万一有雨,将来定要瞎麦。再早晨割麦,天有潮气,将麦载回,铺车路,不许上秸,见天日下晚,定要著伙计在每秸根周围扫麦穗。摊场务要尽场摊,何也? 多也是一天,少也是一天,农家日侭前不侭后。又曰,龙口里夺食。

　　麦堆收全起,得风就扬,勿遗余力,人多更好,扬的扬,装的装,掂的掂,担的担,不大时刻,可以清白。万一懈怠,晚上定要熬眼,第二日如何做活? 万一无风,要紧将麦堆全尖,即或有雨,也不至于害,雨后紧记,将麦堆周围著雨处尽行拨在场中,经日一晒,然后复全好。此是雨后无风光景,若有风,定先扬场,要紧要紧。每生场后,麦秸总宜秸好,不得听伙计说话,将就了事。天若下雨。秸必黑,久之则茶,殊觉可惜(注:麦碾头次谓之生场,亦云正场)。

　　腾秸时要细密,秸若生,碾两次。若熟,一次可以抖擞秸,要三换手庶不裹麦,一荒疏,则可惜矣。

　　秸麦秸,收顶时,只许一人在上,凡往来脚窝,必须用权权起,然后收之。总以小心为主,不然死后锄草,定有水浸,日久一日,伤秸不知多少矣!

　　收麦后,场要碾,地也要揭,寅明时揭地,半早晨回家摊场,至场完,秸秸之时,未揭之地,所丢不过有限,若俟场完,然后揭地,则茅塞之矣。

麦后之地,总宜先揭过,后用大犁揭两次,农家云,头遍打破皮,二遍揭出泥。此之谓也。

菜子地、豌豆扁豆地,总要大犁揭过两次,谨记。

麦后种谷,看墒大小,总以耧种为主,种子以三合为准,墒大或可以减,墒小不宜,何也? 宁教添锄,不教掂耧。农人之言,信非虚语。

谷有穉、笨二种,时之迟早不同,麦后雨水合宜,笨谷要种,穉谷亦要种,倘若遇旱无雨,则笨谷非所宜矣。得墒穉谷多种,万无一失,再者,等墒不等时,有墒则穉笨俱种,亦可。谚云,麦黄种谷,谷黄种麦。牢记之,甚妥。

收麦后先揭地,得雨就种谷。前已言过,不必赘了。但种谷必须有雨方种,我说的意思,教你们知道,实在无雨,将前揭过之地,或用耧,或手撒,干种在地内候雨,如果不久下雨,咱先种之谷,比他后种之谷总强,然又要细心,地内些微有黄墒,万不可种,总要干地为妥(注:若黄墒种者,子则芽生而不能出土,此言万不可种,总要干地,为妥。信非虚语)。

天气如果无雨,就不能揭地,每日教伙计在地内锄草,此是要紧之著,盖草锄净,即不揭地,亦如揭地一般。假如草锄完,实在无事,莫过于拉土,就是冬天亦然。农人无闲日,此之谓也。

麦后揭地种谷,自是一定之理,俟有雨后,先将种荞麦之地,用糖收墒。万一天旱无雨,则种的时候来不及矣。且未收墒之地,总要大墒饱,然后种得。或者下而中止,墒仅一耧半锄,又何种得? 不知荞麦出黄墒,我叮咛先收墒者。此也。

五月锄谷,最是细事,水地谷要稠,旱地谷要稀。然过于稀,则打谷不得多。总以前后、左右,相去七八寸为度,头次将苗拨开,二次攄的时节就省工了。

谷要锄成,麦要种成,谷出土,大约有皁角刺形高者,定要教人锄谷,锄过后有雨,随时教人攄二次。人愈多愈好。勿以日子活工价大,吝惜小费而不为也。即或无雨,也要教人缓缓攄之,天旱误锄谷,往往如此,且常云:谷锄黄叶豆锄角,有余功夫就锄谷。何说之辞。

与牲口吃苜蓿,麦前不论长短,都可以将就,总以铡短为主。惟麦后,苜蓿不宜长,长则牛马俱不肯吃。剩下殊觉可惜。且要看苜蓿的多少,宁可有余。将头次地揭过,万一不足,牲口正在出力,非喂料不得下来,你们想庄稼人,哪有许多粮食喂它? 慎之慎之。粮食还要过日子,还旧账,纳钱粮,人情门户,一切应酬,都要靠粮食哩。

漏锄笨锄总要有角,无角锄,锄地不好,此还可将就一半年。惟锄柄不宜太长,长则伙计并日子工俱不肯下腰。大约锄柄以三尺五寸为度,四尺则显长矣。麦后上底粪。粪亦不宜太大,这些活,总在平日。经理庄稼的人,粗细上说,嗣后不置坡地垸地则已,如置下,不论多少,总要每年在麦后时节,著伙计将镢掔上修垸边,将边筑高,遇著下白雨,水不至于走去,卷垸跟,日后种下田禾不至于被土压住不长。坡地垸地,总要外边高些,里边低些,才好。

六月原上多黄鼠,麦天还罢了,惟有种下秋,受害不小。嗣后每于种谷之地,如有黄鼠窝,用竹竿十数根,著伙计钓上几天也,必须主人亲身至地去看,盖夏天炎热,伙计或不留心,将钓竿下上,在树下打睡,或黄鼠出来,将绳子咬断跑了,岂不可惜工夫,无益于事!

伙计无事,定行将大小树木并果木树,一齐用水浇到第二日即刻埋平,自然不至于晒死,冬天亦然。

七月当种麦前后,耕地最要紧,二次已竟用大犁犁过,该收礚时候,忽然霖雨过多,三日一场,两日一场,定行雨水不缺,不必收礚,将已犁过之地,用耙一耙,再用礚一礚,即或到种的时候,无雨也无大害,又且省人工,地也虚活,亦无大毃礚,不然地硬成甲,再用耦子一耦一耦,耙下一地毃礚,挡住耧腿,不得进地,除非教人将毃礚打碎,麦子如何得出乎? 此一著,全要在七八月前后留心,或白露时,切记。八月种麦时,地畔坟茔以及坡提垸,有长成的白蒿,著伙计割上几担,晚间无事,可以拧些火绳子,放在有风无人处,按人的多少,每晚每人与他要几条子,十数八天就能将一年的都有了,岂不一劳永逸?

麦秋二料,下种时,看墒大小,墒若不足,耧铧子总要新的为妥,以其入地深,种子不至放在干土上。

菜子地耧扁豆,以其菜子稀故也,先着人锄菜子,然后下耧,再用耱一耱,不然本年草一发生,锄不及矣,即不种豆,菜子也要当年锄,先防冬月过冷,菜子不至受冻,要紧要紧。

收谷草家中无人做,定要教人与伙计说知,教他连根挖,拉在园中。到冬天无事时,着一人每日用斧头铡根,这个根,晚间也可以烧炕当柴。但此事要主人每日留心看铡根的人,铡的长短如何,伊不用心胡铡可惜了草,瞎费了工,不如早与伙计说知,收谷草时不要根,那根荼在地里,也还可以壮地。

十月耱麦巧上粪,人人皆知,而其实巧处,人究不知也。种麦后用耙将地跟过。俟十月有雨后耱地,即无雨也要耱地,彼不跟,何尝不耱?何如我跟过再耱,其功之疏密,不必等来春生发时,看其瞎好,目下就穰和多矣(注:跟,谓空耙搔也)。

九月秋收以后,本无活做,即牲口亦闲了,此时要教伙计好好的喂牲口,莫因尚冬不甚出力,任凭他们喂养,未免一日瘦一日,喂牲口不在多喂料,按每日早晚间共多少牲口,共吃多少草,细心拌喂,自然日日有功效。譬如先上槽喂牲口,宁多添草,少拌麸子。头次如此,第二次渐少,第三次第四次又少,然后再拌麸子,俟其吃毕,饮之以水。晚间亦如之,草吃完夜草多添,第二早晨,槽内有草方好。俗语云:草膘料力水精神。又云:牲口吃得好,夜草要塞饱。

地将冻,再无别事,就丢下拉粪,明年在某地种谷,今冬就在某地上粪,先将打碎之粪再翻一遍,粪细而无大块,不惟不压麦,兼之能多上地。

苜蓿地经冬,先用挞犁在地上下,乱挞几十回,省旁人冬月在地内扫柴火,不大要紧,第二年,苜蓿定不旺矣,至于锄,须到来年春暖,再教人锄。

十月天气耱地,前已言明,总要留心记之,且宜以早借潮气露气而耱。太阳一晒,地皮硬矣,即有𥻅𥻆坷塔,定耱不开,人或说有潮气将麦压住,不知此十月天气，非二三月可比。春天麦正发生，一压则不能出土，此时之耱，正为巧上粪，况地过此以后才冻，冻坚，然后一开，麦苗自然发生，何压之有？

翻粪之说，前已言之，但要早些翻，地冻则粪亦冻，翻不成，拉不成亦。但遇冬天无事时，先著伙计翻粪。

冬天喂牛，和合草最好，兼之省料，所谓和合草者，荞麦秆子、谷草秆子、豆衣子，并夏天晒下的干苜蓿，俱用铡子铡碎，搅在一处，晚间添的喂牛，岂不省事？

地中上浮粪，以地冻为主，随拉随即将粪撒开，地内不许放堆子。一则怕地冻撒不开，二则也怕日久不撒，粪堆底下的麦苗，粘粪气发生，向后撒开，粪底麦苗受症，还要看天气，地冻后再上粪可也。

冬天无事，可著伙计打瓦礓礤，或教人打瓦礓礤，大约二三千个为度，以防来年补修墙垣，再防雨水过多，圈内无土可衬，就将此瓦礓礤打的衬圈。所谓闲时收拾忙时用也。

上冬来，早晨吃米粥，可以不用饼，有大麦炒熟，碨麸拌的吃。午刻做些面食，有余的麦，还能粜了使钱。

腊月伙计无事，亦照六月，定行将树木一齐浇上一次，第二日埋平。一年浇上两次，夏天不至于晒死，冬天不至于冻死。

闲时看个好日子，著伙计上房，将瓦沟内土，并瓦松一起扫净，省得下雨漏水。

附杂记十条

农家首务，先要粪多。或曰多买牲口，则粪不忧其少亦。余曰不然，有牲口而不衬圈，与无牲口者何异？即衬矣，而不细心，与有牲口而少者何异？或曰是何说也，余曰此事要亲身方能晓得。自家有人经理，不必言矣，若无人必先与定之以日，约之以时，几日一圈，或十日，或十五日，总要一定之期，不可改易。又必须于每日早晚两次著伙计衬圈,粪要拨开,土要打碎,又要衬平,或早刻用多少,晚间亦如之。照日查验,每过十日一期,必令伙计出圈。周而复始,总要亲身临之。则日积月累,自然较旁人多矣。夏天土多则牲口凉,冬天土多则牲口暖,此不可不知也。故先及之。每年家中雇伙计,早晚饭先离不得菜吃。门口丢些余地种萝卜、白菜,或腌或晒,七月吃起,可以直至来年麦口。况萝卜地还可以种麦,人何惮而不为乎?庄子前后左右或墙根下无用地,掷些菜子,经冬长大,挖的吃蔓菁根煮稀饭最好。

马房内伙计们晚上点灯只许一盏,经营牲口,待牲口喂饱,即刻吹灯睡觉,免得费油。

再马房内不许招留外来不明之人,并不许招留伊等亲戚朋友,间或有投宿者,系伊等亲朋偶一二次可也,常则不许。又有熟人,平素与咱做日子活者,看人的忠厚诡诈,留与不留,临时斟酌可也。

门外前拴牲口处,见天有粪,见天日著伙计用上车子,推回衬圈,不得任意推在粪堆上,亦不得任意烧炕,若能有多牲口,就著铁匠。打多少蘸水,有了蘸水,或牲口上槽吃草,或饮水,不至于湿缰绳,一年到头,省的绳钱,也就够蘸水之费了。

原上地不宜种芝麻,即种亦不收成,兼之根大拔地,随后种田禾,即上粪亦不大好,再上粪,俟过两三料再看。似此,可以不必种芝麻。

凡锄麦秸,递草把子妥当,秸也细,也做出活,再或用一人专心抖擞,一天至少也能收拾二三升麦,人工日子亦可算计得来,至于顶底,往往视为弃物,殊觉可惜,看有不大坏者,何妨也令铡了,搅在好的内,都著牲口吃了,日积月累,有多少省费处。

前言地内上浮粪,可以不必,麦后所有的粪,尽行上了底粪,至于六七月所积之粪,或种荞麦,或种豌豆,上后,其当年所积之粪,与第二年所积之粪,俟麦后场活清白,都上在靠茬地里,也把稳,也穰和。近来雨水缺少,原上地高,兼之风大,日晒风吹,上浮粪者,岂不枉费工乎?(注:靠茬地犹麦茬地也)

每年豌豆扁豆地,总不可以干揭,即有柴锄之可也。如或干揭,则年来定不好矣。若菜子大麦地,即或干揭,还不大于害事,总而言之,无论甚地只以和墒揭之为是。

跋 [此跋写于光绪十九年(1893)十月既望"知三原事大同刘青藜乙观氏"]

古人重本轻末,人尽归农,而家给人足,汉时犹重农贵粟,人贱商贾,天下殷实。我朝乾嘉此风犹存,民最富庶,自人情游惰,羡千万中倖致奇赢之一二以为常,遂舍本逐末,争趋若鹜,及至无成,虽欲归农而力不任劳,又格不相人雇工为之,恒受欺慢。其所谓农者,亦习于安逸而不昏作劳。有良田沃壤,而前人以是兴,后人以是败者,有连畔同种而彼获则甚丰,此获则甚歉者,岂农固不可富哉? 本业轻而用力不勤也! 余岁壬午初莅原任,荒岁过半,清丈开垦,均以次告成,历发桑秧数十万株,勤者亦皆茂盛,养蚕取丝绸亦佳。乃叹田本上上,嘉种咸宜,特人事不勤,未能尽农之利,遂觉农无利也,劝办蚕桑业,刊刻图书,徧给矣,思欲刊农政诸书以代口舌,或于此地未尽相宜,兹得仲仙别驾手抄邑杨一臣先生《农言著实》一书,读之事事精详,语语切实,老农阅历,日起有功,如此为农,方可曰勤,如此力农,断无不富! 使农民家置一编,以为程式,再并蚕桑而皆成焉。则不出里门而自然富足,又何事跋山涉水傍人门户,以希冀蝇头之利而不可必哉?

后　记

在陕西师范大学西北研究院(全称陕西师范大学西北历史环境与经济社会发展研究院)读博的日子里,学习、工作与生活的种种艰辛让我苦过、哭过。博士学位论文完成的最后日子里,收获远远超出了我的想象。时光飞逝,苦和累已成过眼云烟,驻在心间的是导师王社教及研究院诸位老师在学术上的指引和生活上的关心,我的硕士导师吕卓民及师母的谆谆教导与殷殷关怀,还有同学间的真诚互助与彼此激励。

导师学识之渊博,治学之严谨,学生难望项背,却一定会受益终生。论文初稿写成,送导师批阅,导师提出诸多意见,学生虽尽力修改完善,但离导师的要求距离尚远。萧正洪老师事务繁忙,却对我们的专业课程的教学从未延宕,在老师的课堂上,总有思想的火花闪现,让我们感受到老师的人格魅力及学术魅力。对我就小论文的一次提问,老师不厌其烦,多次回应,让我一直心存感激,永难忘记! 感谢诸位老师、诸位同学,有你们,学习才有长进,人生才有精彩!

完成学业之后,断断续续对当年的学位论文进行了修改和补充,虽依然没有达到自己的期望,但毕竟其中凝结着本人多年来的苦苦追索和思考。感谢人民出版社的厚爱,使拙作得以出版,聊慰自己艰辛的付出和诸位师友、家人的支持! 更以此怀念在我读书期间罹患恶疾离我而去的我亲爱的母亲。在职读书兼顾学习与工作已经很累,侍亲在侧更义不容辞!当年没有完成的作业如今用来纪念母亲……

　　由于种种原因,本书难免有不足之处,敬请各位方家不吝指正。学术之路不易,且行且珍惜!

刘立荣

2020 年 3 月于长安

责任编辑:段海宝

图书在版编目(CIP)数据

关中地区农业土地利用研究:1644—1949/刘立荣 著. —北京:人民出版社,
　2020.9
ISBN 978－7－01－022587－6

I.①关… Ⅱ.①刘… Ⅲ.①农业用地-土地利用-研究-关中-1644-1949
　Ⅳ.①F321.1

中国版本图书馆 CIP 数据核字(2020)第 209585 号

关中地区农业土地利用研究:1644—1949
GUANZHONG DIQU NONGYE TUDI LIYONG YANJIU 1644—1949

刘立荣　著

人 民 出 版 社 出版发行
(100706　北京市东城区隆福寺街 99 号)

北京中科印刷有限公司印刷　新华书店经销

2020 年 9 月第 1 版　2020 年 9 月北京第 1 次印刷
开本:710 毫米×1000 毫米 1/16　印张:15.75
字数:220 千字

ISBN 978－7－01－022587－6　定价:45.00 元

邮购地址　100706　北京市东城区隆福寺街 99 号
人民东方图书销售中心　电话 (010)65250042　65289539